Manuel d'entraînement du **cycliste**

Guy Andrews et Simon Doughty

Manuel d'entraînement du **cycliste**

FORME PHYSIQUE ET TECHNIQUE POUR TOUS

VIGOT

AVERTISSEMENT : le sport cycliste, quelle qu'en soit la forme — déplacements quotidiens, cross... —, est à risques, soyez donc toujours raisonnable, restez vigilant et portez un casque ! Veillez à bien entretenir votre vélo et inspectez-le avant chaque sortie. Enfin, si vous êtes nouveau dans ce sport ou si vous avez l'intention d'intensifier votre entraînement, une petite visite chez votre médecin sera toujours utile. Gardez tout cela en tête, et le cyclisme vous gardera en bonne santé et en bonne forme physique comme aucun autre sport.

Traduit de l'anglais par Claude Checconi et Marie-Christine Gaudinat-Chabod
Réalisation de la version française : SCM
Relecture : Chloé Chauveau
Photographies : © Gerard Brown
Graphisme couverture et intérieur : Lilla Nwenu-Msimang

23, rue de l'École-de-Médecine, 75006 Paris, France

ISBN : 978-2-7114-2158-9
Dépôt légal : août 2011

Achevé d'imprimer en Chine par C&C Offset Printing Co., Ltd.

Sommaire

Remerciements

Nous tenons à remercier sincèrement...

Gerard Brown pour ses photographies et ses archives, Rebecca Charlton, reporter chez www.roadcyclinguk.com, les collègues de Simon au British Cycling Coach Education Department pour nous avoir donné leurs dernières idées en matière de sciences du sport, Paul West pour ses informations sur les courses à l'étranger, Tony Robinson, gourou des SRM Power Cranks, Cedric Chicken pour les vêtements Adidas, Jim Walker pour Northwave, Will Fripp pour Shimano et Brian Buckle chez Trek, Russell Short, Gordon Kennaway, Guy Powdrill, Tony Smedley, Nick Peacock, Paul Callinan et les cyclistes du London Dynamo RT.

Des remerciements tout particuliers à Robert Foss pour sa patience et pour avoir permis à ce projet d'exister.

Avant-propos

Lorsque vous voyez l'énorme peloton en pleine action dans la dernière ligne droite d'une étape du Tour de France, lorsque vous nous voyez souffrir dans les montagnes ou nous vider dans un contre-la-montre, il y a une chose que vous ne voyez pas : l'entraînement qui nous a menés là !

L'entraînement — de 5 à 7 heures par jour — par tous les temps, année après année, le sacrifice, le dévouement total, c'est ce qu'il faut pour atteindre le sommet dans ce sport.

Gagner le Paris-Roubaix en 2004 fut ma récompense des jours passés, assis sur mon lit, à analyser sur le mur de ma chambre l'énorme poster du double champion du Paris-Roubaix, Gilbert Duclos-Lassalle. Comme tous les jeunes, je me disais : « Un jour, je gagnerai cette course. »

Se tenir sur le podium en brandissant un énorme pavé, trophée de l'épreuve reine des classiques, fut pour moi la récompense de toutes ces années dédiées entièrement à mon entraînement.

Vous obtiendrez quelque succès à simplement monter sur votre vélo, mais il vous manquera quelque chose. Parfois, vous ne serez pas capable de mettre le doigt sur ce que c'est... Structure !

Je suis célèbre pour mon éthique au travail, mais, même en tant que professionnel, je dois reconnaître que j'ai parfois manqué de structure. J'ai un entraîneur qui planifie mon entraînement à la virgule près, et je sais à quel point l'organisation et la structuration de votre entraînement pourront faire une grande différence sur vos performances.

Ce livre va vous être d'une aide précieuse pour améliorer vos performances et profiter à fond des joies de votre sport. Non seulement il vous apportera tout ce que vous avez besoin de savoir sur les compétences et l'entraînement — quelle que soit votre discipline —, mais il le fera par une approche structurée. Suivez cette structure et vous en verrez tous les avantages.

Bonne chance !

Magnus Backstedt

LOOK
KG 486
CARBON
LOOK

Introduction

Bienvenue dans le *Manuel d'entraînement du cycliste*

Le cyclisme est un sport à part. La plupart d'entre nous avons appris les bases dès notre plus jeune âge, souvent avant tout autre sport, puis plus rien, plus aucune aide, à part peut-être un test d'aptitude au cyclisme à l'école. Quel dommage, car tout le monde, quels que soient son âge et ses capacités, peut améliorer sa technique et trouver plus de plaisir à pratiquer son sport, avec juste un peu d'effort et d'organisation.

Ce livre est une réponse au fait qu'il existe très peu d'informations disponibles pour permettre aux cyclistes, nouveaux comme expérimentés, de s'améliorer tant sur le plan technique que sur le plan physique. Jusqu'à maintenant, seuls les entraîneurs de l'élite pouvaient en disposer, ce qui n'a guère d'intérêt pour ceux qui ne sont pas pros. Le *Manuel d'entraînement du cycliste* est la première source d'information destinée à tous les cyclistes, toutes aspirations et expériences confondues, qui rassemble tout ce qu'il est utile de savoir pour améliorer ses compétences et sa condition physique.

À qui s'adresse ce livre ?

Nous avons écrit ce livre à l'intention de tous ceux qui veulent améliorer leur cyclisme. Peut-être êtes-vous à la recherche d'un nouveau défi, peut-être vous lancez-vous pour la première fois dans ce sport, peut-être voulez-vous essayer une nouvelle discipline de ce sport et pensez-vous troquer votre vélo de course pour un VTT, peut-être avez-vous pédalé pendant des années dans votre discipline et êtes-vous en quête de nouvelles idées pour améliorer vos résultats... Si vous vous reconnaissez dans ces descriptions, ou si vous êtes tout simplement intéressé par le cyclisme, ce livre est pour vous.

Que recouvre ce livre ?

Nous avons conçu ce livre pour que vous puissiez le lire de bout en bout ou bien piocher des informations d'un chapitre à l'autre selon votre expérience et le conseil que vous recherchez. Les chapitres se suivent dans un ordre logique, mais vous y trouverez plein de conseils essentiels éparpillés un peu partout qui en feront une lecture intéressante si vous avez quelques minutes à tuer avant d'enfourcher votre vélo.

Quelle que soit votre utilisation de ce livre, nous espérons qu'il vous aidera à devenir un meilleur cycliste, ou tout du moins qu'il vous donnera encore plus de goût à votre sport.

- Chapitre 1 : les bases. Ce chapitre couvre tout, de l'achat de votre vélo à son entretien en passant par ce qu'il faut emporter avec vous sur la route, où trouver les meilleurs parcours et comment choisir les meilleures conditions pour se lancer dans le cyclisme.

- Chapitre 2 : les compétences cyclistes. Ce chapitre examine les compétences nécessaires à chaque discipline cycliste. Son but est de vous aider à trouver la discipline qui vous convient le mieux en fonction des compétences que vous possédez et de vous montrer ce que vous devriez développer pour vous lancer dans d'autres disciplines. Il vous guide et vous conseille sur la manière de perfectionner ces compétences.

- Chapitre 3 : les capacités physiques. Comme le chapitre précédent, celui-ci examine les différentes aptitudes physiques requises pour chaque discipline. Il donne également un aperçu des exercices et des entraînements qui seront essentiels pour vos programmes d'entraînement (voir le chapitre 5).

- Chapitre 4 : le choix des courses. Une fois que vous avez déterminé votre niveau de compétences et l'état de votre condition physique, c'est le moment de décider si la discipline qui vous convient est la bonne. Ce chapitre donne un aperçu de chaque discipline, du type de cyclisme que vous pouvez effectuer, et il vous guide sur la manière de le pratiquer, de la tactique de course à l'endroit où vous trouverez d'autres cyclistes ayant les mêmes centres d'intérêt.

- Chapitre 5 : l'élaboration des programmes d'entraînement. Ce chapitre vous aide, pas à pas, dans l'élaboration de votre programme et de vos routines d'entraînement en fonction de vos besoins. Il prend en compte votre discipline, le niveau que vous souhaitez atteindre et tous les autres facteurs de la vie (engagements familiaux et de travail, équipements sportifs et environnement). Il contient aussi une série de programmes d'entraînement pour chaque discipline, que vous pouvez utiliser tels quels ou personnaliser selon vos besoins.

- Chapitre 6 : objectif santé. Il ne sert à rien d'avoir les compétences techniques et physiques si vous n'êtes jamais en forme pour courir. Le dernier chapitre est entièrement consacré à votre santé, des conseils diététiques et d'hydratation jusqu'aux blessures que vous risquez de rencontrer dans la pratique de votre sport. Le but de ce chapitre est de prévenir plutôt que de guérir !

Quelle discipline cycliste choisir ?

Nous parlons de toutes les principales disciplines du cyclisme dans ce livre. Voici un rapide aperçu de chacune d'elles, ainsi que du type d'épreuves qu'elles offrent.

Course sur route

Les plus grands coureurs du monde participent à de grands tours d'une incroyable difficulté, comme le Tour de France, le Tour d'Italie et le Tour d'Espagne, des épreuves qui attirent une foule de spectateurs et où les coureurs se montrent au mieux de leur forme. La course sur route est peut-être le sport le plus dur à démarrer, ce qui en fait aussi le plus gratifiant par la suite. Elle n'est pas seulement une question de technique et de physique, elle demande aussi de la tactique et, au plus haut niveau, un travail d'équipe pour pouvoir gagner. Nous vous en avons expliqué les bases ici afin que vous puissiez mieux savoir comment atteindre vos objectifs lorsque vous vous lancerez.

Contre-la-montre

La « course de la vérité », qui a longtemps été une épreuve des courses par étapes, peut jouer un rôle décisif dans la victoire finale. Tous les grands coureurs cyclistes sur route — Eddy Merckx, Jacques Anquetil, Fausto Coppi, Miguel Indurain, Bernard Hinault et Lance Armstrong — ont été de magnifiques coureurs de contre-la-montre. Cette discipline demande une préparation méticuleuse et un entraînement spécifique, que nous décrivons complètement. C'est aussi une discipline en tant que telle, pour laquelle il suffit d'un vélo et d'un chronomètre.

Piste

À première vue, la course sur piste peut paraître effrayante et dangereuse. Rien n'est plus faux. C'est sans doute le moyen le plus sûr pour les enfants de se lancer dans la compétition : ils ont en général moins peur et réagissent mieux que les adultes, et peuvent apprendre la technique sur piste sans craindre les dangers de la circulation. Cette pratique donne aux jeunes cyclistes la liberté de vraiment mettre les bouchées doubles. Pour tous les autres, cet excellent moyen de développer vitesse et technique vaut vraiment la peine d'être essayé. N'ayez pas peur, vous allez adorer !

Cross-country (XC)

Bizarrement, le VTT ressemble à bien des égards à la course sur piste — exaltant, rapide et acharné, il demande de hauts niveaux de compétences et de coordination. C'est également une des disciplines de cyclisme les plus accessibles, des courses et les journées d'entraînement étant régulièrement organisées par tous les clubs locaux de VTT. Il existe des courses amusantes, ouvertes aux jeunes dans les épreuves de VTT et l'esprit est à la participation, au « essayez pour voir ».

VTT de descente

C'est une branche du cross-country, née directement du désir de rechercher des sensations plus fortes (et des chutes) tout en testant l'habilité et la technique du cycliste contre la montre. Les spécialistes de descente ont aussi besoin d'être en excellente condition physique, car il leur faut un pédalage rapide et puissant pour obtenir la vitesse essentielle, et peut-être une place sur le podium. Il n'est donc pas surprenant de voir les champions de descente internationaux prendre très au sérieux leur préparation physique.

Cyclo-cross

À première vue, ce sport paraît un peu étrange : rouler dans la boue sur des vélos de route équipés de minces pneus tout-terrain tout en devant franchir des obstacles et grimper à pied des petits raidillons. Il a été inventé à l'origine pour permettre aux coureurs sur piste de rester en forme en hiver et de développer leur technique. C'est désormais un sport populaire en tant que tel en Europe du Nord. Comme le VTT, le « cross » — comme il est aussi appelé — peut être vraiment facile à débuter, car la plupart des épreuves vous permettent d'utiliser un VTT, et toutes organisent des départs pour débutants.

Cyclosportive

Pour la plupart des cyclistes, la compétition n'est pas le premier enjeu, mais un défi est toujours une bonne occasion de se motiver. Les épreuves cyclosportives sont chronométrées, mais se déroulent normalement sur de longues distances ou sur le parcours d'une grande course, comme par exemple l'Étape du Tour, qui est programmée chaque année sur une étape du Tour de France. Ce ne sont pas des épreuves en tant que telles, mais elles permettent aux cyclistes de tester leur capacité et leur endurance. Avec cette discipline, nous incluons aussi les nombreuses courses caritatives qui se déroulent à travers le monde.

1

Les bases

Introduction

Ce premier chapitre couvre tout, de l'achat de votre vélo à son entretien en passant par ce qu'il faut emporter sur la route, où trouver les meilleurs parcours et comment choisir les meilleures conditions pour se lancer dans ce sport. Que vous soyez débutant ou cycliste accompli, il est vraiment important de passer un peu de temps à lire ces pages, ce sont les blocs de construction sur lesquels se basent le guide d'entraînement et les programmes qui suivent. Les nouveaux cyclistes pourront se servir des titres comme d'une liste de points à vérifier afin de s'assurer qu'ils n'ont rien laissé au hasard. Quant aux cyclistes expérimentés, nous espérons que ce chapitre leur rappellera quelques règles d'or qu'ils ont peut-être oubliées en route, et qu'ils y puiseront des idées nouvelles.

Le vélo

Nos bases commencent évidemment par votre vélo. Pour la plupart des cyclistes, c'est quelque chose qui se situe entre un objet culte et leur compagnon fétiche. Pourtant, selon la manière dont vous le choisissez et vous le réglez, il peut devenir votre meilleur ami ou votre pire ennemi.

Avant de l'acheter

Plusieurs choses sont à prendre en considération lorsque vous achetez un nouveau vélo. N'oubliez pas qu'il doit être une extension de votre corps et lui aller à la perfection. Avant toute chose, vous devez être honnête sur vos aspirations et votre condition physique. Par conséquent, avant de vous ruer et de dépenser plusieurs milliers d'euros pour l'objet de votre future fierté, prenez le temps de vous poser les questions suivantes.

1. **Le vélo répond-il à vos aspirations et est-il bien adapté au type de cyclisme que vous pratiquez (ou avez l'intention de pratiquer) ?**
2. **La position de pédalage convient-elle à votre morphologie ?**
3. **Avez-vous mal quelque part (à part évidemment dans les jambes à cause de l'effort !) lorsque vous êtes sur votre vélo ?**

Si vous ne vous posez pas ces questions — et si vous n'êtes pas honnête dans vos réponses —, vous finirez par acheter un vélo sur un coup de foudre ou un effet de mode au lieu de vous baser sur sa fonctionnalité. Vous pourrez aussi ne pas être dans une forme physique idéale pour en profiter au maximum et finirez par vous sentir mal et courbaturé après quelques heures de route, ce qui se soldera probablement par l'abandon de votre vélo et la perte d'un bon paquet d'argent.

Lance Armstrong a une position de route classique qui lui permet de pédaler et de respirer efficacement et confortablement.

Quelles que soient vos aspirations à long terme, résistez à la tentation de vous équiper comme un professionnel. Les professionnels le sont parce que ce sont des athlètes extrêmement talentueux. Vous avez sans doute déjà réalisé (ou le réaliserez en lisant ce livre) que, pour passer dans le peloton pro, vous devez être capable de pédaler vite et très longtemps, ce qui est loin d'être facile même si, avec un peu de chance, ce livre vous aidera à atteindre ce but.

La souplesse et la condition physique nécessaires pour courir 35 000 à 40 000 km par an signifient que la configuration du vélo d'un pro ne sera jamais adaptée à un cycliste ne parcourant qu'une fraction de ces distances et qui n'arrive pas à toucher ses pointes de pieds avec ses doigts. Soyez réaliste concernant votre vélo, sinon il finira au bout du compte par vous ralentir.

Configuration et réglage du vélo

Les coureurs professionnels sont de sacrés méticuleux. Le grand Eddy Merckx était si pointilleux sur le réglage de sa selle qu'il transportait souvent une clé Allen pendant les courses pour la régler « en vol » dans les descentes de montagne. Rien n'a beaucoup changé : les cyclistes pros sont aujourd'hui toujours très maniaques sur la configuration de leur vélo.

Cependant, vous ne pouvez faire que très peu de choses vous-même. Mieux vaut demander conseil, et comme tout dans ce sport, cela va du simple au compliqué. Au minimum, vous pouvez demander à un cycliste expérimenté de vous aider à régler votre vélo. L'étude posturale par un professionnel est aussi devenue très à la mode et facilement accessible : il suffit de prendre un rendez-vous dans votre magasin de cycles. Des physiologistes peuvent également étudier vos mouvements sur le vélo, et un bon préparateur de cycles en sait long sur les différentes corpulences et aspirations cyclistes ; ils méritent eux aussi une visite. En d'autres termes : pas de méthode empirique. Demandez de l'aide, notamment avant de dépenser une fortune sur un cadre de mauvaise dimension ou un vélo inapproprié.

Adaptation

Il faut quelques semaines pour adapter un nouveau vélo, c'est la raison pour laquelle les cyclistes expérimentés ne règlent la hauteur de selle et les cales de pédale que par petites touches afin de ne pas faire subir à leur corps un quelconque « contrecoup » lié à des modifications trop importantes. Essayez de garder autant que possible le même réglage pour éviter de vous blesser et pour habituer vos muscles au pédalage dans une position donnée. Il n'est pas facile de retrouver un réglage précis sans disposer de vélos identiques, mais essayez d'être aussi proche que possible.

Avant de commencer à triturer votre équipement pour trouver la position idéale, pensez à bien visualiser votre style de cyclisme, et rappelez-vous surtout que tout vient à qui sait attendre ; à moins d'avoir une chance incroyable, vous ne trouverez pas le réglage idéal immédiatement, il vous faudra du temps.

Pour visualiser votre position actuelle, vous pouvez faire plusieurs choses...

Étape 1 : filmez-vous pendant une séance de home-trainer

Une séance vidéo vous permettra de bien voir les anomalies et les problèmes au moment où ils arrivent. Demandez à un ami (patient) de vous filmer et concentrez-vous sur les différentes parties de votre corps pendant quelques minutes.

Note : au fur et à mesure que la séance augmentera en intensité, vous reprendrez vos mauvaises habitudes. Votre buste (torse) commencera, par exemple, à rouler de gauche à droite, les épaules à basculer, et vous appuierez peut-être trop sur les pédales en vous déhanchant d'un côté à l'autre. Il est aussi fort probable que vous vous décalerez de plus en plus en avant (ou en arrière) sur la selle.

Vous devez aussi faire attention à votre style de pédalage et à l'orientation de vos pieds. Regardez comment vous pouvez adapter le vélo pour contrecarrer ces habitudes, peut-être en utilisant une selle plus haute ou plus basse, ou une potence plus courte.

Étape 2 : regardez le ruban adhésif du guidon

Où est-il le plus usé ? Dans quelle position passez-vous le plus de temps à vélo ? La plupart des cyclistes sur route seront sur le haut du guidon ou sur les cocottes de frein pour pouvoir accéder rapidement aux freins et aux vitesses. Si vous vous rendez compte que vous roulez la plupart du temps avec les bras tendus, les doigts touchant juste le guidon, il est fort probable que votre vélo est bien trop long. Si vous passez tout le temps sur le bas du guidon, votre cintre est peut-être trop haut.

Étape 3 : regardez bien comment votre vélo est réglé

Mesurez et notez les différentes dimensions critiques.

a) Différence de niveau cintre-selle : utilisez un long niveau ou prenez un manche à balai (parfaitement droit) et mesurez la différence de niveau entre la selle et le centre du cintre. Ignorez le réglage pro pour le moment, la différence ne doit pas dépasser 10 cm, et de préférence moins. Pour le VTT ou le cyclotourisme, les cyclistes ont normalement la selle et le cintre à la même hauteur. Pour le cyclo-cross, le guidon peut être légèrement plus bas que la selle, mais pas de beaucoup. Plus vous passerez de temps sur la selle, moins vous voudrez de différence de hauteur entre le cintre et la selle.

b) La mesure du bec de selle au centre du cintre dépend de la longueur de votre buste, de l'envergure de vos bras et de la longueur de vos bras.

c) La mesure du bec de selle au centre de chaque cocotte de frein (une longueur normalement identique) est là encore une mesure d'envergure, mais elle peut varier considérablement selon les fabricants de guidons et d'accessoires.

d) Prenez la mesure du centre de la selle au centre de l'axe de pédalier (votre hauteur de selle).

e) Notez également la longueur de manivelle (vous trouverez plus de détails dans le chapitre 2, page 36), le type de cintre, sa largeur, son allonge et son arrondi.

Pédaler avec du ventre ?

Si vous avez de l'embonpoint, vous aurez du mal à vous pencher et à descendre plus bas, car vos jambes devront contourner votre ventre à chaque remontée de pédale. Chercher plus bas (ou plus loin) le guidon amplifie simplement cela, c'est pourquoi les cyclistes corpulents ont tendance à pédaler avec les genoux « ouverts ». Non seulement la surcharge pondérale fait ralentir dans les côtes, mais elle donne aussi un schéma de pédalage très inefficace, d'où la tendance qu'ont les cyclistes avec de l'embonpoint à facilement s'abîmer les genoux ou les articulations. Un cintre plus élevé peut paraître plus confortable, mais, pour être plus efficace, il va falloir perdre ce ventre...

Calculer la hauteur de selle

Voici une méthode simple et efficace pour régler la hauteur de selle : demandez à un ami de tenir votre vélo et montez sur la selle en plaçant les talons sur les pédales. Tournez les pédales pour qu'elles soient alignées à la tige de selle. La jambe tendue doit être droite (sans avoir à s'étirer pour atteindre la pédale). Si ce n'est pas le cas, il faut ajuster la hauteur de selle. Vous ne devez absolument pas vous déhancher lorsque vous rétropédalez. Lorsque vous déplacez l'avant-pied en position de pédalage, votre genou devra être légèrement fléchi. Il faudra peut-être ajuster de quelques millimètres vers le haut ou vers le bas, selon l'épaisseur de vos chaussures, le type de pédale, la pointure, le système de pédalage et le type de parcours, mais c'est une bonne base de départ, sans risque.

Hauteur de selle

Il existe de nombreuses techniques pour déterminer la bonne hauteur de selle, et en général vous disposez d'une petite « zone » d'extension de jambe. L'objectif est de garder les hanches le plus immobiles possible. Si vos hanches se balancent d'un côté et de l'autre, c'est le signe que votre selle est trop haute. Non seulement vous forcerez sur les muscles du dos en voulant trop tendre les jambes pour réussir à aller jusqu'en bas, mais vous vous ferez mal aux fesses en glissant d'un côté à l'autre de la selle pour atteindre les pédales.

Hauteur du guidon

La tendance actuelle sur les vélos de route est d'avoir le cintre réglé très bas. Le jeu de direction Aheadset fait que la potence finit bas sur le tube de direction, ce qui allonge la distance entre la selle et la potence. Le résultat est en général une douleur dans le cou pour avoir à tendre la tête ou le cou en avant. Pour y remédier, beaucoup de cyclistes retournent leur guidon ou mettent les leviers de frein plus loin sur les arrondis du guidon. Ce n'est pas une bonne idée, car les freins deviennent alors difficiles à atteindre et à utiliser. Le cas échéant, positionnez la potence en négatif pour surélever légèrement le cintre. Si vous tirez une ligne entre les extrémités du cintre, elle devrait en gros couper le milieu des haubans.

Pédales et alignement des pédales

Il existe des dizaines de systèmes de pédalier différents, tous avec leurs avantages. Les pédales automatiques sont utilisées aujourd'hui par la plupart des cyclistes, même si certains sprinters sur piste continuent d'utiliser des courroies de pied (souvent avec des pédales automatiques) pour bien rester en contact avec le vélo lorsqu'ils tournent les manivelles avec une énorme puissance.

L'état des cales de pédale doit être vérifié régulièrement, et les boulons resserrés. Des cales usées peuvent bouger d'un côté à l'autre et empêcher la liberté angulaire de fonc-

tionner efficacement ; elles peuvent aussi se déclipser si vous n'êtes pas attentif. Vos pieds doivent être stables, sinon vous le paierez en énergie et vos articulations de cheville, de genou et de hanche en souffriront.

Si vos pieds ne se posent pas naturellement à plat sur les pédales, vous pouvez compenser vos cales d'un côté ou de l'autre et mettre des semelles orthopédiques dans vos chaussures pour corriger votre plante de pied et améliorer votre coup de pédale. Ces solutions permettent aussi d'aligner les articulations et de résoudre miraculeusement de nombreux problèmes de pédalage, parfois instantanément. C'est une science assez nouvelle dans le cyclisme : de même que leurs plantes de pied influencent les coureurs à pied dans le choix de leurs chaussures, elles vous affectent en tant que cycliste. Si vous souffrez de problèmes de chevilles, de genoux, de hanches ou de dos lorsque vous pédalez, il serait bien de penser en premier à consulter un podologue.

Le vélo n'est pas le seul en compte

Il existe un certain nombre de caractéristiques personnelles qui auront un impact sur votre confort à vélo.

- Un manque de souplesse : les cyclistes sont connus pour leur difficulté à s'étirer. Essayez de faire mentir cette réputation ! Chaque minute que vous passerez à vous étirer sera largement récompensée. C'est de loin le meilleur moyen d'éviter les blessures et les problèmes posturaux (pour en savoir plus sur les étirements, rendez-vous pages 74 à 77).
- Une faiblesse musculaire ou un mauvais équilibre : ils peuvent provenir d'une précédente blessure ou de la pratique d'un autre sport qui privilégie certains groupes musculaires. Dans l'un comme l'autre cas, il serait bien de consulter un kinésithérapeute ou un ostéopathe, à la fois pour vous soigner et pour suivre un programme adapté de renforcement musculaire et de rééducation pour retrouver votre équilibre.
- De précédentes blessures : là encore, mieux vaut payer une petite visite à un professionnel de la santé.
- Une blessure soudaine (catastrophique) due à une chute ou à un accident.
- Des problèmes congénitaux : il y a si peu de latitude dans la manière de s'asseoir sur un vélo... Il est possible que vous soyez de forme un peu « bizarre », d'où peut-être la nécessité d'un cadre sur mesure.
- Des problèmes posturaux : rester assis ou debout toute la journée créera des tensions et un impact différents sur votre corps. Le cyclisme étant une activité de musculation, il n'y a pas beaucoup de tension sur le corps, sauf si la position est mauvaise quelque part.
- Une différence de longueur de jambe : elle peut créer un problème au niveau des hanches ou du dos, problème qui s'amplifiera au fil des heures passées sur votre vélo.

Fixation des cales, avant et après

Les cales des chaussures de cyclisme doivent être alignées à votre position naturelle de pédalage. Mettez-vous au pied d'un escalier et montez les marches avec les pieds à plat. Difficile, non ? Maintenant, recommencez en mettant les avant-pieds sur le bord des marches. C'est beaucoup plus facile, car vous utilisez tous les muscles des jambes au maximum de leur capacité. Pour cette raison, le centre de l'avant-pied doit être posé sur le centre de l'axe de la pédale ; ainsi, toute la puissance des jambes pourra « s'exprimer » dans le train d'engrenage.
L'idéal est d'avoir les pieds parallèles au tube horizontal, mais peu de personnes marchent avec les pieds dans cette position, et adopter une position non naturelle crée inévitablement des problèmes dans le système musculaire squelettique. La position de pédalage doit être aussi naturelle que possible. La plupart des cyclistes ont le talon légèrement à l'intérieur par rapport à la pointe du pied. Ne vous inquiétez pas si vous n'êtes pas comme vos compagnons de route, ou même si l'un de vos pieds se tient différemment de l'autre.
L'important est de pédaler confortablement sans sentir de tension, ni de douleur.

Les vététistes se servent de leur corps pour rester mobiles sur les chemins techniques, car ils pédalent « compact », avec les bras et les jambes pliés ; il faut en tenir compte dans la partie équipement.

Équipements spécifiques

Beaucoup des points que nous venons de traiter sont d'ordre général et ne prennent pas en considération les différentes disciplines. Voici quelques autres éléments à prendre en compte dans la recherche de la parfaite position de pédalage.

Vélo tout-terrain

Si vous prenez vraiment au sérieux votre pratique du VTT, montez sur votre vélo aussi souvent que possible. Mettez des pneus lisses pour vous entraîner sur route en hiver afin de vous habituer à votre position de course. De nombreux vététistes pros chevronnés ne possèdent qu'un seul VTT, ce qui leur permet de garder la même position de pédalage toute l'année. Si, comme les autres vététistes pros, vous utilisez un vélo de route pour une partie de votre entraînement ou de vos compétitions, gardez la position de ce vélo et celle du VTT aussi proches que possible l'une de l'autre, même si cela implique une position de route légèrement moins aérodynamique.

L'aérodynamique n'est pas aussi importante sur un VTT que sur un vélo de route ; le confort et le contrôle sont les facteurs clés. L'avant de nombreux VTT est généralement assez haut, ce qui permet de régler plus facilement le guidon pour avoir une position « assise redressée », avec la selle réglée à la même hauteur. Auparavant, la préférence allait aux longues potences sur les VTT, mais la tendance actuelle est aux vélos plus courts avec un cadre compact pour gagner en agilité et en contrôle.

Cyclo-cross

La plupart des cross-riders adoptent la même position que sur leur vélo de route mais avec un cintre légèrement plus haut et plus rapproché. Cette position permet un meilleur contrôle aux vitesses lentes, un pilotage plus rapide ainsi qu'une meilleure maîtrise du vélo dans les descentes raides. La hauteur de selle peut être légèrement inférieure à celle d'un vélo de route, en partie pour abaisser le centre de gravité, mais surtout pour monter et descendre plus facilement du vélo (notamment avec l'axe de pédalier plus haut du vélo de cross).

Les cyclistes de cyclo-cross doivent travailler dur sur leur technique, et par conséquent le réglage du vélo sera fignolé pour obtenir la meilleure combinaison de conduite en vitesse lente et de confort plutôt qu'une vitesse de route aérodynamique super-rapide.

Le cyclo-cross exige aussi une position compacte pour les courses techniques. Une position plus haute de cintre et des leviers de contrôle facilitera les sauts et les obstacles.

Le contre-la-montre

Le contre-la-montre exige un effort puissant et constant, mais c'est aussi une discipline dans laquelle la position joue le premier rôle. Si vous regardez les coureurs dans un contre-la-montre ou si vous étudiez leurs photos, vous remarquerez à quel point les positions peuvent varier d'un cycliste à l'autre. C'est là que se trompent le plus souvent les coureurs amateurs. Par exemple, si vous pouvez courir à 50 km/h pendant 1 heure, vous pouvez envisager une position plus aérodynamique que quelqu'un qui pédale à moins de 40 km/h sur la même distance. Rappelez-vous, le confort déterminera la longueur des distances à parcourir et la vitesse pour les parcourir ; l'aérodynamique n'est que la cerise sur le gâteau.

Si vous disposez de deux vélos, reproduisez le réglage de votre vélo de compétition sur votre vélo d'entraînement et entraînez-vous en adoptant votre position de compétition. Les spécialistes du contre-la-montre dans le peloton pro enfourchent au moins une fois par semaine leurs vélos de contre-la-montre (vélo CLM) pour garder constamment les sensations de leur position la plus aérodynamique. Certains utilisent même leur vélo CLM pour travailler spécifiquement leur vitesse et le placent sur un home-trainer pour pouvoir faire des séances d'entraînement par intervalles dans leur position de contre-la-montre.

Les avis sur l'aérodynamique dans le cyclisme divergent, cependant tout le monde s'accorde à penser que le meilleur moyen d'aller vite est d'utiliser la position la plus aérodynamique possible tout en restant confortable. C'est ce que vous devez avoir en tête avant de penser roues pleines, casques aérodynamiques et accessoires onéreux. En fait, il est fréquemment prouvé qu'un vélo CLM avec des roues et un équipement standard bien réglé est bien plus performant qu'un vélo CLM aéro, équipé dernier cri mais mal réglé.

L'aérodynamique ne consiste pas simplement à baisser l'avant le plus bas possible. Le vélo de contre-la-montre de Chris Boardman était réglé dans une position si extrême qu'il aurait été difficile à d'autres cyclistes de même stature de rester 10 minutes dessus. Mais, comme il le faisait remarquer, la forme de son corps lui permettait de s'asseoir allègrement dans une posture regroupée aérodynamique pour aller faire ses courses en ville. Tout le monde n'a pas cette chance. Comparez sa posture à celle de Miguel Indurain ou de Lance Armstrong... Ces deux fabuleux coureurs de contre-la-montre étaient incapables de se mettre dans une position aérodynamique aussi basse, mais ils roulaient tout aussi vite parce qu'ils pouvaient exploiter leur puissance dans des positions qui étaient confortables et efficaces pour eux.

C'est une position très aérodynamique, elle n'est pourtant pas trop étirée ou limitée pour permettre un pédalage de course contre-la-montre efficace.

Triathlon ou prolongateurs

Ces guidons, apparus pour la première fois au milieu des années 1980 dans la RAAM (Race Across America), étaient conçus à l'origine pour apporter plus de confort car ils permettaient aux coureurs de reposer leurs bras sur les repose-bras tout en continuant de conduire. Ils apportèrent aussi plus d'aérodynamisme, car ils permettent aux coureurs de copier la position en œuf du ski de descente, les bras formant un élément pénétrant qui donne encore plus d'aérodynamisme. Cette innovation fut largement adoptée par les triathlètes, qui imitèrent la position RAAM. Ce guidon devint ensuite populaire le jour où Greg Lemond l'utilisa pour la première fois dans le contre-la-montre de 25 km de la dernière étape du Tour de France en 1989, battant Laurent Fignon (qui disposait d'un vélo standard de contre-la-montre de l'époque) de 58 secondes et remportant ainsi la victoire générale avec seulement 8 secondes d'avance, le plus petit écart jamais enregistré.

La forme et les dimensions des guidons et des prolongateurs déterminent largement votre capacité à être au-dessus du vélo. Si votre corps est trop allongé, vous risquez d'avoir du mal à conduire ; si vous placez les vitesses aux extrémités des extensions de guidon, vous risquez de les atteindre difficilement. Votre souplesse ainsi que votre longueur de bras et de buste jouent un rôle aussi important que la hauteur et la longueur de vos jambes dans la position optimale. Si vous réglez la hauteur de cintre trop bas, vous risquez d'avoir mal au cou et au dos, notamment dans les plus longues courses. Mieux vaut peut-être opter pour une position de guidon plus haute (voire utiliser un réglage de vélo de route) si vous avez l'intention de parcourir plus de 80 km. La première fois que vous utilisez un prolongateur, choisissez un modèle qui laisse une grande marge de réglage afin d'expérimenter et d'adapter votre position.

Hauteur de selle CLM

L'idée était largement répandue qu'un vélo de contre-la-montre devait avoir une selle plus haute qu'une configuration route, mais des recherches viennent de prouver le contraire. Plus la position à l'avant est basse, plus la selle doit être descendue. Pourquoi ? Eh bien, en vous penchant plus loin et donc plus en avant par rapport à votre position de route habituelle, vous inclinez le bassin davantage, ce qui allonge le coup de pédale et augmente par conséquent votre hauteur de selle. Une réduction allant jusqu'à 2 cm est parfois nécessaire pour garder la même puissance.

La position pour les épreuves standards d'endurance sur piste est mains sur le bas du guidon avec une position de selle plus basse pour permettre aux hanches de tourner en avant et pour garder la puissance.

Piste

Sur piste, la puissance est l'élément clé, avant même le confort. Cependant, de nombreux coureurs sur piste d'endurance (qui sont normalement aussi de bons coureurs sur route) adoptent la même force sur tous leurs vélos. L'erreur courante est de monter la hauteur de selle pour gagner en puissance alors qu'il faut en réalité la baisser pour avoir une position plus puissante, car vous pouvez ainsi mettre plus de puissance musculaire dans votre coup de pédale.

Pour les sprinteurs, la hauteur de cintre et l'allonge sont normalement plus basses pour avoir une meilleure aérodynamique et pour permettre de tirer plus facilement sur le guidon et d'utiliser plus de muscles (dans le dos et les bras). Vous aurez peu de chances d'utiliser la partie supérieure du guidon (à moins de faire une course à l'américaine), ce qui est donc à prendre en considération dans le réglage. Les sprinteurs peuvent pédaler à 60 km/h ou plus, le contrôle est donc vital ; ne soyez pas tenté d'installer une potence en négatif et le guidon le plus profond que vous puissiez trouver. Expérimentez votre position de sprint. Si, dans le passé, les sprinteurs privilégiaient toujours une hauteur de cintre très basse avec des barres étroites, la tendance actuelle chez les meilleurs est de monter les barres pour écarter davantage les bras afin de remplir plus facilement les poumons et de plier davantage les bras pour se mettre dans la position de sprint la plus basse possible. Si votre guidon est réglé trop loin et trop bas, vos bras seront trop droits. Ce n'est pas idéal dans les courses de sprint où les coureurs envoient leur vélo en tous sens.

ENTRETIEN DE VOTRE VÉLO

1. Changez les pneus régulièrement	Le choix des pneus se fait selon l'expérience et la préférence, mais il est primordial de changer ses pneus bien avant qu'ils ne soient complètement usés ; c'est une question de vitesse et de sécurité. Avec l'usure, les pneus se crèvent plus facilement et l'adhérence devient de moins en moins prévisible. Ce peut être fatal. Prévoyez donc un stock de pneus et inversez le pneu arrière avec le pneu avant pour garder la même usure (le pneu arrière s'use plus vite).
2. Faites attention aux débris sur la route	Mieux vaut prévenir que guérir, notamment par temps froid et pluvieux. Si vous roulez par n'importe quel temps, vous serez plus sujet aux crevaisons. Si vous roulez dans le caniveau ou les parcs et les sentiers, vous risquez davantage de crever. La pluie éparpille les débris sur la route et vous avez plus de probabilités de vous prendre un caillou ou un tesson de verre.
3. Apprenez à réparer vos pneus	La réparation des crevaisons est un des devoirs du cycliste. La rapidité s'acquiert avec l'entraînement, mais tout le monde peut réparer un pneu crevé en s'armant d'un peu de temps et de patience. Demandez au mécanicien de votre magasin de cycles si vous n'êtes pas sûr (ils le font dix fois par jour, ils sont donc plutôt bons !), et avec le temps vous gagnerez en rapidité.

ENTRETIEN DE VOTRE VÉLO (*SUITE*)

4. Inspection avant toute sortie	Examinez le vélo. Y a-t-il quelque chose d'anormal ? Les câbles sont-ils effilochés ou le câble extérieur paraît-il entortillé ou cassé ? La chaîne s'est-elle détendue ? Les patins de frein montrent-ils un peu d'usure et les cocottes fonctionnent-elles librement ? Soulevez le vélo et laissez-le retomber (doucement), quelque chose bringuebale-t-il ? Vérifiez les pneus, notamment les rainures, à la recherche de cailloux ou de signes d'usure.
5. Lavez votre vélo	Laver son vélo est essentiel pour avoir une bonne machine. C'est l'occasion de l'inspecter de près et de repérer ses défaillances. Lavez-le chaque fois que vous revenez d'une séance d'entraînement pluvieuse ou boueuse. Séchez-le et lubrifiez sa chaîne pour qu'il soit prêt pour la prochaine fois.
6. Faites des visites d'entretien	Si vous n'avez pas le temps de préparer vous-même votre vélo, trouvez un magasin de cycles et créez une bonne relation avec les personnes y travaillant. Les bons ateliers ont généralement de bons clients et sont très occupés. Les réparateurs de cycles sont des gens loyaux, fiers de ce qu'ils font, aussi traitez-les bien. Et si votre vélo a besoin d'une attention de dernière minute avant une grande course ou d'une réparation en urgence, ils seront bien plus disposés (et désireux) à vous aider.
7. Remplacez la chaîne régulièrement	Beaucoup de mécaniciens d'équipes cyclistes professionnelles remplacent la chaîne tous les 2 000 à 3 000 km. Cela évite d'endommager la cassette (pignons arrière) et les plateaux, et permet de les faire durer une bonne année, voire plus. Si vous laissez la même chaîne pendant des mois, la prochaine fois que vous la remplacerez, les pignons sauteront et vous serez obligé de changer tout le train d'entraînement, ce qui se révélera bien plus onéreux.
8. Lubrifiez	La lubrification et le nettoyage de la chaîne et de toutes les parties mobiles prolongeront la durée de vie de ces composants très onéreux. Utilisez un lubrifiant de chaîne de qualité légère et de l'huile spéciale cycles en bombe pour les pignons et les rotules de frein. Utilisez une huile étanche à l'eau pendant les mois d'hiver.
9. Gonflez correctement vos pneus	On ne le rappellera jamais assez : les pneus de route adhèrent mieux et durent plus longtemps s'ils sont gonflés correctement. Ils repousseront les épines, les cailloux et les bouts de verre. La pression des pneus de VTT doit être adaptée au terrain, aux conditions et au cycliste. Des cyclistes légers les gonfleront moins pour mieux adhérer, tandis que des cyclistes plus lourds les gonfleront plus pour éviter de les crever par pincement.
10. Roulez à plusieurs	En désespoir de cause, si vous êtes plutôt léger côté mécanique, pédalez en groupe. Il y aura toujours un cycliste plus doué que vous dans ce domaine et, comme le groupe voudra avancer, ne vous sentez pas offensé s'ils réparent le pneu à votre place.

Les manches longues sont une bonne idée pour pratiquer le VTT, car elles protègent les bras des épines et des branches dans les sous-bois.

Que porter ?

Les vêtements cyclistes sont très spécialisés et fabriqués dans d'excellents matériaux qui permettent d'affronter les pires conditions que le temps peut vous réserver. Dans l'idéal, vous aurez besoin de trois tenues cyclistes différentes :

- la tenue de base ;
- la tenue automne-hiver ;
- la tenue printemps-été.

La tenue de base

Cuissard cycliste

Essentiel ! Il doit avoir un rembourrage intérieur, sinon les longues virées vont vite devenir très déplaisantes.

Chaussures vélo et systèmes de pédales

Un bon système de pédales automatique et une paire de chaussures bien adaptée sont primordiaux pour le confort, la vitesse et la sécurité. Avant de commencer à vous entraîner, il faut vous en équiper !

Casque

Portez-en toujours un. S'il fait froid, vous pouvez porter dessous un bandeau, un protège-oreilles ou un bonnet en tissu.

Maillot de cycliste

À choisir avec trois poches arrière pour la nourriture et les indispensables. Il serait aussi bien qu'il dispose d'une poche à fermeture Éclair pour les clés et les objets de valeur. En général, il est à manches courtes en été et à manches longues en hiver. Les manches longues sont aussi utiles pour le VTT en été, car elles offrent une bonne protection dans les sous-bois.

Gants

Une bonne paire de gants non seulement assure une meilleure prise si vous transpirez des mains, mais offre une protection vitale en cas de chute. Par instinct, on met toujours les mains en avant, alors mieux vaut les protéger autant que possible.

La tenue automne-hiver

Blouson hivernal

Un blouson de bonne qualité, coupe-vent et imperméable, rendra vos entraînements hivernaux possibles et plus agréables.

Protège-chaussures

Ils sont importants dans les régions à climat froid, car ils gardent les pieds au chaud et protègent les chaussures.

Gants

Une bonne paire de gants isolants vous permettra d'utiliser les commandes de votre vélo librement.

Collants d'hiver
Des collants vous feront mieux apprécier vos séances hivernales ; ils vous garderont bien au chaud et présentent l'avantage d'être disponibles en une grande variété de couleurs brillantes et réfléchissantes, d'où une meilleure visibilité dans les conditions difficiles et sombres.

La tenue printemps-été
Blouson imperméable
Fourrez un vêtement de pluie dans votre poche, vous l'apprécierez au plus haut point dans les descentes glaciales et sous les averses soudaines.

Réchauffeurs de jambes et de bras
Même lorsque le temps est chaud, il est conseillé de porter des réchauffeurs de jambes ou de genoux, pour maintenir les muscles au chaud et éviter toute blessure due à un refroidissement. Les réchauffeurs de bras peuvent transformer un maillot à manches courtes en maillot à manche longues ! Ces vêtements sont légers et se rangent facilement.

Les gants sont un accessoire indispensable, tant pour les performances que pour la protection.

Il n'est pas toujours idéal d'emporter une pompe et toutes les pièces de rechange avec soi, mais mieux vaut les avoir sur soi, au cas où.

Qu'emporter

Lorsque vous partez vous entraîner, il existe un certain nombre d'objets qu'il est impératif de ne pas oublier. Même si vous pédalez en groupe, vous ne pouvez pas compter sur les autres si vous décidez de revenir avant eux ou de vous écarter du groupe. Vous avez besoin d'être en totale autarcie et prêt à toute éventualité. C'est une mesure de prudence, mais les choses que vous emporterez avec vous vous permettront de rentrer chez vous sans encombre et d'éviter tout gros problème. Le tableau peut paraître un peu noir, mais nous avons simplement envisagé les pires scénarios possibles. Les accidents sont rares, et les problèmes de vélo, comme la crevaison ou des pièces bringuebalantes, facilement réparables ; il suffit juste d'y être préparé !

Nourriture

Essayez d'aller aux longues séances d'entraînement comme vous le feriez pour une grande épreuve. C'est la bonne occasion de vous habituer à manger et à boire comme en course. Les barres énergétiques sont une bonne idée et prennent moins de place que les gâteaux et les bananes, mais les longues virées d'entraînement risquent aussi d'épuiser vos réserves, alors n'oubliez pas un peu d'argent pour pouvoir vous ravitailler en cas d'urgence.

Boisson

Veillez à emporter deux bidons pleins de boisson énergétique, ou un d'eau et un de boisson énergétique. Ici encore, essayez de simuler des conditions de course, et l'hydratation est un facteur clé pour être au mieux de ses performances. Avant de partir sur de longs parcours, prévoyez un endroit où vous pourriez vous arrêter pour faire le plein.

Carte routière

Une excellente idée, surtout si le parcours est nouveau !

Outils

La plupart des multi-outils comprennent assez d'outils pour convenir aux différentes pièces de votre vélo. Un outil de chaîne est aussi une bonne idée, mais apprenez à vous en servir : rien ne sert de s'équiper d'un multi-outils onéreux si on ne sait pas s'en servir correctement.

Chambres à air

Emportez toujours au moins une chambre à air, et au moins deux en hiver. N'oubliez pas non plus de prendre un kit de réparation (les rustines d'urgence sont également utiles), juste au cas où vous rouleriez sur un hérisson... Prenez aussi un démonte-pneu.

Pompe

Une bonne minipompe suffira à vous ramener à la maison, mais une pompe de plus gros calibre est préférable dans les grandes équipées car elle permet d'atteindre facilement et rapidement des pressions plus élevées. Pour les longues séances d'entraînement hivernales, il est essentiel d'avoir une bonne pompe. Demandez toujours conseil aux autres cyclistes et, encore une fois, entraînez-vous à gonfler vos pneus avec l'équipement que vous emporterez afin d'être sûr de vous en cas d'urgence.

Téléphone portable

Un autre filet de sécurité important. En désespoir de cause, il vous permettra de trouver quelqu'un pour vous ramener. Rentrez un numéro « en cas d'urgence » dans la mémoire de votre téléphone, il pourra trouver toute son utilité en cas d'accident.

Carte d'identité

Emportez votre carte d'identité, surtout si vous vous entraînez seul. De la même façon, il est important de mettre en évidence tout problème médical que vous pourriez avoir. Agrafez ces informations dans les poches de votre maillot. Certains casques disposent d'un formulaire que vous pouvez remplir et rentrer à l'intérieur.

Carte de crédit

Elle prend peu de place et peut vous tirer d'un mauvais pas, vous permettant de payer un ticket de train ou le taxi, par exemple !

Quelque chose pour tout mettre dedans...

Le mieux est de tout mettre dans une sacoche de selle, mais il est possible que votre téléphone y soit mouillé et que votre carte d'identité soit difficile à trouver ; il est donc préférable de mettre les petits objets et la nourriture dans les poches du maillot. Mettez votre téléphone dans un sac plastique. Rappelez-vous que vous pouvez suer, alors enveloppez votre nourriture dans du papier d'aluminium. Il est mieux de porter les outils, les chambres à air et les pompes sur le vélo. Les clés de maison doivent être emmaillotées (une clé peut faire très mal si vous tombez dessus).

Enfin, si vous partez seul, dites à quelqu'un combien de temps vous partez et où vous allez ; ce n'est pas toujours possible, mais c'est une bonne mesure de sécurité.

Le mieux pour porter ses affaires sur un VTT est de les mettre dans un sac style sac d'hydratation plutôt que dans des poches, susceptibles de se déchirer.

Où pédaler

Quelle que soit votre préférence, cyclisme sur route ou tout-terrain, le moyen le plus facile de trouver comment pratiquer votre sport est de vous adresser à votre magasin de cycles. Les bons magasins de cycles ont normalement un bon paquet de cyclistes parmi leurs employés. Demandez-leur avec qui ils partent et si vous pouvez vous joindre à eux. Ils peuvent aussi afficher les petites annonces de clubs locaux, et seront en mesure de vous dire où et quand différents groupes se retrouvent et le type de cyclisme qu'ils pratiquent. Par ailleurs, visitez les sites des organisations nationales et affinez vos recherches en vous rendant sur les sites des clubs locaux ou en contactant la mairie pour avoir la liste des clubs des environs et les possibles contacts dans ce domaine.

Pour pratiquer votre sport, vous aurez en fait trois possibilités :

- le cyclisme sur route ;
- le tout-terrain ;
- le cyclisme sur piste.

Soyez prêt à vous lancer dans plusieurs disciplines. En tant que cycliste sur route, vous tirerez profit de vos sorties en tout-terrain, et en tant que cycliste tout-terrain, vous gagnerez en vitesse par votre pratique de la route (votre corps sera moins secoué, ce qui signifie que vous pourrez vous entraîner plus). De même, les sprinters ont aussi besoin de travailler l'endurance pour pouvoir passer les épreuves de qualification d'une compétition, et ils n'ont pas forcément accès à une piste tout le temps. Ils trouveront donc avantage à pédaler sur route et hors route.

Pour en savoir plus sur les avantages qu'il y a à pédaler sur route, sur piste ou sur n'importe quel autre terrain, reportez-vous au chapitre 4.

Sur route...

Le cyclisme sur route

C'est probablement l'endroit le plus simple pour rouler, et sans doute là où vous avez fait le plus de kilomètres jusqu'à ce jour. Résultat, il est facile d'oublier que la route peut aussi être un endroit dangereux. Prenez toujours en considération les autres usagers de la route (voir « La circulation », page 24).

La route est souvent considérée comme un endroit réservé aux cyclistes sur route et aux cyclistes de contre-la-montre, voire à ceux qui effectuent des trajets quotidiens. Ce préjugé ne peut pas être plus faux. Vous verrez tout au long de ce livre que nous recommandons aux cyclistes de tout-terrain de considérer les routes comme faisant partie de leur entraînement, car de longues routes bien surfacées sont parfaites pour développer son endurance.

Le tout-terrain

Les bois ou les chemins des environs sont évidemment le domaine de prédilection des vététistes. Depuis les débuts du VTT, on entend beaucoup de désinformation à propos de son impact sur l'environnement. En vérité, tant que vous serez respectueux et resterez sur les chemins, vous n'aurez quasiment aucun mauvais impact sur l'environnement.

Cependant, les pistes spéciales VTT sont en augmentation, offrant de beaux parcours. Ces itinéraires, souvent dans des endroits assez éloignés, peuvent demander d'y passer le week-end. Il faut donc planifier leur visite, mais ils le méritent.

Où que vous rouliez, soyez raisonnable et ne roulez pas dans des parcs ou sur des chemins très fréquentés. Trouvez un bois ou un espace ouvert qui n'est pas trop utilisé par les promeneurs de chiens et vérifiez qu'il est autorisé aux cyclistes. Respectez les éventuelles restrictions : elles servent en général à protéger la faune et la flore. Si un ou deux cyclistes sont vus en train d'enfreindre les règles, il est probable que la zone sera ensuite interdite à tout le monde.

Tout comme ils peuvent profiter des bois et des parcs environnants, les adeptes de cyclo-cross peuvent aussi s'entraîner dans les parcs éclairés et les centres sportifs. Un petit circuit peut devenir le parfait terrain d'entraînement, et l'éclairage public permettra d'y effectuer son entraînement pendant tout l'hiver. Pour des raisons de sécurité ainsi que pour la stimulation de groupe, entraînez-vous avec quelqu'un ou en petit groupe, et dites toujours où vous allez avant de partir. Les clubs locaux et les magasins de cycles sont les meilleurs endroits pour se trouver de nouveaux compagnons de vélo, n'hésitez donc pas à leur demander leurs précieux avis.

Le cyclisme sur piste

Rien n'est meilleur pour développer son sport et le potentiel des jeunes athlètes qu'un bon vélodrome couvert. Il existe cependant bien plus de pistes en extérieur. C'est sans doute les endroits les plus sûrs pour se mettre à la course cycliste, car ils sont sans circulation et bien contrôlés. Le gros désavantage est qu'ils ne sont pas utilisables sous la pluie, si bien que la plupart des pistes en extérieur ne programment aucun entraînement ou course en hiver.

Le cyclisme sur piste offre un certain nombre d'avantages...

- C'est un environnement contrôlé et sûr pour développer les compétences nécessaires à un bon cycliste, quelle que soit sa discipline : ni voiture ni mouton pour vous barrer la route !
- Cela permet de développer sa force, car la plupart des courses sont explosives et demandent d'être agressif et sûr de soi.
- Les entraîneurs peuvent garder l'œil sur vous et vous conseiller.
- La pratique avec d'autres cyclistes aide à développer son sens tactique.

Toutes les pistes ont des journées portes ouvertes et proposent des séances d'essai. C'est très amusant. Sous la supervision d'un entraîneur, vous saisirez rapidement les techniques nécessaires pour pédaler sur un vélo à pignon fixe, et il ne vous faudra pas longtemps pour filer sur la piste comme un vrai pistard.

... ou tout terrain. Ou peut-être les deux... et sur piste !

Prendre contact avec un club

Comme dans tout sport, il est mieux de se lier et de s'entraîner avec d'autres ; c'est un excellent moyen de se motiver, d'apprendre auprès de cyclistes bien plus expérimentés et de se faire des amis parmi les gens qui partagent votre passion. Le mieux pour commencer est de s'inscrire à un club.

Le VTT a changé l'image du cyclisme en groupe. Les virées de club n'ont plus l'esprit « le dernier arrivé paie la tournée ». Les cyclistes se retrouvent à l'endroit et à l'heure du rendez-vous, les leaders s'arrangent pour vous ramener à ce point et certains des cyclistes les plus expérimentés joueront le rôle de chef pour veiller sur tout le monde et offrir conseils et astuces tout au long de la route. Votre magasin de cycles est un excellent endroit pour commencer, car beaucoup organisent leurs propres sorties.

Encore une fois, cela vaut la peine de trouver le club cycliste le plus proche de chez vous. De nouveau, demandez à votre magasin de cycles ou passez quelques minutes sur Internet pour trouver la liste des clubs des différentes disciplines.

Quand pédaler

À l'évidence, le temps passé sur votre vélo dépend d'un certain nombre de facteurs, à commencer par le travail, la famille et vos autres engagements (voir le chapitre 5). Voici cependant quelques points à prendre en considération.

Tôt le matin

Si vous travaillez à plein temps, le gros de votre temps d'entraînement s'effectuera de bonne heure ou après le travail. Pour le matin, il suffit de régler son réveil plus tôt ! De nombreux champions internationaux travaillant à plein temps ont réussi à aménager suffisamment de temps autour de leurs horaires de travail pour leur entraînement, en se servant s'il le fallait de leurs 2 heures quotidiennes de trajet.

Le pédalage matinal présente de nombreux avantages : il vous permet de vous débarrasser de vos kilomètres en début de journée, vous pouvez le combiner avec votre trajet pour le travail (avec en plus des économies de transport), et l'exercice matinal augmentera votre métabolisme pour le restant de la journée, d'où un maximum de bienfaits physiques.

Veillez à prendre un jeu de lumières avec vous si vous risquez de rentrer tard ou en cas de mauvais temps, et donc de mauvaise visibilité.

À l'heure du déjeuner

Si vous avez la chance de travailler en horaires variables, sortir durant 1 heure ou plus pendant la pause déjeuner est un bon moyen de trouver des créneaux d'entraînement. Et si des collègues ou des copains peuvent se joindre à vous, cela vous donnera une motivation de plus. Essayez dans ce cas d'en faire une pratique régulière. Vous pouvez organiser une sortie de 60 à 90 minutes qui vous fera échapper à la routine quotidienne, à condition de pouvoir vous laver et ranger votre vélo après.

Comme dans tout entraînement, tout est histoire de préparation si vous voulez gagner du temps afin de sortir et de revenir à l'heure pour vos rendez-vous. Déjeuner tôt (2 heures avant la sortie) et prendre ensuite un goûter tardif vous donnera les forces nécessaires. Il suffit juste d'être organisé. Vous pouvez avoir accès à une classe de spinning ou un cours de gym à l'heure du déjeuner, mais la séance de home-trainer au bureau n'est pas recommandée, à moins de travailler seul !

Le soir

Pédaler le soir n'est pas toujours idéal. La circulation est souvent pire que le matin, et les gens moins attentifs après une journée de travail. Pourtant, si vous trouvez un groupe autour de chez vous, vous aurez l'avantage de la sécurité à rouler en nombre et l'occasion de sortir de votre routine confortable, car tout le monde se bat pour ne pas être le maillon faible. Une séance d'entraînement bien soutenue est un bon moyen d'évacuer le stress de la journée. Ces séances sont plutôt réservées aux longues soirées du printemps et de l'été.

La circulation

La circulation est un éternel souci pour le cycliste. Nous partageons la route avec les voitures, les bus, les camions, les motos, les cavaliers et les piétons, et leurs droits sont les mêmes que les nôtres. En tant que cycliste, vous êtes plus vulnérable, mieux vaut donc se faire discret. Restez calme et retenez-vous, même si vous savez que l'autre partie est clairement en faute et qu'elle vous a mis en danger.

Roulez à une distance de 50 cm à 1 m du trottoir pour avoir assez de dégagement, le cas échéant, mais en laissant suffisamment de place aux automobilistes pour vous doubler. Ajustez cette distance sur les routes fréquentées ou étroites. Ne gênez pas la circulation, sauf si vous avez l'impression qu'il n'y a pas de place pour deux et qu'il est préférable de monopoliser l'espace plutôt que de se faire coincer contre le trottoir. Dégagez-vous ensuite dès que possible et remerciez l'automobiliste d'un geste amical lorsqu'il vous doublera. Des conducteurs impatients peuvent essayer de vous intimider en faisant vrombir leur moteur ou en vous collant. C'est le signe qu'il ne faut pas discuter avec eux. La colère routière est bien trop fréquente et peut avoir des conséquences graves, voire tragiques, notamment pour des cyclistes sans protection. Ne provoquez pas les autres usagers par des gestes ou en leur criant dessus.

Respectez le code de la route : arrêtez-vous aux feux rouges et ne circulez pas à contresens. Le non-respect des cyclistes ne fait que fâcher les autres usagers, qui risquent alors de s'en prendre au prochain cycliste qu'ils croiseront !

Regardez toujours derrière et indiquez clairement ce que vous allez faire. Sur des routes très fréquentées, il vaut parfois mieux se ranger à droite et attendre un trou dans la circulation pour passer à gauche.

Les voitures et les camions avec des remorques ou des caravanes peuvent être les plus impressionnants sur la route. Ne considérez jamais que vous pouvez, après avoir été doublé par une auto, reprendre votre place sur la route sans avoir jeté un coup d'œil derrière. Les remorques sont parfois plus larges que les véhicules qui les tirent. Gardez la même allure et rapprochez-vous du trottoir si vous sentez qu'une voiture va vous doubler.

Restez constamment sur vos gardes : les piétons ont l'étrange habitude de surgir d'entre deux autos garées ; les portières peuvent s'ouvrir à l'improviste, et les voitures déboîter sans clignotant. Regardez devant et autour de vous tout le temps. Regardez s'il y a des passagers dans les autos garées. De la fumée sortant du pot d'échappement est le signe que l'auto vient de démarrer et est prête à partir. Faites attention aux piétons sur le trottoir. Ne roulez pas trop près du trottoir ou des voitures garées pour vous laisser, le cas échéant, les quelques nanosecondes nécessaires pour amorcer une action salvatrice. Attendez-vous au pire à chaque instant : vous aurez la plupart du temps raison, et serez agréablement surpris si vous avez eu tort.

Une bonne planification de parcours permettra de réduire les risques de circulation et les dangers inhérents, mais, dans les zones rurales désertes, le manque de circulation peut être tout aussi dangereux. Les quelques automobilistes qui circulent, ne s'attendant pas forcément à rencontrer d'autres usagers sur leur route, peuvent rouler plus vite qu'ils ne le devraient. Restez vigilant et visible tout le temps. Essayez d'avoir une « sortie de secours », par exemple en sautant du vélo en vitesse, en montant sur le trottoir ou en tournant à droite. Tout est bon pour éviter une collision avec un véhicule rapide et solide.

Les conditions climatiques

Les conditions extrêmes de chaleur, de froid, de vent, de brouillard, de neige ou de glace peuvent rendre votre virée mortelle. Même dans les régions au climat tempéré comme les nôtres, les conditions peuvent changer rapidement et mettre en danger la vie de l'imprudent ou du mal préparé. Par exemple, le haut d'une montée comme le Cat and Fiddle, dans le Peak District, au milieu de l'Angleterre, peut être 5 °C plus froid que Maclesfield, à son pied. Dans ce cas, mieux vaut penser à prendre un gilet léger ou un blouson imperméable pour l'avoir au sommet et dans la descente de retour, rapide et glacée, jusqu'au niveau de la mer.

Les réchauffeurs de jambes sont idéaux par temps froid ou pour s'échauffer avant les courses.

Tout comme pour le reste, un peu de préparation peut vous sauver de bien des désagréments et vous éviter de nombreux problèmes.

- Connaître la situation météo : il ne faut que quelques minutes pour avoir les dernières prévisions météorologiques, et les sources d'information sont multiples (radio, Internet, télévision, office du tourisme, journaux, etc.). Prenez toujours connaissance des conditions qui vous attendent et organisez votre équipée en fonction : vêtements, crème solaire, nourriture, boisson...
- Éclairage : pour les entraînements, notamment en hiver, il vaut mieux avoir une DEL (LED) arrière sur votre vélo même si vous pensez rentrer avant la nuit, juste au cas où vous rencontreriez des nuages bas ou en cas de pluie qui réduirait la visibilité. La plupart de ces lampes sont maintenant si petites et légères que même les cyclistes de contre-la-montre les utilisent lorsqu'il y a un problème de visibilité sur la route.

Un blouson imperméable léger se range facilement dans votre poche et s'avérera des plus utiles dans les froides descentes et lors des pluies soudaines.

- Avoir un plan B : même les meilleurs plans peuvent finir de travers. Vous pouvez être forcé de vous arrêter à cause d'un problème technique ou vous trouver dehors plus longtemps que prévu si le temps se met à changer soudainement ou si un vent de face vous ralentit.
- Emportez toujours un blouson léger, beaucoup à boire, des outils, une ou deux chambres à air, de l'argent et, si vous explorez un nouvel itinéraire, une carte.

Le mauvais temps ne doit pas vous arrêter, il faut juste vous y préparer.

Pluie

- La pluie change la surface de la route, diminue la réponse des freins, réduit la visibilité et accélère la perte de chaleur corporelle.
- Les routes mouillées sont plus glissantes que les routes sèches.
- Après une période de sécheresse, la pluie peut disperser de l'huile et de l'essence sur la route. Prêtez-y particulièrement attention en ville et dans les virages. Ralentissez, ne prenez pas les virages trop vite, ne vous penchez pas trop sur votre vélo.
- Certains matériaux de pneu sont mieux adaptés à la pluie que d'autres. Demandez conseil dans votre magasin ou à vos compagnons de route. Votre choix, basé sur votre propre expérience, peut être différent. Il est en général préconisé, pour avoir plus de traction, de prendre des pneus plus larges et de moins les gonfler par temps humide.
- De l'eau entre la jante et le patin de frein réduit l'efficacité du freinage. Comptez plus de temps et de distance pour ralentir ou vous arrêter, notamment si vous roulez vite, par exemple en descente. Équipez vos freins de patins adaptés à votre jante. Du caoutchouc ou certains synthétiques sont plus efficaces sur l'aluminium, mais le liège va mieux sur les roues en fibre de carbone.
- La pluie disperse des débris sur la route et l'eau ramollit les rainures des pneus, ce qui les rend plus sensibles aux cailloux et aux bouts de verre, et par voie de conséquence aux crevaisons.
- Vérifiez vos pneus et vos patins de frein fréquemment et enlevez toute saleté.
- Évitez les marquages au sol, qui peuvent être très glissants sous la pluie. Traversez-les perpendiculairement et sans accélérer ni freiner.
- Évitez de rouler dans les flaques. Elles peuvent vous mouiller, bien sûr, mais aussi cacher un nid-de-poule, des éclats de verre...
- La température passe du plus chaud au plus froid, et l'eau conduit la chaleur vingt-cinq fois mieux que l'air. Par conséquent, lorsque vous vous faites tremper par la pluie et la neige, vous perdez rapidement votre chaleur, notamment par la tête, les mains et les pieds ; il faut donc rester au sec pour pouvoir être au chaud.

Pour des conseils sur les virages par temps humide, reportez-vous au chapitre 2, page 42.

Brouillard et brume

- Le problème majeur par temps de brouillard est la visibilité. Les autres usagers de la route doivent pouvoir vous voir, alors portez des couleurs vives, comme du rouge, du jaune ou de l'orange, et éclairez-vous.
- C'est une évidence, mais votre vision également sera réduite. Soyez donc prudent et ne partez pas à l'inconnu.

- Il vaut mieux parfois retarder sa sortie de 1 à 2 heures et attendre que le brouillard matinal se lève (sauf à la fin de l'automne, où il peut durer toute la journée, auquel cas vous auriez peut-être intérêt à changer pour du home-trainer).
- Le brouillard est humide (voir « Pluie », page ci-contre).

Une veste coupe-vent de bonne qualité rendra votre entraînement possible et plus agréable.

Neige

- Utilisez des pneus larges et gonflez-les à faible pression pour avoir plus de traction.
- Restez détendu pour garder une meilleure maîtrise de votre vélo.
- Si possible, roulez dans la neige fraîche (à condition qu'elle ne recouvre pas de la glace) plutôt que dans la neige compacte, qui peut agir comme de la glace.
- Veillez à vous habiller pour les conditions. Un bonnet sous votre casque, des gants et des protège-chaussures sont quasiment indispensables.
- En tout-terrain et avec des pneus noueux plus larges, la neige est moins problématique et peut devenir très amusante.

Glace

- Si la route est verglacée, évitez-la. Cela peut signifier que vous allez rester à la maison pour une séance de home-trainer.
- Évitez de freiner sur la glace. C'est le meilleur moyen de bloquer la roue, de déraper et de tomber plus vite que vous ne le pensez.
- Le cas échéant, descendez de votre vélo et contournez la zone verglacée à pied.
- Si ce n'est pas possible, désengagez un pied et préparez-vous à vous en servir comme amortisseur si le vélo venait à déraper.
- En cyclo-cross, il existe des pneus cloutés, mais la plupart des cyclistes utilisent des pneus pour la boue, peu gonflés.
- Pédalez en douceur et restez détendu.

Vent

- Sauf s'il est vraiment fort, le vent n'est rien d'autre qu'une source de fatigue supplémentaire (s'il souffle de face).
- Si des vents dangereux ont été annoncés, restez à la maison et dépoussiérez votre home-trainer, à moins que vous n'ayez l'intention de battre un record de ville à ville.
- Dans les zones ventées, vous verrez vite l'avantage d'une position aérodynamique et vous roulerez en éventail.
- Faites attention aux débris qui peuvent voler.
- Vous pourrez profiter de l'abri des bâtiments ou des haies, mais faites attention aux bourrasques lorsque vous sortez de leur zone de protection.
- Les vents froids peuvent vite vous refroidir, mais il existe toutes sortes de vêtements qui pourront vous garder bien au chaud.

Soleil

- Le soleil est peut-être ce dont nous rêvons tous pour pédaler, mais il peut aussi être dangereux.
- Mettez toujours de la crème solaire si du soleil a été prévu, et en été.
- Le soleil peut être étonnamment puissant, même à travers les nuages.
- La chaleur peut faire fondre l'asphalte et rendre la conduite difficile, notamment dans les virages.

23
spooky
VANS
SMITH
TIOGA

2

Les compétences cyclistes

Introduction

Une fois les bases en place, l'étape suivante est d'apprendre à bien maîtriser son vélo. L'idée peut paraître un peu ridicule ; après tout, ne dit-on pas couramment, au moment de faire une chose nouvelle, que c'est aussi simple que de faire du vélo. Le problème est justement là. Nous avons quasiment tous appris à faire du vélo enfant, et c'est pour nous une pratique acquise. Nous ne nous arrêtons donc jamais pour nous demander comment nous faisons et comment nous pourrions mieux faire.

Ce chapitre est consacré aux compétences cyclistes. Il commence en vous demandant d'analyser vous-même vos propres compétences. En comparant vos réponses au tableau des compétences, vous trouverez la discipline cycliste dans laquelle vous pourriez exceller... et elle pourrait bien être toute différente de celle que vous imaginiez ! Vous pouvez également utiliser ce tableau pour développer les compétences nécessaires à une discipline que vous avez toujours voulu essayer. Le reste du chapitre examine les différentes compétences cyclistes, en vous donnant des conseils sur la manière de les développer et de les améliorer.

Tableau de compétences

Chaque discipline cycliste demande un ensemble spécifique de compétences nécessaires si vous avez l'intention de faire de la compétition. Le tableau suivant donne la liste des différentes compétences ; elles sont notées de 1 à 5 selon l'importance qu'elles ont dans les différentes disciplines. Par exemple, pour le VTT, le contrôle du vélo est vital (d'où une note de 5) tandis que l'aérodynamique est de moindre importance (d'où une note de 1).

TABLEAU DES COMPÉTENCES

	Course sur route	Contre-la-montre	Sprint sur piste	Endurance sur piste	VTT XC	VTT descente	Cyclo-cross	Cyclo-sportive
Aptitude en groupe	5	1	3	4	3	1	5	3
Change-ment de rythme	5	1	5	4	4	4	4	1
Sprint	4	1	5	3	4	2	4	1
Endurance	4	3*	1	3	3	1	3	5
Montée	3	2	1	1	4	1	3	3
Descente	3	3	1	1	4	5	4	3
Aéro-dynamique	3	5	3	4	1	3	1	2
Choix de braquet	4	4	5	4	4	4	4	3
Sens tactique	5	1	5	5	3	3	4	2
Contrôle du vélo	4	2	4	4	5	5	5	3

** Selon la distance et la durée de l'épreuve*

Aptitude en groupe

Le terme « aptitude en groupe » fait référence à un certain nombre de compétences qui sont nécessaires pour pouvoir pédaler en toute sécurité et efficacement très près d'autres cyclistes.

L'aptitude en groupe est importante dans les épreuves avec départ groupé — course sur route, cross-country et cyclo-cross —, où les cyclistes partent par grands ou petits groupes. Selon le type de course, cette compétence est plus ou moins importante. Elle n'a aucun impact dans la poursuite individuelle, mais beaucoup dans la course scratch, la course aux points, la course à l'américaine, la course par élimination, le keirin et bien d'autres courses de sprint.

Si vous êtes cycliste de loisir, l'importance de l'aptitude en groupe dépend de votre style de pratique, à savoir du fait que vous préfériez rouler en groupe ou non. C'est une compétence néanmoins utile à posséder, notamment pour ces épreuves où nombre de participants, parfois des centaines, démarrent en même temps, pour pouvoir se coller à d'autres cyclistes de même niveau afin de se répartir la charge de travail et de se faire un peu de compagnie pour ce qui risque d'être une très longue journée.

Ce n'est vraiment que le caractère individuel du contre-la-montre qui enlève l'aptitude en groupe des compétences nécessaires, mais, là encore, il est utile de la posséder pour donner plus d'intérêt aux entraînements et pour pouvoir participer éventuellement à des contre-la-montre par équipe.

Changement de rythme

Il s'agit de votre capacité à accélérer très rapidement pour surprendre des adversaires inattentifs et creuser l'écart avec eux, pour rester dans le peloton lorsque le rythme s'accélère, pour suivre une attaque, pour lancer votre propre attaque ou pour recoller dans une course sur route. Les courses sur piste et aux points sont connues pour l'effet yo-yo de leur vitesse, ce qui s'avère souvent plus fatigant que de faire un contre-la-montre à une vitesse plus rapide mais plus constante.

C'est une aptitude typiquement nécessaire pour les épreuves avec départ groupé plutôt que pour les disciplines individuelles, mais elle peut être nécessaire dans les dernières étapes d'une poursuite sur piste afin de contrer le rythme de son adversaire.

Sprint

En termes de compétence, nous utilisons le mot « sprint » pour l'aptitude à atteindre et à maintenir une cadence très rapide pendant un laps de temps très court (jusqu'à environ 20 secondes). Elle est utile non seulement dans les courses de vitesse et de contre-la-montre sur piste, mais aussi dans les sprints ou primes sur route, ou les courses aux points sur piste et à la sortie de chaque virage dans un critérium en ville. Même dans les disciplines de cyclo-cross et de VTT, le premier « galop » de départ a un énorme impact sur l'issue finale de ces épreuves, qui durent 1 ou 2 heures. Elle est également utile pour pouvoir « casser l'élastique » lorsqu'un cycliste économise son énergie en vous collant à la roue. Bien sûr, certains cyclistes de contre-la-montre ou de loisir n'auront pas autant besoin de sprinter et préféreront consacrer leur entraînement à d'autres compétences.

L'aérodynamique est l'élément le plus important dans le contre-la-montre

Endurance

L'endurance est un terme relatif car il dépend vraiment de l'épreuve. Strictement parlant, l'endurance est nécessaire à toute activité aérobie, c'est-à-dire toute activité durant plus de 60 secondes, mais il est évident qu'une épreuve Audax de 200 km demande plus d'endurance qu'une poursuite de 4 000 m, qu'un contre-la-montre de 16 km ou qu'un cyclo-cross de 1 heure.

Selon les disciplines de course, nous avons donné à ce terme une durée « moyenne » à l'épreuve.

- De 2 à 3 heures pour les courses sur route de 80 à 120 km.
- Les courses contre-la-montre de 16 et 40 km durent respectivement, pour un bon cycliste amateur, de 22 à 25 minutes et de 55 à 65 minutes.
- Les courses de cyclo-cross durent en général 1 à 2 heures.
- Les épreuves VTT de descente durent rarement plus de 3 minutes, temps variable selon la hauteur de la montagne ou de la colline.
- La plupart des épreuves sur piste vont du sprint de 200 m (environ 10 à 11 secondes pour l'élite) jusqu'à 20 à 25 minutes pour une course scratch de 15 km.

Montée

Toute côte est une montée. La nécessité de développer votre aptitude à monter dépendra de l'endroit où vous vivez et roulez. Les cyclistes sur piste qui vivent dans les plaines n'auront guère besoin ou envie de travailler ce point, mais pour tous les autres la montée peut être un facteur clé dans la détermination à « réussir » ou non. Les côtes « écrèment » toujours un groupe de cyclistes, que ce soit dans une course amateur ou une étape de montagne du Tour de France. Être capable de s'attaquer aux côtes, notamment avec vitesse, permet aux meilleurs de faire l'écart.

Descente

La descente, aidée par la force de gravité, devrait être simple, mais il est surprenant de voir à quel point l'aptitude à descendre varie d'un cycliste à l'autre. La capacité à « lire » la route (ou la piste) et les conditions pour choisir la ligne parfaite, ainsi que la confiance en son vélo et en sa maîtrise changent complètement la manière et la vitesse avec lesquelles les cyclistes abordent une descente.
Contrairement à la montée, la descente est une compétence qui concerne tous les cyclistes, à l'exception des amateurs de course sur piste et des habitants des contrées plates.

Aérodynamique

L'aérodynamique concerne tous les cyclistes (il n'y a aucune raison de rendre une course inutilement difficile), néanmoins elle est la principale préoccupation des cyclistes de contre-la-montre et de poursuite sur piste. Pour les autres, c'est davantage un moyen de profiter de l'aspiration des autres cyclistes ou d'adopter une position plus basse sur le vélo afin d'offrir moins de résistance frontale et d'éviter de perdre de l'énergie. En dessous de 25 km/h, l'aérodynamique a peu d'impact, d'où sa moindre importance pour les activités hors route.

Choix du braquet

Dans la plupart des disciplines, vous pouvez changer de vitesse et choisir ainsi le meilleur développement, peut-être même en utilisant votre ordinateur de guidon qui vous indiquera si vous irez un peu plus vite ou moins vite en changeant de vitesse. Cependant, même avec la combinaison de jusqu'à dix pignons et deux ou trois plateaux, il faut être capable de choisir le braquet idéal pour arriver à doser vitesse et fatigue. Plutôt que de vous faciliter la vie, comme vous pourriez le penser, un choix de trente vitesses peut vous rendre les choses bien plus difficiles.

Les épreuves sur piste avec un pignon fixe sont tout à l'opposé. Là, il faut faire son choix — et le bon — avant le départ en fonction de sa force, de son style, de la piste, des conditions et de la tactique de l'épreuve.

Sens tactique

Le sens tactique est à l'évidence important si vous courez contre d'autres cyclistes ; il vous permet de savoir quand agir ou comment réagir, mais vous aurez aussi besoin de stratégie dans les disciplines individuelles pour trouver le bon rythme.

Sur les longues distances, il comprend également la gestion de votre alimentation et de votre hydratation.

Contrôle du vélo

La capacité à contrôler son vélo va de la simple technique, comme savoir conduire son vélo dans la direction voulue ou le garder droit sur de mauvaises surfaces, à des compétences plus complexes comme savoir prendre un virage vite ou, pour l'adepte de cyclo-cross, savoir sauter et remonter sur son vélo pour franchir les obstacles. Il pourrait sembler encore une fois que la note pour cette compétence devrait être 5 quelle que soit la discipline, mais nous utiliserons le terme de manière relative.

Chaque situation de course demande un certain sens tactique et stratégique.

Une excellente maîtrise du vélo est essentielle en cyclo-cross et en VTT, où le terrain peut faire des hauts et des bas non seulement devant mais sur les côtés et où la course peut être jonchée d'obstacles. Les coureurs de cyclosportives doivent aussi pouvoir éviter les obstacles sur la route et gérer les cyclistes roulant à côté d'eux. Encore une fois, seul le cycliste de contre-la-montre individuel n'aura pas trop besoin de cette compétence, même s'il est meilleur pour la vitesse (et la sécurité), lorsqu'on roule en ligne droite, de pouvoir anticiper les obstacles et agir en conséquence.

Développer ses compétences cyclistes

S'il vous plaît, n'essayez pas de sauter cette partie. Même si vous pensez avoir toutes les compétences requises pour votre discipline, prenez une minute pour la lire. Au pire, vous sourirez en vous disant que vous faites exactement comme les pros. Au mieux, vous apprendrez des choses qui vous permettront de rouler plus sûrement et plus vite.

Freinage

La meilleure compétence par laquelle commencer est le freinage, ou plus précisément, l'aptitude à contrôler sa vitesse. Elle est liée à de nombreuses autres compétences citées plus loin — descente, virage... —, mais elle mérite quelques mots.

C'est peut-être une évidence, mais c'est pourtant un point bien souvent négligé : si vous voulez freiner efficacement, vous devez avoir des freins bien entretenus avec les cocottes de frein bien positionnées, là où il vous est facile de les utiliser. Quel que soit le type de freins, ils doivent commencer à mordre lorsque le levier est au tiers de sa course, et mordre à fond lorsqu'il est aux deux tiers de sa course jusqu'au guidon. Si le levier dépasse ce niveau, ou s'il touche le guidon, vous devez ajuster les freins.

Le freinage dépend également de la traction entre le pneu et le sol, et variera selon la vitesse et la surface du sol (lisse, dur ou mou, sec ou mouillé). Les adeptes du VTT de descente auront besoin des freins les plus puissants, car ils descendent comme des bolides sur des vélos lourds, gravitationnels. C'est la raison pour laquelle ils utilisent des freins à disque de type moto afin de pouvoir garder leur vitesse et ne freiner qu'à la dernière fraction de seconde. Les techniques employées sont, à part cela, à peu près pareilles, que vous soyez un cycliste de contre-la-montre avec un seul tournant à négocier (quoique moins exagéré) ou un vététiste traçant son chemin sur une descente boueuse.

Points essentiels pour le freinage

- Mettez les mains bien écartées sur le bas du guidon, les doigts sur les cocottes.
- Sachez quelle cocotte contrôle le frein avant et quelle cocotte contrôle le frein arrière.
- Gardez la tête redressée et regardez où vous allez.
- Évitez de serrer brusquement les freins ; au contraire, exercez une pression constante.
- Serrez un peu plus le frein avant.
- Tenez le guidon droit et évitez de tourner pendant le freinage.
- Arrêtez de pédaler et transférez le poids en arrière pour maintenir la traction et l'équilibre.
- Prévoyez plus de distance en cas de vitesse rapide ou de mauvaise surface.

Trouvez une position stable

Vous devez avoir une position stable sur votre vélo. Écartez bien les mains et mettez-les sur les cocottes. Levez la tête et regardez où vous allez à tout instant. Votre frein avant étant plus puissant et ayant plus d'effet sur la conduite du vélo que le frein arrière, serrez-le un peu plus fort. Si vous roulez vite, arrêtez de pédaler et mettez les pieds et les manivelles à l'horizontale. Tendez les bras et transférez le poids du corps à l'arrière de la selle en même temps que vous freinez pour éviter au vélo de basculer en avant.

Les cyclistes hors route peuvent se trouver pendus à l'arrière de la selle dans les descentes raides. Pour vous aider à ralentir à grande vitesse, redressez le buste afin d'offrir plus de résistance à l'air.

Freinez avant le virage

Freinez avant le virage et non pendant, et continuez de regarder où vous voulez aller. Si vous avez l'impression d'aller trop vite dans le virage, touchez légèrement le frein arrière. Si le vélo commence à chasser, relâchez le frein et placez le poids de votre corps sur la roue arrière. Freinez avec le frein avant fera redresser le vélo ; c'est utile si vous avez mal évalué un virage et avez besoin de réaligner le vélo dans une nouvelle direction.

Freinage dans un groupe

Lorsque vous roulez en groupe, évitez les freinages brusques. Si vous devez ralentir, utilisez le frein arrière. Vous indiquerez ainsi au cycliste de derrière ce que vous êtes en train de faire, comme des feux arrière de voiture.
Il vaut mieux régler votre vitesse en vous décalant de l'aspiration du cycliste devant vous. Mieux encore, restez toujours attentif à ce qui se passe devant afin de pouvoir anticiper la plupart des situations avant que quiconque ne prenne une mesure d'urgence. Dans les descentes, écartez-vous davantage du cycliste devant vous.

Freinage dans de mauvaises conditions

Prévoyez un temps de freinage plus long et attendez-vous à devoir freiner plus fort par temps humide. Il faut un ou deux tours de roue pour dégager l'eau du rebord des jantes. Faites aussi attention aux conditions glissantes et gardez le vélo aussi droit que possible pendant le freinage.

Entretien

Vérifiez les câbles et les patins régulièrement, notamment après une virée par temps humide ou dans une zone montagneuse, et remplacez-les dès qu'ils montrent des signes d'usure. Les cyclistes de tout-terrain devront remplacer les patins ou les blocs très fréquemment, car la saleté des pistes agit comme du papier de verre et use rapidement les patins (et le rebord des jantes).

Ce cycliste montre un bon exemple de la position de freinage à adopter dans un virage.

Pédalage

Autre prétendant aux évidences dans ce livre, le pédalage. Le facteur clé du cyclisme est, encore une fois, un point à souligner car trop souvent négligé. Afin de pouvoir faire de la compétition, et cela quelle que soit la discipline, ou de vraiment vous amuser, vous devez pouvoir pédaler efficacement. Il est néanmoins difficile de dire ce qui fait une bonne technique, car le pédalage est extrêmement personnel; le rythme est comme une empreinte propre à chaque cycliste.

Cadence

De nombreuses études ont été faites sur la cadence idéale — la vitesse à laquelle vous pédalez, mesurée typiquement en tours par minute (tr/min) — dans le cyclisme. Les scientifiques arrivent presque invariablement à des chiffres bien inférieurs à ceux réellement obtenus par les cyclistes. C'est peut-être parce qu'ils prennent pour leurs tests des personnes qui n'ont pas l'entraînement d'un cycliste, et que les non-cyclistes préfèrent une cadence d'environ 60 tr/min, proche du rythme de la marche. Par comparaison, les cyclistes les plus expérimentés atteignent 80 tr/min au minimum, et avoisinent souvent les 100 tr/min.
Trouver sa cadence et savoir choisir le bon braquet sont au cœur du développement d'une technique de pédalage. Si vous avez le même braquet que le cycliste d'à côté mais que vous pédalez plus vite, vous irez plus vite. Si en revanche vous n'avez pas la force d'emmener un braquet aussi gros que votre opposant, sa cadence plus lente se révélera peut-être plus efficace que votre cadence plus rapide. À un certain niveau, la capacité à enrouler plutôt des petits braquets que des plus gros dépend pour une personne de la proportion de fibres lentes et rapides dans ses muscles. Cela signifie que nous avons tous notre propre cadence optimale, mais que nous pouvons la modifier avec de l'entraînement afin de mobiliser davantage les fibres appropriées (reportez-vous au chapitre 3 pour en savoir plus sur les fibres musculaires).

Calculer sa cadence

Vous n'avez pas besoin d'un cadencemètre pour mesurer votre rythme de pédalage. Comptez le nombre de fois qu'une jambe descend en 1 minute grâce à votre montre.

Manivelles

La longueur des manivelles dépend de votre style de pédalage et du braquet. Si vous avez l'intention de mouliner très rapidement, les petites manivelles seront plus faciles à utiliser : elles parcourent moins de distance à chaque tour et sont donc plus rapides à tourner. En revanche, avec un gros braquet nécessitant plus d'effet de levier, de plus grandes manivelles seront plus efficaces.

Quelques règles empiriques...

- Piste : les manivelles de 165 mm permettent de gérer les accélérations rapides et les changements de rythme (de plus, elles laissent plus de dégagement dans les pistes en dévers, notamment en intérieur).
- Contre-la-montre : les longues manivelles de 175-180 mm sont souvent privilégiées pour parvenir à emmener certains énormes braquets.
- Tourisme : les manivelles de 170 mm permettent de mouliner les petits braquets dont les cyclotouristes ont besoin pour se déplacer avec leurs bagages sur toutes sortes de terrains.
- Course sur route : les manivelles de 172,5 ou de 175 mm s'avèrent normalement un bon compromis.
- Tout-terrain : les manivelles de 172,5 ou de 175 mm sont la norme car il est quasiment impossible de pédaler vite et bien sur un terrain accidenté ; l'effet de levier supplémentaire permet de gérer les cadences en tout-terrain, inévitablement plus lentes (de plus, des manivelles plus grandes auraient toutes les chances de se prendre dans les cailloux ou les racines).

Entretenir une cadence confortable mais rapide pendant l'entraînement développera davantage vos muscles à contraction lente, plus efficaces, et brûlera la graisse plus rapidement que d'essayer d'emmener de gros braquets à une plus faible allure. C'est la raison pour laquelle vous verrez rarement des cyclistes aguerris utiliser les gros braquets en hiver ou pendant l'entraînement ; même à très grande vitesse, vous verrez les pros « mouliner » des petits braquets pour faire tourner rapidement les jambes.

LES MUSCLES À CONTRACTION LENTE ET À CONTRACTION RAPIDE

Différentes fibres musculaires sont mobilisées à différents moments dans une sortie à vélo, le moment étant déterminé en grande partie par le type de cycliste que vous êtes et par votre condition physique. Par exemple, la plupart des sorties (d'une durée supérieure à 1 minute) feront principalement appel aux fibres à contraction lente, tandis que le sprint et les autres efforts intenses, comme la montée d'un raidillon, mobiliseront davantage les fibres à contraction rapide. Bien sûr, si vous n'avez pas naturellement une grande proportion de fibres rapides et n'avez pas été entraîné pour les efforts explosifs, vous ne serez pas en mesure de mobiliser beaucoup de fibres rapides.
Néanmoins, en règle générale :

- **plus le braquet est grand, plus la cadence est lente, ce qui signifie qu'il est demandé moins de couple à vos muscles et que ce sont donc les fibres musculaires rapides qui sont mobilisées ; elles produisent plus de puissance que les lentes, mais utilisent bien plus de glycogène (énergie musculaire) ;**
- **les braquets plus petits permettant une cadence plus rapide utilisent généralement les fibres musculaires lentes, d'où un manque de puissance brute mais la possibilité de tenir plus longtemps.**

Ces règles sont aussi valables en course : il est possible d'emmener des gros braquets, il faut juste aller assez vite pour garder une bonne cadence. En compétition, « tourner les jambes » rapidement permet d'utiliser les fibres musculaires lentes, moins consommatrices en énergie pendant la course, et de préserver les fibres rapides pour l'effort maximal requis par le sprint avant la ligne d'arrivée.

Et si vous n'êtes toujours pas convaincu... Lance Armstrong a prouvé l'efficacité des cadences rapides pendant les longues montées pentues. S'il n'a rien innové par sa technique (beaucoup de grimpeurs font de même), il a prouvé qu'il était possible de mettre beaucoup de puissance, même dans les petits braquets, et de faire des attaques dévastatrices avec des cadences élevées. Comparez Armstrong à Ulrich, grimpeur sur « gros braquet », et vous verrez immédiatement le contraste : le gros braquet et la faible cadence conviennent mieux à Ulrich, mais ils l'empêchent aussi d'accélérer rapidement et, par conséquent, le rendent plus lent à réagir. Les grimpeurs travaillent beaucoup sur leur capacité à emmener des très petits braquets sur des côtes difficiles, c'est leur seule chance de faire la différence avec les coureurs de plat (voir « Montée », page 49).

Souplesse

Ce terme, utilisé par les entraîneurs, se réfère à la capacité de pédaler avec fluidité, presque sans effort. C'est trouver la bonne cadence en fonction de son style et de sa discipline. Seul le bon choix de braquet et de cadence donne un style fluide et efficace.

Alors existe-t-il une cadence idéale ? En bref : non, à chacun la sienne. Cependant, une cadence de 85-95 tr/min est en général considérée de nos jours comme la fourchette de cadences à atteindre.

Les grimpeurs du Tour de France et les vététistes grimpent à une cadence très rapide d'au moins 95 tr/min, et les sprinters atteignent jusqu'à 160 tr/min à vitesse maximale. Quelle que soit la discipline, il est assez rare de voir les coureurs descendre en dessous de 80 tr/min. En revanche, il est fréquent de voir les « débutants » emmener des braquets beaucoup plus gros qu'ils ne devraient, pensant ainsi gagner la vitesse dont ils ont besoin pour suivre et tenir plus longtemps. Rien ne peut être plus faux.

Réglage de vitesse

Le réglage de vitesse a une importance primordiale sur la cadence (consultez également les parties « Montée » et « Sprint », un peu plus loin). Ce qu'il ne faut surtout pas oublier, c'est qu'un pro peut « enrouler » des braquets bien supérieurs à ceux d'un cycliste amateur moyen, simplement parce qu'ils « tournent » beaucoup plus vite — c'est leur boulot —, mais ils consacreront leurs sorties de zone 1 et de zone 2 à mouliner des petits braquets (reportez-vous au chapitre 5 pour en savoir plus sur les zones d'entraînement). Heureusement, les fabricants de pédalier l'ont récemment réalisé et ont introduit des pédaliers de route « compacts » ne dépassant pas 50 dents à la place des universels pédaliers de 53 dents, qui ne sont à utiliser que par les coureurs sur route. Ne vous embourbez donc pas en mettant la chaîne sur le grand plateau et le petit pignon pour enrouler grand ; cherchez à rester confortable et à pédaler sans effort. « Souplesse » doit rester votre mantra.

Réglage de vitesses sur route

Les plateaux pour vélo de route sont disponibles en d'énormes tailles ; des plateaux de 53 dents permettent de grands développements et sont conçus pour les cyclistes roulant au moins à 33 km/h. Pour toute allure inférieure, vous devez utiliser un plateau plus petit de 39 dents. Vous pouvez cependant envisager de mettre un plateau de 50 dents en hiver pour vous empêcher d'en faire un peu trop alors que vous devriez aller un peu plus lentement. À l'extrême opposé, certains entraîneurs sont connus pour enlever le grand plateau des vélos de leurs cyclistes hors saison afin de les forcer à enrouler leurs petits braquets. Vous pouvez adopter cette méthode en ajustant les vis de butée du dérailleur avant pour ne pas avoir la tentation de passer sur le grand plateau.

Quel que soit le plateau utilisé, il doit convenir à vos aspirations et à la réalité. Un plateau de 53 dents ne sera d'aucune utilité à quelqu'un qui court des Audax ou de longues épreuves cyclistes à une vitesse maximale moyenne de 30 km/h ; cette personne aura bien plus intérêt à utiliser un plateau de 50 dents ou moins. Les cyclistes plus lents tireront plus d'avantages d'un plateau extérieur de 46 dents, voire de 44 dents. Couplé à un pignon supérieur de 12 dents (qu'il est peu probable d'avoir à utiliser trop souvent), ce train d'engrenage donnera toujours un développement maximal de 8,19 m, ce qui est bien assez pour la plupart des situations de course !

Les triples plateaux ont été très utilisés pendant des années par les connaisseurs vivant dans les Pyrénées ou les Alpes ; ils sont aussi bien adaptés au cyclotourisme, car les petits braquets permettent de monter de lourdes charges dans des côtes longues ou pentues. S'ils vous donnent un large choix de vitesses, vous pouvez avoir l'impression,

Angle de chaîne

Pour pédaler efficacement, il faut disposer d'un train d'engrenage efficace. Vous devez donc choisir le bon braquet et éviter les angles de chaînes extrêmes qui vous ralentiraient et accéléreraient l'usure de la chaîne et des roues dentées.

L'angle de chaîne le plus efficace sera une ligne droite allant du plateau au pignon. En d'autres termes, il est mieux d'utiliser le plateau extérieur avec le plus petit pignon (tout à droite) et le plateau intérieur avec les plus grands pignons (tout à gauche). Si vous êtes équipé d'un triple plateau, la chaîne atteindra certainement confortablement le plus grand et le plus petit pignons, mais elle peut bloquer avec le plateau extérieur (selon la taille du plateau, la géométrie du cadre et la longueur de l'axe du pédalier). Il est donc là encore peut-être nécessaire d'éviter les plus petits pignons.

Si vous avez souvent envie d'utiliser des braquets « bizarres », envisagez d'acheter différentes combinaisons de plateaux et de pignons.

Un bon entretien sera d'une grande aide : une chaîne et des pignons propres, ainsi que des composants légèrement lubrifiés, dureront plus longtemps.

Le résultat est aussi garanti : vous irez plus vite.

lorsque vous êtes dans les plus petits braquets, de baratter et de ne pas beaucoup avancer. En fin de journée, vous serez encore à appuyer sur les pédales.

Réglage de vitesses VTT

Les triples plateaux procurent un grand choix de vitesses permettant de s'attaquer aux raidillons ou de se laisser pousser par le vent sur le plat (en réalité, peu de cyclistes pédalent dans les descentes, ils en profitent pour se reposer en roue libre). Un grand plateau muni de 44 à 55 dents est suffisant pour quiconque utilise un triple plateau. Choisissez un plateau moyen avec 8 à 12 dents en moins, et un plateau intérieur avec encore 8 à 12 dents en moins (si possible), et vous aurez un choix de vitesses suffisant pour vous attaquer à quasiment n'importe quoi. Les cyclotouristes avec bagages et les vététistes voudront peut-être une gamme plus large de pignons (avec jusqu'à 28-32 dents pour le plus large), tandis que les cyclistes d'Audax et de cyclosportives préféreront normalement une incrémentation de pignons plus rapprochée (jusqu'à un maximum de 23 ou 27 dents).

C'est peut-être dû à l'inexpérience, mais de nombreux vététistes ont tendance à enrouler trop grand sur le plat et dans les descentes pour aller plus vite, puis à mouliner trop petit sur les côtes plus raides. Résultat, des styles de pédalage inefficaces et de mauvaises habitudes. Même en tout terrain, il faut savoir choisir un braquet bien adapté, facile à emmener à une cadence plus efficace de 80-90 tr/min.

Les roues légèrement plus petites combinées à des plateaux de l'ordre de 46-34-24 et une large gamme de pignons (normalement jusqu'à 28-32 dents) devraient fournir assez de vitesses pour s'attaquer aux conditions de terrain les plus difficiles.

En VTT de descente, les cyclistes pédalent à très rapide cadence pendant seulement quelques secondes à chaque fois. Un seul plateau est souvent suffisant, sa taille dépendant de la longueur et du degré de technicité de la pente. Une longue descente facile peut être attaquée avec un très grand plateau tandis qu'un parcours plus technique nécessitera un plus petit plateau afin d'avoir une meilleure accélération après chaque tournant, obstacle ou changement de terrain.

Contre-la-montre

Pédaler plus vite est essentiel pour pouvoir atteindre son plus haut niveau. Beaucoup de vétérans de contre-la-montre se servent de braquets trop importants, tournant de massifs plateaux de 54 ou 55 dents et des cassettes en suite directe (par incrément d'une dent), par exemple 11-19. Cet équipement ne vous sera utile que si vous dépassez déjà 50 km/h... et si vous pouvez le faire pendant plus de 40 km, vous rechercherez plutôt un contrat pro que des moyens pour améliorer votre efficacité. Une approche bien plus raisonnable serait d'utiliser les braquets disponibles pour maintenir une cadence cible constante pendant tout l'entraînement et la course.

Vélo à pignon fixe

Les coureurs sur piste développent un style de pédalage fluide, résultat d'un nombre incalculable de rotations sur un pignon fixe. Si vous habitez en ville ou dans une région plate, la pratique sur pignon fixe est un excellent entraînement en hiver et peut s'avérer, à moins de vivre dans une région vallonnée, très amusante. Elle convient mieux aussi aux routes verglacées car le freinage peut être très doux avec la transmission. Rappelez-vous que vous pouvez toujours équiper votre vélo d'un frein lorsque vous l'utilisez sur la route, tout en sachant que cela ne lui fera aucun mal aussi d'avoir un frein arrière. Un développement de 5,15 à 5,95 m est idéal pour l'entraînement ou les sorties de club sur la route.

Les séances d'entraînement sur piste amélioreront votre vitesse de jambes et favoriseront votre souplesse de pédalage. Les séances avec entraîneur sont une excellente idée, car tout devient facile lorsque quelqu'un vous dit quoi faire et organise les séances d'intervalles ou de sprint (vous travaillerez aussi plus dur que tout seul).

Le choix du braquet variera selon les disciplines, la dimension et la surface de la piste. Demandez conseil à l'entraîneur local ou aux autres cyclistes. En général, les champions en poursuite utilisent maintenant de gros braquets, préférant sacrifier un départ rapide au profit d'une plus grande vitesse ensuite, tandis que les sprinters utilisent des braquets plus petits pour avoir une meilleure accélération et comptent sur leur capacité à pédaler très vite.

Cyclo-cross

Les courses sont devenues en général plus rapides et avec une plus grande part de vélo ces dernières années que dans les débuts du cross, où il s'agissait plus d'un « cross-country à pied en portant un vélo ». Résultat, les meilleurs s'équipent de vélos qui diffèrent très peu de nombreux modèles de route. C'est très bien pour eux, mais pour le cycliste moyen se lançant dans les épreuves de ligue régionale, des plus petits braquets sont bien mieux appropriés. Un plateau extérieur de 46 à 50 dents est tout à fait suffisant. Avec un plateau intérieur de 36-39 et une large cassette de 12-13 à 27-29, vous serez capable de monter beaucoup de bosses ; et si vous rencontrez quelque chose de plus dur, vous pourrez simplement descendre de vélo, le mettre sur l'épaule et grimper à pied.

Développement de votre technique

Voici quelques exercices pour améliorer votre technique de pédalage.

Vélos à pignon fixe

Nous l'avons déjà dit, mais mieux vaut le répéter. Rouler avec un vélo à pignon fixe sur route ou sur piste améliorera sans aucun doute votre technique. Un pédalage carré fera alternativement partir votre vélo en avant puis ralentir, il vous faudra donc pédaler le plus rond possible.

L'entraînement sur rouleaux (différent de celui sur home-trainer) exige aussi une technique de pédalage tout en souplesse, et aide à la développer.

Sorties en groupe

Essayez de suivre la cadence du groupe de cyclistes avec lequel vous roulez, et qui est en général mené par un cycliste expérimenté. Suivre ce meneur vous aidera à trouver votre vitesse naturelle et aussi à maintenir le rythme. Regardez quel braquet vos compagnons ont sélectionné (demandez, si vous n'êtes pas sûr) ou comptez leurs tours de pédale. Au début, vous risquez d'être inconfortable et de vous sentir malmené, mais tenez bon : vous essayez de développer des muscles que vous n'avez pas l'habitude de solliciter, et cela demande du temps.

Séance de vélo en salle

Les séances de vélo en salle (appelées entre autres « spinning ») permettent à un large public de découvrir les joies du cyclisme. Elles sont également utiles aux coureurs cyclistes, car elles coupent les entraînements solitaires et fournissent des entraînements par intervalles pratiques qui permettent de ne pas avoir à planifier soi-même son programme. De nombreux spinners se trouvent en assez bonne forme physique pour se lancer dans le cyclisme et ils démarrent généralement très bien, car ils ont appris que les cadences rapides brûlent les graisses et développent les groupes musculaires nécessaires. Avec un bon instructeur, ces séances peuvent s'avérer aussi bien plus amusantes que de rouler en formation sous la pluie.

Séances par intervalles

Les intervalles sur un home-trainer peuvent améliorer la technique et permettre de trouver une meilleure vitesse de pédalage en course ou pendant les sorties. Faites six à dix intervalles plus courts de 30 à 60 secondes à très rapide cadence (120 tr/min et plus) avec de courts temps de récupération de 2 minutes après chaque intervalle. Vous pouvez aussi faire ces séances pendant un jour de repos, juste pour garder les jambes en forme (reportez-vous au chapitre 5 pour en savoir plus sur les home-trainers).

Demi-fond derrière une moto

Il est destiné aux cyclistes expérimentés, car il demande de suivre une moto (ou une voiture). À l'évidence, ce genre d'entraînement doit se pratiquer dans un environnement sûr (sur une piste, c'est le mieux), mais il vous permet de tourner les jambes à une cadence rapide sur un plus gros braquet que d'habitude et à une vitesse bien plus rapide. Les pistes de derny sont populaires dans les courses de six jours sur piste et permettent de courir vite, mais offrent aussi un excellent entraînement pour les coureurs sur piste qui veulent pédaler à plus de 50 km/h. C'est le plus dur entraînement que vous puissiez avoir, et il vous améliorera aussi en tant que cycliste car il vous apportera en prime certaines techniques et tactiques.

Greg Lemond, champion du Tour de France et Champion du monde (le premier Américain à remporter les deux), était connu pour s'entraîner avec un véhicule motorisé afin de simuler la vélocité du peloton. Pendant des heures, il suivait une petite mobylette roulant à plus de 50 km/h. Cela signifie qu'il pouvait emmener un gros braquet de course tout en « tournant » les jambes suffisamment pour faire travailler ses groupes de muscles lents. Beaucoup de cyclistes pédalent ainsi pendant des heures et finalement « s'échappent » de la moto ou roulent de côté ; ils mobilisent leurs muscles rapides lorsqu'ils ont atteint le bon épuisement, simulant ainsi les conditions exactes de course.

Les routes pavées mettent au défi tous vos talents de cycliste, surtout si elles sont un peu glissantes !

LA RE
FIAT
653

Virage

Il est primordial pour les cyclistes sur route, les vététistes et ceux qui veulent prendre de la vitesse dans les épreuves difficiles de montagne de s'entraîner à bien négocier les virages. Une meilleure maîtrise de votre vélo vous fera creuser l'écart et, en route vers la ligne d'arrivée, fera peut-être la différence entre un podium et un simple classement. Par-dessus tout, savoir négocier un virage est une compétence indispensable (il est en effet très rare de tomber en pleine ligne droite).

La négociation de virage diffère selon que vous pratiquez sur route ou que vous faites du tout-terrain.

Principes pour bien prendre un virage sur route

Les coureurs professionnels passent des mois à effectuer des stages d'entraînement et des sorties techniques en montagne et par mauvais temps, autant de facteurs qui s'ajoutent pour en faire les meilleurs cyclistes du monde. Donc, si vous vous sentez un peu juste dans les virages, consacrez vous aussi une partie de votre entraînement à les travailler, et réfléchissez à ce qui ne va pas. Comme pour la plupart des techniques, c'est une méthode qu'il faut suivre pour réussir à s'améliorer, quel que soit le cran que vous ayez (ou pas).

À l'approche d'un virage, vous devez freiner et vous mettre en position basse sur le vélo pour abaisser votre centre de gravité.

La ligne intérieure est plus courte et plus rapide que la ligne extérieure ; prendre la route la plus rapide peut vous donner l'avantage.

Cherchez la trajectoire de sortie du virage ; si vous êtes sur une route ouverte à la circulation, restez de votre côté de la route à l'entrée du virage.

L'approche

Si vous savez ce que vous faites, les autres autour de vous ne le savent pas forcément, aussi, lorsque vous approchez du virage, examinez tout autour de vous le mouvement de la circulation et/ou des autres cyclistes. Si vous êtes sûr que la route est dégagée, mettez-vous au milieu. Vous réduirez ainsi considérablement votre angle de virage et aurez plus d'espace pour tourner. Plus l'angle sera serré à l'approche, plus il vous sera difficile de prendre le virage.

Freiner à temps

À l'approche d'un virage, mettez les mains sur les cocottes et commencez à réduire un peu votre vitesse. Le plus gros risque est de prendre trop vite le virage et de bloquer ensuite les freins dans un moment de panique. Prenez votre temps et freinez à l'avance, il vaut bien mieux devoir relâcher un peu les freins que de devoir les serrer plus fort.

Mettre les mains sur le bas du guidon

Il est souvent beaucoup plus facile de négocier un virage avec les mains sur le bas du guidon. Les freins sont plus facilement accessibles, les bras plus détendus (gardez-les pliés) et le poids plus bas ; de plus, il est plus facile de transférer son poids dans cette position. Un centre de gravité plus bas signifie aussi que vous pouvez rouler plus vite et en plus grande sécurité.

Anticiper le changement de vitesses

Juste avant le virage, changez pour un braquet plus petit et avec lequel vous pourrez sortir confortablement du virage. Il n'est pas bon d'arriver dans un virage sur 53 × 12, d'oublier de changer de braquet, puis de finir quasiment à l'arrêt lorsqu'on essaye d'accélérer de l'autre côté du virage.

Pédaler pendant le virage

Un pédalage léger peut aider à garder l'équilibre dans des enchaînements de virages, et une forte accélération peut remettre le vélo droit et faire partir la roue arrière. Gardez toujours une vitesse constante et la pression sur les pédales.

Les règles du virage

Les cinq règles d'or pour prendre un virage :

- **tête levée ;**
- **regard fixé sur la sortie ;**
- **pied intérieur levé, poids sur le pied extérieur ;**
- **mains sur les freins mais pas de freinage brusque ;**
- **détendez-vous et amusez-vous, vous irez plus vite.**

Essayez de ne pas freiner pendant le virage, mais mettez les mains au-dessus des cocottes, au cas où.

Transférer le poids

À quelques mètres du virage, relevez la jambe intérieure (celle qui est du côté du virage) pour mettre la pédale à la verticale en haut (« à midi »). Vous améliorerez ainsi votre équilibre et la répartition du poids pendant le virage, et éviterez aussi de frotter la route avec la pédale. Répartissez votre poids de façon à ce qu'il pousse en bas dans la jambe extérieure : cela aide à conserver l'équilibre et améliore l'adhérence des pneus sur la route. Gardez le haut du corps détendu et relâché ; s'il se raidit, le vélo sera déporté et vous commencerez à paniquer et à freiner trop fort.

Pas de freinage

Les bons cyclistes ne freinent jamais dans le virage même. Si vous voulez aller plus vite, essayez de ne pas toucher les freins ; mettez juste les mains au-dessus des cocottes, mais résistez à la tentation de vous en servir. Si vous freinez dans le virage, vous détruirez votre trajectoire et finirez avec d'autres problèmes. Rappelez-vous, tout le freinage doit avoir été fait avant afin de pouvoir passer le virage en douceur, en roue libre.

Lever la tête

L'erreur habituelle est de regarder deux mètres devant soi, ce qui empêche de négocier une bonne trajectoire dans le virage. Levez la tête, regard au niveau de la ligne d'horizon, et regardez, dans l'axe du virage, l'endroit où vous souhaitez sortir. Cette position vous maintiendra naturellement sur la trajectoire et vous fera aller là où vous regardez. Si vous regardez autre chose que votre trajectoire, vous serez automatiquement emporté dans cette direction. Tout est question de concentration.

Gardez le regard fixé sur la sortie et transférez tout le poids sur la jambe extérieure ; vous mettrez ainsi plus de poids sur les pneus et augmenterez leur adhérence.

Sortir du virage

À la sortie du virage, ne redressez pas le vélo trop tôt, mais progressivement, tout en douceur. Restez dans votre position (mains sur le bas du guidon) jusqu'à ce que vous ayez fini de négocier le virage. Ne pédalez pas trop tôt, au risque de taper la pédale sur la route. Dès que le vélo commence à se redresser de lui-même, appuyez de nouveau sur les pédales.

Une fois sorti du virage, regardez en direction du prochain virage. Vous pouvez vous entraîner à cette technique sur un enchaînement de virages comme dans les Alpes afin d'apprendre à bien tracer votre route dans les virages. Il est toujours mieux d'accélérer à la sortie du virage et lorsque le vélo se redresse de lui-même. Le sprint à la sortie des virages est une technique essentielle en course sur route, où l'on se bat pour rester au contact d'un peloton qui accélère à chaque occasion.

Routes mouillées

Personne n'aime rouler par temps humide... Si néanmoins vous le faites et si vous avez la capacité de presser à fond sur vos pneus, vous pouvez encore assez bien adhérer sur les routes mouillées. La grande différence par rapport au temps sec, c'est que l'huile, l'essence, la boue ou les graviers dispersés sur la chaussée peuvent transformer la route en patinoire. Ces obstacles ne sont pas toujours visibles lorsque vous êtes en plein dans un virage, et ils peuvent provoquer de vilaines chutes.

En suivant les quelques consignes qui suivent — et avec un peu de confiance en vous —, vous serez capable de prendre des virages sans problème par temps humide.

- Regardez loin devant vous. Pédaler tête baissée signifie que vous ne verrez les dangers que lorsque vous serez dessus. Un asphalte lisse est normalement glissant, alors optez pour les zones plus granuleuses (seulement s'il est sans danger d'y aller).
- Continuez à mettre le poids dans les pédales et restez détendu. Les pneus pourront « mordre » malgré l'eau et ainsi bien adhérer à la route.
- Si votre vélo glisse un peu, ne freinez pas fortement. Si vous êtes détendu, vous réussirez mieux à contrôler le dérapage, et le vélo retrouvera plus rapidement sa tenue de route.
- Ne penchez pas le vélo dans un virage autant que par temps sec, et suivez des lignes d'entrée et de sortie plus larges.
- Dégonflez vos pneus de 10 % par rapport à la normale.

Verglas

La glace est une surface incroyablement imprévisible, et le mieux est de l'éviter (sauf peut-être en cyclo-cross en hiver). Si vous devez rouler par grand froid, les règles sont assez simples...

- **Maintenez le vélo aussi droit que possible.**
- **Ne freinez en aucun cas sur une plaque de verglas.**
- **Détendez-vous et restez souple sur le guidon.**

Les courses contre la montre se gagnent et se perdent au centième de seconde ; un virage vite et bien négocié peut vous faire gagner des courses. Lance Armstrong montre ici tout son talent.

Virages en tout-terrain

En général, les vététistes appréhendent très bien les virages. Ils ont l'habitude de s'entraîner sur des chemins étroits et sinueux et de faire d'innombrables tours de piste de cross-country avec des centaines d'obstacles et de tournants. Il est cependant toujours possible de se perfectionner : mieux réussir vos virages vous fera gagner des secondes à chaque tournant, ce qui se transformera en minutes à la fin d'une longue course.

Des coureurs comme Michael Rasmussen, Santiago Botero et Cadel Evans sont tous passés du circuit VTT au Tour de France et au Tour d'Italie. Certains d'entre eux peuvent vraiment voler dans les descentes, et leur technique de virage est sans pareille. Leur secret ? Simple : entraînement, expérience, talent et cran.

Si le principe reste le même, la physique de virage change légèrement selon la nature de la surface sur laquelle vous roulez. Sur de la terre, vous avez toujours besoin de suivre les règles de base indiquées plus haut, mais vous avez l'avantage de pouvoir aussi déraper ou glisser pour passer les virages sans perdre votre précieux élan.

Glisser dans un virage

Si possible, évitez de glisser dans les virages, car vous pouvez abîmer la piste et accélérer son érosion. Sur des pistes de course entretenues en revanche, il est parfaitement autorisé de le faire pour négocier un virage.

Sur route, vous chercherez à prendre large un virage, puis à le couper à son apex et à sortir large. Hors route, le terrain vous l'autorise rarement. Si vous approchez trop vite ou découvrez que l'angle est plus serré que prévu, ou si vous devez changer votre trajectoire à cause d'un rocher, d'une racine, d'un fossé ou de tout autre obstacle sur votre ligne idéale, vous aurez peut-être à faire déraper vos roues pour tourner plus rapidement.

Les mouvements du corps sur le vélo jouent un énorme rôle sur la conduite, et le guidon vous sert à peaufiner ces mouvements. Sauf si vous êtes dans un virage relevé (vous permettant de prendre appui), vous devrez vous pencher et guider le vélo.

Restez détendu, les bras légèrement pliés, et regardez où vous voulez aller. Sélectionnez votre braquet de sortie au moment où vous approchez du virage et, tout en gardant le corps assez droit, penchez le vélo dans le virage en répartissant votre poids sur la pédale extérieure et sur le côté intérieur du guidon. Gardez le corps abaissé et penchez-vous en avant pour mettre un peu de poids sur la roue avant.

Approchez l'apex, puis freinez jusqu'à ce que la roue arrière se bloque et commence à déraper. Relâchez le frein dès que la roue s'arrête de tourner et prenez la trajectoire la plus large pour sortir de la courbe.

Redressez-vous à la sortie du tournant, en transférant votre poids de nouveau au centre du vélo, et pédalez, si nécessaire en danseuse, pour reprendre de la vitesse. Cette technique demande beaucoup d'entraînement, il faut donc l'essayer en terrain sûr avant de se lancer pour de bon.

Si un des côtés de la piste est à l'évidence plus solide et praticable, utilisez-le. Ce sera l'option la plus rapide et la plus sûre à prendre. Si vous devez mettre un pied à terre, dégagez-le de la pédale à l'approche du virage. Mettez la jambe en avant, fléchissez le genou et dirigez le talon vers le sol, pointe du pied relevée. Laissez votre pied raser le sol : vous perdrez de la vitesse si vous le posez sans en avoir besoin, mais il peut vous éviter de vous éclater avec de plus sérieuses conséquences.

Cyclo-cross

Rouler hors route sur un vélo de course équipé de pneus minces n'est pas aussi idiot qu'il y paraît. Si le vélo de cross n'égale pas un VTT pour les descentes techniques, il est fantastique pour la course rapide sur le plat. Par temps humide, un vélo de cross adhérera plus solidement à la surface sous la boue.

Cette discipline était à l'origine destinée aux cyclistes sur route pour qu'ils améliorent leur technique et leur condition physique en hiver. Elle vous permet aussi de perfectionner les compétences nécessaires au VTT et à la route. Vous apprendrez à piloter un vélo en conditions extrêmes mais, surtout, vous serez dans un environnement sécurisé sans circulation. Et c'est amusant (si on peut dire).

Les vététistes tirent aussi avantage de la pratique du cyclo-cross : en plus de la conduite, descendre du vélo, remonter dessus et courir avec l'engin sur les épaules font partie des deux disciplines.

Virage en dévers inversé

Le virage en dévers inversé peut être un vrai défi car vous luttez contre la gravité en essayant de maintenir votre élan et de négocier le virage. Regardez où vous voulez aller et continuez de porter votre poids sur la pédale extérieure. Gardez le pied sorti pour pouvoir contrer le dévers, et le buste détendu pour amortir les chocs de la piste et conduire plus facilement.

Frein avant

Serrer fort le frein avant est plutôt réservé à l'entrée du virage. La roue avant a toujours besoin de tourner, il faut donc serrer progressivement et doucement le levier de frein pour la laisser tourner autant que possible. La roue avant ne doit pas se bloquer ; si cela se produit, relâchez le frein immédiatement ou votre roue dérapera. Tendez les bras et transférez votre poids à l'arrière de la selle lorsque vous utilisez le frein.

Mauvaises conditions climatiques

Rouler dans de mauvaises conditions fait, pour beaucoup, partie des charmes du cyclisme tout-terrain ; la boue et la glace peuvent faire d'une bonne piste une piste géniale. Cependant, ce n'est pas toujours ce que vous recherchez, et vous devez garder à l'esprit un certain nombre de choses lorsque vous vous trouvez confronté à de telles conditions.

Il est exaltant de prendre des pistes dans la neige et le froid. La chape plus large des pneus de VTT et la sous-couche normalement granuleuse rendent en général faciles et rapides les conditions verglacées. En effet, le gel peut rendre une piste normalement boueuse en une course explosive rapide, sèche et poussiéreuse.

Sous des conditions extrêmement boueuses ou humides, voici quelques points à ne pas oublier...

- Roulez sur le bord extérieur de la piste : l'herbe adhère bien mieux que la boue.
- De l'eau stagnante peut indiquer la présence d'une piste dure en dessous et servir à enlever la boue des pneus, mais elle peut aussi être plus profonde qu'elle ne paraît : restez donc prudent !
- Enlevez la boue des bords extérieurs des pneus en même temps que vous roulez. Vous aurez ainsi plus d'adhérence dans les virages lorsque vous pénétrerez sur une zone plus sèche.
- Il existe deux écoles pour la pression des pneus ; certains cyclistes préfèrent gonfler davantage leurs pneus pour mieux traverser la couche supérieure et trouver une sous-couche plus solide, tandis que d'autres préfèrent des pressions plus basses pour permettre aux pneus de s'étaler et de mieux adhérer.
- Les pneus plus étroits avec des chevrons carrés bien espacés couperont bien mieux la boue et offriront plus de dégagement autour du cadre.

Montée

Que vous aimiez ou détestiez les bosses, il faudra bien un jour les affronter, mais les cols des Alpes ou les routes campagnardes présentent des défis complètement différentes, et demandent des techniques tout autant différentes pour les surmonter.

Un style souple et le choix d'un braquet approprié rendent les côtes beaucoup moins pénibles.

À chacun, son cheval de bataille

La manière dont vous allez attaquer une côte dépend de trois facteurs :

- le type de côte (courte et raide, ou longue) ;
- votre forme physique (nous nous en occuperons plus tard dans ce livre, dans le chapitre 3) ;
- vos prédispositions à être un bon grimpeur. Un cycliste de grande masse a besoin de beaucoup de puissance pour se hisser en haut. Les grands cyclistes puissants peuvent faire des merveilles sur les petits raidillons, mais sur les longues ascensions durant plus de quelques minutes, leur corpulence devient un handicap et peut leur faire perdre du temps par rapport à des cyclistes de moins forte constitution, qui ont tendance à avoir moins de puissance absolue mais ont un meilleur rapport puissance/poids.

Tous les bons grimpeurs ne sont pas petits. Miguel Indurain et le grand Eddy Merckx sont de bons exemples de coureurs de 80 kilos qui ont réussi à gagner le Tour de France là où tout se joue : dans les montagnes. Lance Armstrong (gagnant du Tour de France de 1999 à 2005) et son rival, Jan Ullrich (gagnant du Tour en 1997 et qui, à certains égards, mériterait mieux le titre d'éternel second que Raymond Poulidor), pèsent tous les deux plus de 70 kilos. Le plus « gros » cycliste dans l'actuel peloton pro est probablement Magnus Backstedt ; l'usine à gaz suédoise avoisine les 90 kilos, et pourtant il parvient à rester avec les autres non grimpeurs dans les grandes étapes montagneuses du Tour de France.

À quoi cela tient-il ? C'est une question de rapport puissance/poids ; cela tient aussi au comportement de votre corps avec les efforts soutenus. Certains sont meilleurs que d'autres, et le doivent à un mélange d'entraînement et de génétique.

Un kilo de moins sur votre corps vaut bien mieux que n'importe quel poids en moins sur votre vélo. Il y a une raison si les maigres et petits grimpeurs espagnols vont plus vite dans les côtes que les gros rouleurs belges. Alors, avant de vous ruer pour dépenser une petite fortune sur les dernières roues en carbone ou un cadre en titane, prenez le temps d'y réfléchir. Avez-vous vraiment besoin de cette gourmandise ?

Entraînement

Comment améliorer ses chances en montagne (ou dans les vallons) ? Très simple : en pratiquant. Si vous êtes un mauvais grimpeur, vous évitez sans doute les côtes dans votre entraînement. Eh bien, changez ! Allez le plus possible dans les collines. Cela vous donnera l'occasion de tester les techniques décrites ci-dessous et vous permettra de trouver votre cadence optimale (voir « Pédalage », page 35).

Au début, ne vous souciez pas de votre allure. Focalisez-vous sur votre mental et cherchez à développer une attitude qui ne voit pas les bosses comme un problème. Avec le temps, vous prendrez confiance et deviendrez plus solide ; non seulement vous grimperez mieux, mais vous verrez aussi les avantages de cette nouvelle force dans d'autres domaines de votre cyclisme.

Lance Armstrong a fait des montées à forte cadence une des clés de son succès.

Au fur et à mesure que vous deviendrez meilleur, fixez-vous des objectifs. Pédalez sur certaines sections plus puissamment et plus vite. Sur la moitié supérieure de la côte, pédalez plus vite que sur la partie inférieure. Il faut pouvoir être encore en lice lorsque les courses finissent en haut d'une côte, et cela arrive souvent (les juges ont moins de travail). L'entraînement par intervalles vous permettra de bien adapter votre corps à cet effort (consultez le chapitre 5).

Vous pouvez également commencer à « jouer » sur les longues côtes : pédaler à un rythme de course, relâcher légèrement, puis recommencer à fond. C'est une forme d'entraînement par intervalles, mais sans les moments de récupération complets associés normalement à ce genre d'exercice. Il permet de gérer les attaques et de s'échapper.

Si vous en avez la possibilité, entraînez-vous sur les collines où vous roulerez en compétition, en repérant les endroits où vous pouvez attaquer, et évaluez vos efforts. Si ce n'est pas possible, cherchez à varier les côtes que vous utilisez en entraînement pour pouvoir développer les compétences et la technique nécessaires en différentes situations.

L'approche professionnelle

Depuis que Lance Armstrong a réinventé le pédalage rapide, la dernière mode est de maintenir une cadence élevée. Garder un rythme de 70 tr/min est préférable ; à un rythme inférieur, vous endommagerez vos muscles sur les côtes longues et raides (voir « Pédalage », page 35).

Loin du circuit professionnel, l'approche face à une montée est plus fréquemment : « Oh ! il y a une bosse devant, alors je change de braquet au fur et à mesure de la montée, comme ça, ce sera plus facile pour grimper. » Les multiples braquets ont permis aux cyclistes de grimper sur les plus hautes montagnes et d'atteindre des hauteurs qu'ils n'auraient jamais espéré pouvoir toucher... mais les braquets sont un peu de la triche. Ils vous font faire un peu trop facilement le travail et vous font aborder les choses sous un angle mécaniquement assisté (ce qui est en réalité une bonne chose pour éviter les blessures musculaires).

Le nombre de vitesses disponibles sur les vélos modernes favorise cette approche, encourageant les cyclistes à commencer par un gros braquet, puis à diminuer au fur et à mesure de la montée. Cette technique est compréhensible — plus la pente est raide, plus il faut un petit braquet — mais, pour les meilleurs grimpeurs, les côtes se jouent au mental : elles sont un défi psychologique autant que physique.

Bien sûr, le poids et la puissance jouent leur rôle, mais savoir s'il faut accélérer le rythme et lancer l'attaque ou simplement monter progressivement est la clé de la compétition. Les plus grands grimpeurs peuvent bluffer leurs adversaires et jouer avec eux en lançant de fausses attaques ou en ralentissant le rythme. Si vous en êtes capable et pouvez gérer les changements de tempo, vous pouvez vraiment énerver les cyclistes qui ont déjà atteint leurs limites.

Les Italiens Marco Pantani et Claudio Chiappucci furent deux maestros en ce domaine. Cela vaut le coup de regarder des vidéos d'eux à leur sommet : ils donnent l'impression d'y arriver avec aisance, mais souffrent pourtant. Pour citer la célèbre formule de Greg Lemond concernant l'attaque des côtes : « Vous ne souffrez pas moins, vous allez juste plus vite. »

Développement

Comme pratiquement tout dans un vélo, le système d'engrenage est simple. Le plateau entraîne les pignons à l'arrière par l'intermédiaire d'une chaîne, et la taille (indiquée par le nombre de dents) du plateau ou du pignon dicte le développement.

Par exemple, un plateau de 52 (dents) est quatre fois plus grand qu'un pignon de 13. Ainsi, une rotation du plateau fera tourner le pignon — et par conséquent la roue — quatre fois. Un plateau de 26 n'est que deux fois plus grand qu'un pignon de 13, donc avec cette combinaison la roue ne tournera que deux fois avec une rotation de plateau. Mathématiquement, un plateau de 52 et un pignon de 26 auront exactement le même développement.

Les vélos de course ont tendance à être équipés d'un plateau de 52 ou de 53 dents avec un intérieur de 42 ou de 39 dents et une cassette arrière allant jusqu'à 10 pignons, habituellement de 12 à 21 ou 23 dents, selon le terrain. L'incrémentation d'une dent signifie que les cyclistes peuvent trouver précisément le bon braquet pour toute situation. Les courses en montagne demandent des pignons plus gros et une plus grande plage de vitesses que celles qui se déroulent en terrain plat.

Les VTT et les vélos de tourisme sont invariablement équipés d'un triple plateau afin de permettre un choix plus large de braquets, ce qui permettra d'affronter les terrains difficiles ou les côtes, même avec plein de bagages. Non seulement le plateau supplémentaire élargit la gamme des vitesses, mais il fournit des braquets intermédiaires permettant d'éviter les grands écarts. Les plateaux de VTT ont normalement un plateau extérieur de 44-46, un intermédiaire de 32-36 et un intérieur de 22-26, ce qui les rend parfaits pour le tourisme. Les cyclistes pratiquant les deux disciplines ont tendance à choisir des cassettes à large plage avec un plus grand pignon, généralement de 28 dents, parfois jusqu'à 34 dents, pour disposer d'un ultra-petit braquet.

Les cyclistes de courses Audax ou d'épreuves cyclosportives font un compromis. Des plateaux compacts de 50-36 ou 48-34 sont maintenant courants, combinés avec des pignons de 12 ou de 13, jusqu'à 25 ou 29 dents, selon les préférences du cycliste et le terrain.

Technique et terrain

Les longues montées, comme celles qui mènent aux cols alpins, sont peut-être le plus grand défi de tout cycliste. Les cyclistes qui ne peuvent pas grimper ne gagneront jamais un grand Tour. C'est un défi auquel beaucoup de cyclistes ne seront jamais confrontés, mais les longues côtes de 20 à 30 km demandent un respect total et ne peuvent être attaquées qu'avec une préparation et un entraînement spécial. Cela dit, même si peu d'entre nous s'attaqueront à ces côtes, il y a beaucoup à en apprendre.

Position sur le vélo

Pour les longues côtes, asseyez-vous en arrière sur la selle, mains écartées sur le haut du guidon ou sur les cocottes de frein pour vous aider à respirer. Sélectionnez un braquet confortable et trouvez le rythme avec une cadence raisonnable (70 à 90 tr/min). Bien sûr, si vous pédalez avec un braquet supérieur, vous irez plus vite et effrayerez vos adversaires par votre force.

Sur les très longues côtes, vous trouverez avantage à appuyer plus fort un coup de pédale sur deux afin d'économiser votre énergie. Par exemple, comptez 1-2-3, 1-2-3 avec les pédales, gauche-droite-gauche, droite-gauche-droite, à moins qu'il vous soit plus facile de compter jusqu'à 5, 7 ou 9; faites-le juste jusqu'à un nombre impair, et vous tiendrez l'effort.

Les petites côtes ne posent guère de problèmes aux meilleurs cyclistes sur route.

Prenez votre rythme sur les longues côtes en trouvant un tempo que vous pourrez conserver ; il sera toujours possible de sprinter au sommet.

Le rythme

Sur les longues côtes — « longues » dans ce cas dépend de vous et de vos capacités —, trouvez votre rythme. Commencez la montée avec un rythme confortable que vous savez pouvoir tenir jusqu'en haut. Si vous êtes en groupe, laissez les cyclistes plus rapides disparaître car ils s'attaquent entre eux. Résistez à la tentation de suivre leur rythme, trouvez le vôtre. Si possible, utilisez un cardiofréquencemètre pour garder un œil sur l'intensité de vos efforts et veillez à rester dans les zones ciblées, sachant que les variations dues à la température, à l'anxiété, l'hydratation, etc., rendent difficile la comparaison des courses d'un jour à l'autre.

Au fur et à mesure de la montée, vous verrez probablement réapparaître à l'horizon ceux qui sont partis trop vite ; ils ont maintenant dépensé leur énergie et puisent dans leurs ressources plus qu'ils ne devraient. Il vaut toujours mieux progresser sur les montées que de régresser parce que vous avez voulu en faire trop, trop tôt. Une fois que vous êtes cuit et que vous avez produit une surcharge d'acide lactique, il vous faudra de nombreuses minutes avant de récupérer et de pouvoir grimper de nouveau à un rythme régulier. Écoutez vos jambes ; si elles souffrent, ralentissez.

Passez devant

Sur les plus petites côtes, si vous êtes un faible grimpeur (ou avec des grimpeurs plus rapides), forcez-vous à passer devant le groupe en bas de la côte pour commencer devant. Peut-être les autres vous doubleront-ils au fur et à mesure de la montée et vous trouverez-vous en queue de peloton, voire un peu derrière, mais le plus important est que vous aurez réussi à garder le contact. Un petit effort supplémentaire dans les parties peu inclinées de la côte pourra vous épargner un énorme effort de plusieurs kilomètres par la suite si vous n'avez pas à pousser fort sur les pédales pour rattraper le groupe sur le haut de la côte.

Dans une course, c'est encore plus important, alors prévoyez votre position dans le groupe bien avant d'attaquer la côte.

Mesurez votre effort

Pensez à installer un cyclomètre sur votre vélo. En connaissant votre puissance maximale, vous pourrez doser le type d'effort à utiliser pour la côte. Vous pouvez ensuite contrôler la puissance en watts générée dans une montée et déterminer ce que vous avez besoin de produire ou de dépasser pour grimper plus vite. Sinon, utilisez un chronomètre pour voir si vous grimpez plus vite. Combinez ces chiffres avec différents braquets, et vous avez tout ce dont vous avez besoin pour analyser votre compétence en montée.

En danseuse

Vous aurez plus de force dans les pédales en montant en danseuse, mais vous consommerez aussi plus d'énergie ; ce n'est donc pas idéal pour les longues côtes. Les chiffres d'efficacité varient, mais on dépense en moyenne 10 % d'énergie en plus en danseuse qu'en restant assis.

Écartez les mains sur le guidon lorsque vous êtes en danseuse. Ne balancez pas violemment votre vélo d'un côté et de l'autre — cela fait perdre de l'énergie et peut être considéré comme dangereux par les commissaires de course —, mais un léger mouvement à gauche lorsque votre pied droit est en bas et vice versa peut vous aider dans votre rythme.

Sur certaines côtes, vous n'aurez guère d'autre choix que de grimper en danseuse, soit pour venir à bout d'un changement de déclivité, soit peut-être pour reposer des muscles douloureux. Souvent, lorsque les cyclistes le font, ils ont tendance à « marquer un arrêt » (ce qui peut être problématique si d'autres sont très proches de la roue arrière) et à perdre un peu de rythme. Veillez à garder la pression sur les pédales lorsque vous vous mettez en danseuse et passez sur un braquet supérieur pour garder votre vitesse, car vous exercez plus de poids et ralentissez invariablement votre cadence. Une fois rassis, vous pouvez repasser sur un braquet inférieur pour maintenir la cadence.

Différentes disciplines

VTT DE CROSS-COUNTRY

La montée est la clé du succès dans de nombreuses courses de VTT de cross-country. Nombre de cyclistes de niveau international ont du mal avec leur descente mais jamais avec leur montée. Si vous êtes légèrement meilleur en montée que vos adversaires, vous pouvez leur mettre dans la vue quelques minutes qui vous feront commencer efficacement la course. En fait, de nombreux vététistes sont venus exceller dans les épreuves de montagne des grands Tours : Michael Rasmussen, Cadel Evans et Santiago Botero ont tous grimpé les lacets des Alpes avec des résultats dévastateurs.

CYCLO-CROSS

Les côtes de cyclo-cross sont uniques en leur genre puisqu'elles demandent aux cyclistes de descendre de leur vélo et de se mettre à courir à pied. Cependant, avec la pratique, ils peuvent réussir à monter à vélo les côtes les plus techniques et certaines des plus verticales.

AUDAX

Une montée conservatrice est la clé du succès dans les épreuves Audax et cyclosportives. Une montée assise et régulière est la meilleure approche, et celle qui génère le moins de tension dans les jambes.

CONTRE-LA-MONTRE

Si vous ne pouvez pas grimper vite dans un contre-la-montre, vous perdrez beaucoup de temps. La plupart des courses contre-la-montre impliquent une montée à un certain moment ; même la course la plus plate avec la plus légère déclivité demande une bonne préparation et le bon choix de braquet pour ne pas perdre de temps. La différence avec une course sur route, où les autres cyclistes peuvent forcer le rythme, c'est que vous essayez de maintenir un effort constant et de ne pas le brûler. Utilisez un braquet qui conviendra à votre cadence (faites des tests en entraînement). Encore mieux, utilisez un cyclomètre pour vérifier que votre effort est constant.

VTT de cross-country.

Cyclo-cross.

Un coureur sur route professionnel peut atteindre sur les longues descentes une vitesse de 100 km/h, ce qui demande du talent et du cran.

Descente

Tout le monde sait que la montée peut faire la différence entre des cyclistes en bonne condition et ceux qui ne le sont pas, mais il est étonnant de voir à quel point une bonne aptitude à la descente peut aussi faire la différence. Certains descendent comme des motards (si vous regardez le Tour de France, vous verrez qu'il est fréquent de voir les meilleurs cyclistes lâcher les motos des cameramen dans les grandes descentes de montagne), tandis que d'autres peuvent être presque plus lents qu'en montée. Bien sûr, le facteur d'autoconservation joue son rôle ici, et il faut le respecter. Il vaut bien mieux descendre de manière conservatrice, dans ses limites, que de descendre comme un fou et d'avoir un accident.

Lire le terrain

Il est vital de savoir lire la route ou la piste pour pouvoir bien descendre. Sur la route, des tas de signes indiquent dans quel sens tourne la route : panneaux indicateurs, flèches et barrières peuvent tous indiquer des courbes de différentes amplitudes et vous permettre de prévoir à quelle vitesse vous pouvez attaquer une descente. Vous pouvez aussi regarder la circulation devant vous, voir quand les motards freinent, signe qu'ils s'approchent d'un virage serré ou d'une plus grande déclivité.

Les indices sont moins évidents hors route, mais mieux vaut les rechercher néanmoins. Pendant les courses, vous avez les bandes de délimitation du parcours, mais y a-t-il une barrière, un mur ou une haie pour vous indiquer le tracé du chemin et vous aider à choisir votre ligne ? Pouvez-vous repérer les traces des précédents cyclistes ? En course, si vous voyez un groupe de spectateurs sur le côté, vous pouvez être certain qu'il y a un obstacle impressionnant que les cyclistes doivent franchir. Décryptez les signes que vous donne le corps des cyclistes devant vous. S'ils sont assis, s'ils pédalent, s'ils sont penchés sur un côté ou sortent un genou, vous pouvez être certain qu'ils ralentissent et que vous aurez probablement à faire de même.

Un cycliste doit adopter une position équilibrée et confortable, les bras pliés et la tête levée pour regarder la route.

Vitesse maximale

Si la route est droite et dégagée, vous pouvez passer sur le plus gros braquet et descendre vite. Restez détendu et focalisez-vous sur le point le plus loin possible à l'horizon.

Passez la chaîne sur le plus grand plateau. Cela l'empêchera de bondir en tous sens, de frapper sur la base de votre cadre, voire de sauter, et vous serez prêt à enrouler grand en bas de la côte. Sur les descentes longues ou rapides, vous préférerez peut-être descendre en roue libre. Laissez les jambes tourner gentiment. Vous aurez besoin de lever la pédale intérieure et d'appuyer sur la pédale extérieure à chaque tournant. Tourner tranquillement les manivelles empêche les jambes de se raidir pendant les longues descentes et permet à la chaîne de rester en place.

Pendant le contre-la-montre, il faudra chercher à garder la pression sur les pédales. Chris Boardman était connu pour être un expert en la matière. Souvent, les cyclistes amateurs disent qu'ils se sont fait rattraper par Boardman, qui ne semblait jamais mener très longtemps dans une côte, mais qui, une fois en haut, s'échappait comme une fusée dans la descente. Pour lui, les descentes n'étaient pas le moment de se reposer, mais celui où il pouvait exploiter la gravité. En maintenant alors son effort — et sa position aérodynamique —, il réussissait à creuser l'écart avec ses adversaires.

Position sur le vélo

Quel que soit le terrain, sur route ou hors route, regardez aussi loin que possible, asseyez-vous sur la selle et, sauf si vous descendez une ligne droite sur un prolongateur, tenez le guidon avec les mains le plus écartées possible et les freins à portée. Saisissez fermement le guidon, mais gardez les bras détendus et les pédales à égale hauteur afin que les bras et les jambes puissent amortir les secousses sur les passages chaotiques.

Pour avoir plus de vitesse, pliez les coudes davantage et accroupissez-vous pour rapprocher le menton de la potence. Resserrez les bras sur les côtés et rapprochez les genoux du tube horizontal. Si vous avez besoin de freiner, redressez-vous pour prendre un peu de vent et utiliser votre corps pour vous ralentir.

Les spécialistes du contre-la-montre sont capables d'attaquer n'importe quelle descente sur les prolongateurs, mais si vous avez la moindre impression que vous aurez à vous servir des freins, mieux vaut oublier le prolongateur et mettre les mains sur les cocottes à la place. Vous pouvez toujours trouver une position assez aérodynamique en vous couchant sur le guidon ; regardez des photos de cyclistes de contre-la-montre dans les années 1970, comme Alf Engers et Derek Cottington, et vous verrez que, lorsqu'ils plient les coudes pour mettre les avant-bras presque parallèles au sol, leur dos est aussi plat, sinon plus, que celui de n'importe quel cycliste utilisant aujourd'hui un prolongateur.

Les vététistes se mettent souvent au-dessus de la roue arrière, derrière la selle, pendant la descente.

Vibration à grande vitesse

En descente, avec la vitesse, les cyclistes ont parfois des problèmes de « vibration ». Il ne semble pas y avoir de raison spécifique à ce problème. Les discussions tournent invariablement autour du réglage du jeu de direction et de la répartition du poids. Ils jouent peut-être un petit rôle (un angle de tête très incliné, un mauvais réglage du jeu de direction et trop ou pas assez de poids sur la roue avant), mais il est bien plus probable que le phénomène provient de votre stress. En temps normal, vous faites des petits mouvements constants et détendus pour garder le vélo droit. Si vous êtes tendu, vous vous trouvez à lutter pour neutraliser ces mouvements. Plus vous êtes tendu, moins stable se trouve le vélo.

Si jamais vous sentez votre vélo vibrer en descente, détendez-vous. Respirez à fond, sifflez un petit air, gigotez les doigts, relâchez les épaules et redressez-vous pour ralentir un peu, bref faites tout ce qui peut vous aider à vous détendre. Si besoin est, freinez très doucement, avec un peu plus de pression sur le frein arrière. Ne regardez pas le compteur du guidon, vous pourrez toujours vérifier votre vitesse maximale une fois arrivé en bas.

Sprint

Comme nous l'avons vu dans le tableau des compétences, le sprint est vital dans la plupart des disciplines, sauf pour les courses contre la montre et les épreuves cyclosportives. Le sprint doit être explosif, sinon cela revient juste à « aller plus vite ». Si vous arrivez dans la dernière ligne droite avec d'autres, c'est au sprint que vous gagnerez. Le sprint demande deux choses : du ressort et une vitesse soutenue. C'est un effort à 100 %.

Technique

Les clés pour un bon sprint sont le positionnement et l'accélération initiale ou l'explosivité. Vous pouvez diviser la technique en un certain nombre d'éléments...

- Tenez le guidon fermement, les mains aussi basses et écartées que possible.
- Gardez la tête levée, en regardant où vous allez.
- Sélectionnez un gros braquet que vous pouvez emmener à fond rapidement.
- Ne commencez pas votre sprint en tête de groupe ; mieux vaut être en quatrième ou cinquième position.
- Tirez sur le guidon.
- Appuyez fort et vite sur la pédale lorsqu'elle vient de passer le « point mort » en haut.

- Suivez avec l'autre pied et augmentez pour atteindre votre cadence maximale aussi vite que possible.
- Gardez les épaules immobiles mais laissez le vélo basculer légèrement (sans excès) d'un côté et de l'autre pour faciliter le pédalage.
- Préparez-vous à « relancer » plus d'une fois si les autres arrivent à suivre votre rythme.
- Exercez-vous à faire des sprints de différentes longueurs en commençant avec un pied différent.

Dans le sprint, tout est dans le timing. Gérez votre effort pour être toujours à votre vitesse maximale sur la ligne d'arrivée. Si vous la passez sans avoir atteint votre vitesse maximale, vous êtes parti trop tard (ou vous avez manqué d'explosivité). Si vous flanchez avant la ligne, vous êtes parti trop tôt et les autres vous ont doublé.

Les sprinters ont aussi besoin de force dans le haut du corps et de stabilité abdominale. C'est le moment de descendre de votre vélo pour des séances de gym, de musculation et de footing (les rameurs sont un excellent moyen de travailler sa puissance à ce niveau).

Entraînement

Les cyclistes possédant davantage de muscles rapides (voir « Pédalage », page 35) sont plus prédisposés au sprint. Tout le monde n'a pas cette chance, mais il est possible d'améliorer son sprint avec un entraînement approprié.

Incluez le sprint dans votre programme d'entraînement au moins une fois par semaine (sans pour autant renoncer au reste, sinon vous ne serez pas assez en forme pour atteindre le final et rester en compétition) ; nous en parlerons plus en détail dans le chapitre 5.

Pour l'entraînement, utilisez un petit braquet — par exemple, 39 × 17 ou 18 — et sprintez en danseuse pendant 6 à 8 secondes (100-150 m), puis continuez assis pendant 6 autres secondes (100 m). Répétez cet exercice trois ou quatre fois, avec des temps de récupération après chacune d'elles ; c'est un exercice où vous ne voulez pas produire d'acide lactique.

Si vous avez la possibilité de vous entraîner derrière un derny sur une piste (voir page 40), essayez de sortir de sa roue et de le dépasser. Sinon, vous pouvez essayer avec d'autres cyclistes du club. Laissez-les établir le rythme et entraînez-vous à venir les dépasser en partant de deux ou trois cyclistes derrière eux.

Vous devez aussi travailler votre puissance et vous entraîner avec votre braquet de course. Sur des bouts de route ou de piste similaires à des arrivées de course, sélectionnez votre trajectoire et commencez à « enrouler » pour être à votre vitesse maximale 250 à 300 m avant le but que vous vous êtes fixé afin de simuler un peloton dans la dernière ligne droite. Recommencez entre six et dix fois.

Choisissez des sprints en montée (beaucoup de courses se terminent ainsi), et certains en descente. Ceux en montée vous permettront de développer la puissance, et ceux en descente, la vitesse.

Tactique sur piste

Le sprint est considéré comme le « banc d'essai » des bons cyclistes sur piste. Savoir accélérer rapidement peut faire toute la différence dans les épreuves sur piste, des épreuves de puissance — comme les épreuves de Keirin ou du kilomètre (qui correspond finalement à un très long sprint) — aux épreuves d'endurance — comme la course

Le sprint est aussi vital pour les cyclistes de tout-terrain.

aux points ou la course à l'américaine (qui a son lot d'échappées, de regroupements et de sprints à répétition pour les tours aux points ou de sprints au tour). Quelle que soit votre préférence, si vous souhaitez devenir un pistard, le sprint va devoir tenir une grande place dans votre programme d'entraînement.

Tactique sur route

Le sprint sur route est légèrement différent du sprint sur piste : en effet, les conditions (climatiques et de terrain) peuvent jouer un grand rôle dans l'issue finale. Même si les techniques sont très similaires, les sprinters sur piste ne font pas tous de bons « sprinters sur route », comme on les appelle. Un sprint d'arrivée difficile en montée nécessitera des techniques différentes d'une arrivée aidée du vent sur le plat.

Sur route, le sprint est nécessaire pour s'échapper, recoller et « revenir dans la course » après une côte ou un virage serré. Ces situations demandent d'être capable de sprinter et de récupérer, et cela plusieurs fois pendant une course. Il ne s'agit donc pas seulement de puissance pure : il faut aussi savoir choisir le braquet, se placer en bonne position et doser son effort pour mettre la juste intensité au bon moment.

Tactique en tout-terrain

Il est essentiel d'inclure le sprint dans votre programme d'entraînement tout-terrain ; cela vous aidera à des moments clés de la course, notamment (et paradoxalement) au départ plutôt qu'à l'arrivée. Un bon départ est crucial dans la course tout-terrain. L'entraînement au sprint peut vous aider à vous échapper de la grille de départ en premier, vous permettant ainsi d'imposer la vitesse et votre propre rythme à la course. Les efforts en danseuse vous aideront aussi à recoller les autres coureurs et à grimper des raidillons.

Il est rare d'avoir à finir avec un sprint, mais, si vous avez ajouté ce type d'effort à votre entraînement, vous saurez que vous pouvez le faire si vous avez à le faire.

Tactique en contre-la-montre

L'effort de départ d'un contre-la-montre ressemble assez à celui d'un sprint, mais ne forcez pas trop sinon vous aurez du mal à reprendre votre souffle avant la fin du premier kilomètre. Si vous avez encore de l'énergie à la fin d'un contre-la-montre, c'est que vous n'avez pas mis tout le paquet ! Si vous pouvez cependant mettre un peu plus de rythme à la fin de votre course, vous pourrez gagner la seconde vitale qui vous fera peut-être gagner deux places à l'arrivée.

Sortie en groupe

Lorsque vous faites votre première sortie en groupe, vous pouvez ne pas être tout à fait sûr de ce qui se passe. Où devez-vous vous mettre dans la formation ? Qui mène le groupe ? Comment tout cela fonctionne-t-il ?

Il y a quelques règles à suivre pour rouler en groupe avec efficacité et sécurité, et une étiquette à respecter pour ne pas se mettre à dos un compagnon de route. Les principales règles d'une sortie en groupe sont :

- faire attention l'un à l'autre ;
- pédaler avec discernement ;
- tenir compte des cyclistes les plus faibles.

Ce n'est pas une course, donc pas la peine de vouloir faire premier à l'arrivée ; il ne s'agit que de faire des bornes à un bon rythme et en bonne compagnie.

Pourquoi sortir en groupe ?

Il y a de nombreuses raisons incontestables : le caractère social, la sécurité, la stimulation et la forme physique. De plus, si vous êtes nouveau dans ce sport ou dans la région, vous apprendrez de nouveaux parcours d'entraînement sans vous perdre. Vous aurez aussi moins de chance d'être dérangé par les autres usagers de la route, pour lesquels le groupe sera bien plus visible qu'un cycliste seul, et qui du coup changeront leur conduite.

Un petit groupe travaillera toujours mieux qu'un très grand.

En roulant en groupe, vous apprendrez aussi les compétences essentielles à connaître sur route et pourrez discuter avec des cyclistes plus expérimentés. En général, les sorties en groupe sont le meilleur endroit pour progresser dans ce sport.

Trouvez une sortie correspondant à votre niveau

Auparavant, les sorties de club le week-end étaient rapides et acharnées. Si vous ne pouviez pas garder le rythme, vous deviez quitter le groupe au milieu de nulle part, sans nourriture ni carte. Heureusement, les choses ont changé.

Le cyclisme est désormais un des sports les plus conviviaux et faciles à commencer. Vous pouvez aisément trouver une sortie de club autour de chez vous, il suffit de demander dans votre magasin de cycles ou de chercher sur Internet les clubs des environs. Il est cependant préférable de se renseigner sur le type de sorties effectuées (rapides ou sociales), ainsi que sur la distance à parcourir. Mieux vaut demander avant, et éviter de se retrouver avec quatre cyclistes pros pédalant pendant 4 à 5 heures à plus de 30 km/h sans suer une goutte !

Taille du groupe

Le choix est simple : petit ou grand ?

- Grand groupe : le nombre de cyclistes détermine normalement la manière dont le groupe sera coordonné, et un grand groupe n'est pas toujours l'idéal. Il fera l'accordéon, se regroupant puis se dispersant à différentes vitesses. La sortie se finira généralement par une fragmentation du groupe au fur et à mesure que les cyclistes les plus faibles ne pourront plus suivre le rythme et ne colleront plus à la roue du cycliste de devant. C'est un peu comme un peloton de course, il est très difficile d'essayer de faire pédaler un groupe de douze à vingt cyclistes au même rythme avec efficacité.

- Petit groupe : un groupe bien organisé de quatre à six cyclistes de même niveau roulera toujours mieux qu'un gros peloton de cyclistes de différents niveaux. Les cyclistes peuvent toujours pédaler vite et réussir à récupérer assez en se mettant dans l'aspiration des autres avant de prendre le relais. Ils peuvent aussi passer leur tour s'ils sont fatigués, mais en général le rythme ne tombera pas tant que le groupe ne sera pas fatigué ou qu'il aura perdu plus d'un cycliste.

Formations de groupe

Il existe un certain nombre de formations et de rôles qu'il est important de connaître si vous êtes sur le point de participer activement à une sortie en groupe.

Sortie sur deux files

Deux files parallèles de cyclistes sont normalement la formation la plus sûre et la plus pratique. Les sorties de club et les entraînements en groupe du monde entier prendront en général cette formation, avec le leader en tête et un cycliste expérimenté en queue. L'étiquette dans le groupe est qu'il faut maintenir la formation ; doubler (parce qu'on se sent plus en forme et plus rapide) est généralement mal vu. Il peut arriver qu'un certain nombre de cyclistes vous « travaillent » s'ils le veulent, mais cela n'arrive pas dans les sorties conviviales.

Direction du vent

Elle peut changer le côté par lequel les cyclistes vont monter et descendre dans la formation. L'idée est d'offrir le plus d'abri possible aux cyclistes qui vont mener le groupe. Si le vent vient de la droite, la ligne de droite se décalera vers l'arrière afin de protéger les cyclistes de gauche qui passeront en avant, et vice versa. Le résultat est une formation en angle et en escalier, appelée éventail, qui ressemble à un vol d'oiseaux migrateurs. Le bon fonctionnement de l'éventail est encore plus important en cas de petit groupe. Un cycliste prend normalement la direction et crie les ordres, soyez donc bien à l'écoute des instructions lorsque le vent change de direction ou le groupe prend un virage.

Il est parfaitement légal de se mettre sur deux files, et c'est aux cyclistes de décider s'ils doivent se mettre sur une. Cependant, sur les routes à une voie et les grandes routes fréquentées, il est plus sage de rouler sur une seule file. Soyez raisonnable : ne bloquez pas une circulation rapide ou des automobilistes impatients.

Relais

De temps en temps, les deux cyclistes à l'avant peuvent légèrement fatiguer et avoir besoin de passer le relais pour rouler dans le vent ou tirer le groupe sur quelques côtes ; donner le rythme est une tâche difficile. Les cyclistes de tête peuvent se dégager en même temps (schémas 1 et 2) ; ils peuvent aussi se faire remplacer par les cyclistes de la ligne extérieure, qui passeront sur le devant, faisant ainsi remonter les cyclistes de la ligne extérieure de deux positions comme les maillons d'une chaîne (schéma 3). Au surcroît, si vous cherchez à vous faire des amis, c'est un bon moyen d'engager la conversation !

Schéma 1 — Les cyclistes de tête se dégagent ensemble sur un côté

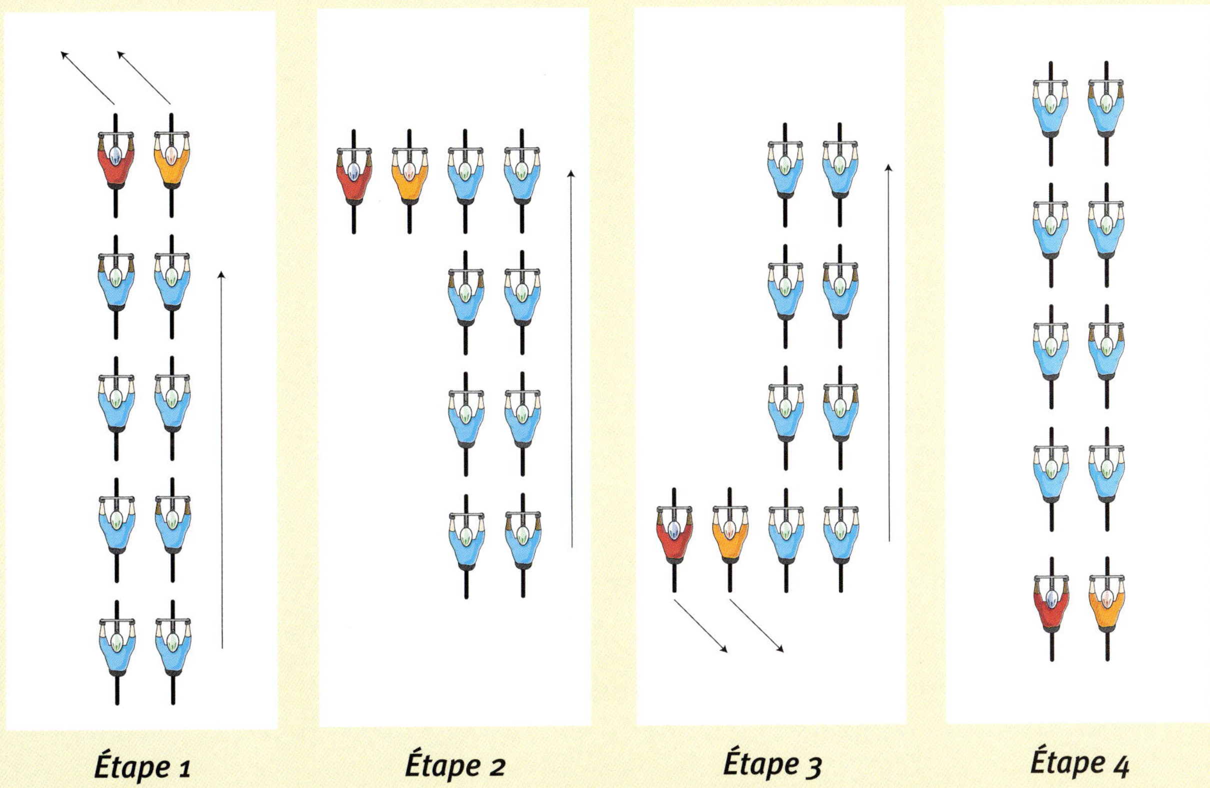

Schéma 2 — Les cyclistes de tête se dégagent de chaque côté du groupe

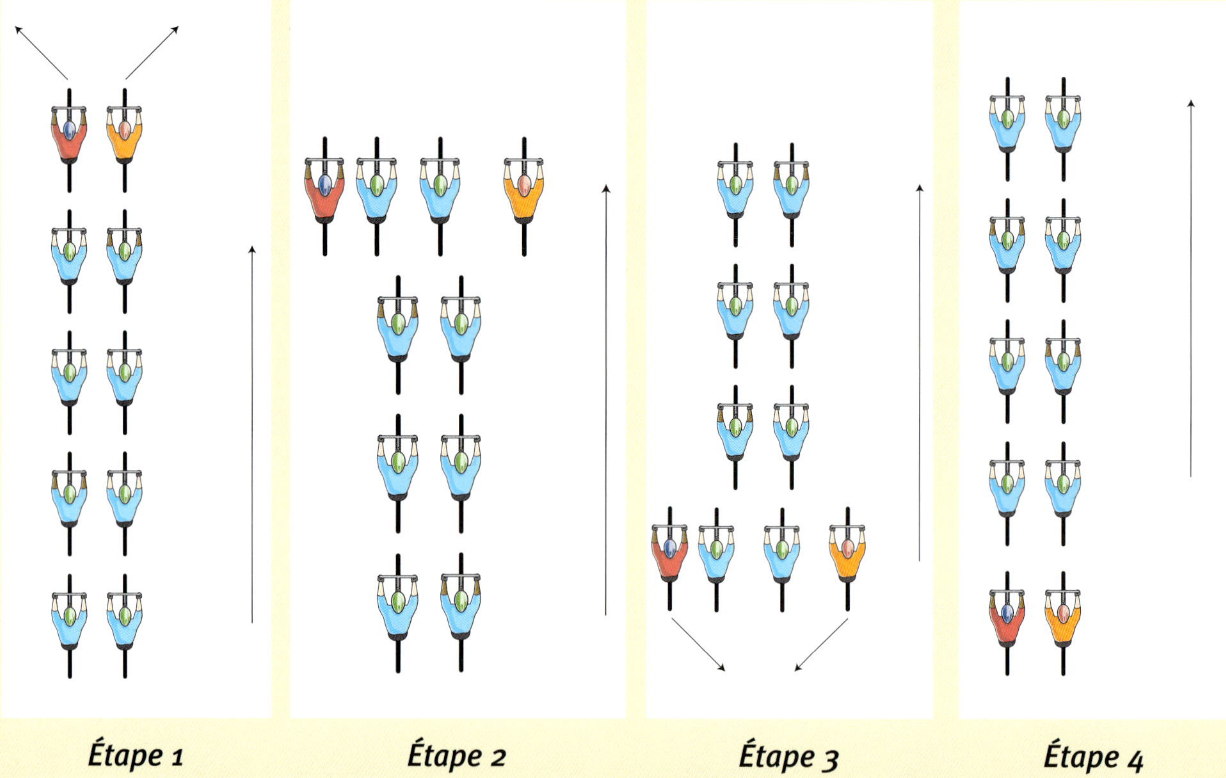

Schéma 3 — Les cyclistes de tête se dégagent un par un (la chaîne)

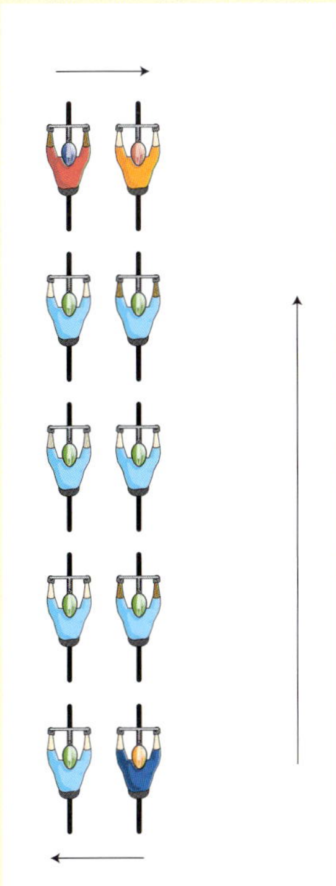

Étape 1

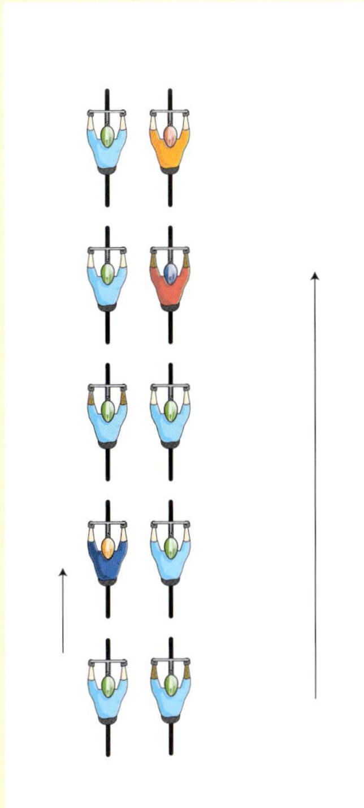

Étape 2

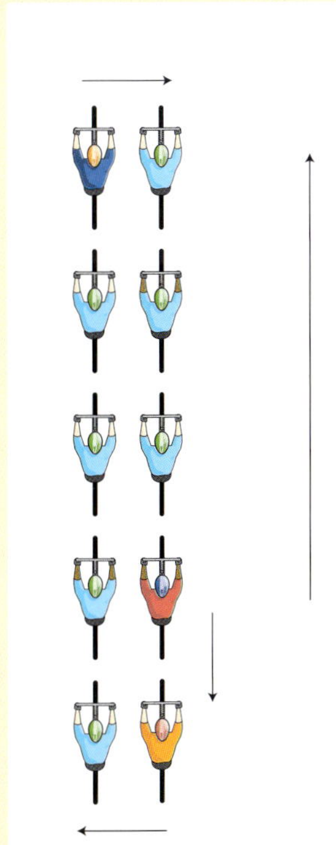

Étape 3

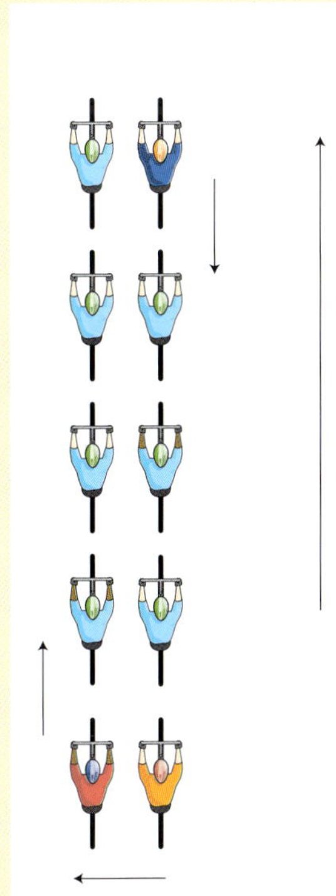

Étape 4

Instructions orales usuelles

« Voiture devant ! »
ou « Voiture derrière ! »
Avertissement qu'une auto essaie de doubler ou arrive dans le virage. Une voiture arrivant sur vous est généralement « Voiture devant ! », mais les expressions peuvent varier selon l'endroit où vous roulez.
« Têtes relevées ! »
ou « Regardez ! »
Si vous entendez ce cri, c'est qu'il y a un mauvais croisement ou un danger potentiel devant et qu'il faut faire attention. Les cyclistes de tête doivent vous avertir des éventuels problèmes sur la route. C'est particulièrement important si vous êtes dans un grand groupe et cela prendra un moment pour contourner le danger, mais ce n'est pas une excuse pour ne pas y prêter attention à tout instant.
« Sur une file ! »
Cet avertissement est donné si une voiture est devant vous et a besoin de plus de place pour vous doubler, ou si le groupe arrive sur une route étroite ou dépasse une ligne de voitures garées.

Ne soyez pas tenté de vous échapper ; suivez le rythme du groupe tout le temps.

Ne vous échappez pas

Quel que soit le type de groupe dans lequel vous êtes, le principe de base est de rouler ensemble, que ce soit pour une virée conviviale ou dans une « formation en roulement » (voir ci-dessous). Attaquer la tête n'est pas une bonne idée : vous exaspérerez normalement les cyclistes les plus expérimentés et perturberez la discipline et le rythme du groupe. Un groupe discipliné vous laissera probablement vous « griller » tout seul.

Parfois, il y aura une longue côte ou un bout de route où le groupe pourra rouler plus à fond, et il y aura souvent un sprint jusqu'à un panneau d'entrée de ville, mais n'oubliez pas d'être raisonnable : ce n'est pas une course, et certains cyclistes risquent de lâcher ou de commencer à souffrir si vous voulez faire votre effort de zone 4 à 50 km de la maison (consultez le chapitre 5 pour en savoir plus sur les zones d'entraînement).

Formation avec relais par roulement

Parfois appelé « formation en chaîne » ou « relais par roulement », ce type de formation est l'élément chorégraphié de la sortie en groupe. C'est idéal lorsque vous voulez rouler un peu plus vite et utiliser toute la puissance de tir du groupe, ou même juste pour partager la charge de travail dans une sortie sociale. L'apprentissage demande quelques sorties, et de commencer avec un groupe plus lent. Deux files de cyclistes roulent à différentes vitesses. Les cyclistes s'abritent les uns derrière les autres jusqu'à ce que ce soit à leur tour de passer en tête. La clé est de coller à la roue de devant, et de ne pas accélérer le rythme quand vous menez le groupe. En général, les relais en tête sont courts, souvent juste trente coups de pédale avant de passer sur le côté, puis derrière, dans une position protégée. Utilisez le même braquet que les autres cyclistes, au même rythme, et regardez devant pour anticiper les problèmes ainsi que les changements de vitesse ou de direction.

Une bonne formation en chaîne pédale au même rythme avec presque une communication télépathique entre les cyclistes. L'exemple ultime de cette technique de précision est la poursuite par équipe sur piste, où les cyclistes se relaient à grande vitesse et ne sont pas à plus de quelques centimètres de la roue des autres.

Économisez l'énergie

Lorsque vous passez en tête du groupe, vous devez « faire votre tour » pendant la même durée et avec le même effort que les autres cyclistes. Vous devez pédaler régulièrement : aller trop vite pour passer devant peut créer des trous derrière vous, les cyclistes de derrière ayant du mal avec le changement de rythme ; aller trop lentement peut signifier que le cycliste derrière vous devra faire son relais trop vite pour essayer de sauver le tempo. Vous aurez besoin d'évaluer soigneusement votre coup de pédale en fonction du rythme convenu du groupe. Tout cela peut changer, bien sûr, lorsque vous commencez la compétition, mais même là, rouler avec régularité est une compétence essentielle. En entraînement, l'idée est de permettre à tous les cyclistes de pouvoir faire leur propre programme d'entraînement et de travailler sur leurs compétences cyclistes ; la vitesse n'est donc pas le facteur le plus important.

Restez groupé

L'avantage de la sortie en groupe n'est pas juste social. Vous parcourrez plus de distance avec moins d'efforts en groupe (vous économiserez 20 % de votre énergie en vous mettant dans les roues dans le peloton) ; restez près du cycliste devant vous pour maximiser l'aspiration et permettre aux cyclistes autour de vous d'utiliser l'effet au mieux. Si le cycliste devant vous ne semble pas régulier, décalez-vous de quelques centimètres sur le côté pour pouvoir glisser de côté sans entrer en contact au cas où il ralentirait brusquement. Gardez les cyclistes devant vous dans votre champ visuel, mais regardez au loin, au-delà d'eux, de manière à voir ce qui se passe.

Ne changez pas de direction brusquement

Restez sur votre file en gardant une cadence régulière. Le cycliste derrière vous a besoin de rester près de vous, mais aussi d'être sûr que vous ne freinerez pas ou ne changerez pas de direction soudainement. À moins d'un cas extrême, les cyclistes en tête ne s'arrêteront pas brusquement sans avertissement, vous n'avez donc pas à faire de mouvements imprévus.

Signes de la main

MAIN EN L'AIR

Un cycliste fait ce geste pour signaler qu'il s'arrête (par exemple, à cause d'une crevaison) ou qu'il y a un danger sur la route et que tout le groupe va peut-être devoir s'arrêter.

MONTRER DES TROUS SUR LA ROUTE

Même en course, si vous devez contourner quelque chose sur la route, vous devez l'indiquer aux cyclistes derrière vous avant qu'ils n'arrivent dessus. Cette pratique, parfois appelée « marquage », est essentielle dans les sorties en groupe. Vous devez montrer du doigt les bouches d'égout, les trous, les bêtes écrasées, le verre cassé et toute chose qui représente un danger.

INDICATION DES DIRECTIONS AUX CYCLISTES DE DERRIÈRE

Que ce soit pour ralentir ou pour changer de direction, les grands groupes ont besoin que chacun l'indique aux autres usagers de la route ; faites-leur savoir ce que vous avez l'intention de faire.

GESTE DE LA MAIN POUR LES VOITURES GARÉES, POUR LES CAVALIERS ET POUR LES PIÉTONS

Lorsqu'ils doublent, les cyclistes font parfois un geste de la main derrière eux : cela signifie qu'il y a un danger et que le groupe va devoir s'écarter. Ils le feront en mettant une main dans leur dos dans la direction dans laquelle ils ont l'intention de bouger pour l'indiquer aux cyclistes de derrière. Rappelez-vous que vous devez faire la même chose pour prévenir le cycliste derrière vous. Écartez-vous ensuite lentement, en évitant de faire une embardée.

Si vous « décrochez » ou perdez le rythme, faites-le savoir au groupe pour qu'il puisse soit envoyer un cycliste en arrière pour vous aider, soit vous attendre au prochain croisement.

Laissez les cyclistes se reposer

Maintenir un rythme régulier pour le groupe réclame souvent de rester approximativement sur le même braquet, en tournant les jambes à la même cadence. Beaucoup de cyclistes pensent, à tort, qu'ils doivent toujours enrouler grand et le plus vite possible. Cependant, en entraînement, vous tirerez beaucoup plus profit d'une sortie de groupe si vous travaillez sur votre cadence et tournez un peu plus vite les jambes : vous développerez ainsi votre technique de pédalage, et améliorerez votre efficacité.

Enfin, n'oubliez pas que la sortie en groupe est, par principe, collective et non individuelle. Beaucoup de penseurs politiques au sein du peloton ont, au fil des ans, fait le parallèle avec la collaboration socialiste : nous travaillons tous pour un but commun ; nous travaillons l'un pour l'autre, et chacun apporte sa contribution. Bien sûr, cet idéal utopique s'écroule dès que quelqu'un décide d'attaquer...

Prévenez si vous avez le moindre problème

Vous pouvez faire preuve d'un peu de timidité au début, mais prévenez les cyclistes autour de vous si vous avez crevé ou rencontré un quelconque problème technique ; ne décrochez pas le groupe sans rien dire. S'ils vous ont lâché dans une côte, ils vous attendront ou enverront un ou deux cyclistes pour vous ramener dans le groupe. Ne vous inquiétez pas, ils ne vous abandonneront pas.

Faites passer le message à l'avant

Si vous roulez à l'arrière et si un cycliste a lâché le groupe pour une raison quelconque, prévenez les cyclistes devant vous et demandez-leur de crier le message à l'avant pour que les meneurs sachent qu'il faut ralentir, ou pour que le groupe puisse s'arrêter. Une fois les cyclistes perdus, il sera peut-être difficile de les retrouver et de se regrouper.

Faites une pause

Traditionnellement, les sorties de club programment une pause-café. Elle a souvent lieu à mi-chemin, parfois (et c'est probablement plus raisonnable) à la fin de la sortie ou près du point de rendez-vous initial. De cette manière, vous pouvez continuer à discuter et vous refroidir sans avoir à pédaler de nouveau pendant 3 heures avant de rentrer à la maison !

Alors, quel est le meilleur moment pour faire cette pause ? Les théories divergent... Les entraîneurs dans l'ensemble n'apprécient pas les pauses à mi-parcours sur les longues sorties (il n'y a finalement qu'au cricket où l'on s'arrête au milieu d'une compétition pour prendre le thé et les petits gâteaux). Après 10 minutes environ, le corps se met en mode récupération, et remonter sur le vélo peut être effectivement très difficile. Cependant, il est à noter que la sortie, si elle est coupée en deux, peut se faire à plus forte intensité ; surtout, en période de course, la coupure peut fournir au coureur une phase essentielle de repos et de récupération, et lui permettre de rattraper les cancans cyclistes du coin.

En résumé, attendez la fin de la sortie pour la pause-café, et évitez les petits gâteaux !

Autres compétences utiles

Cela paraît simple, pourtant quelques cyclistes ne savent pas boire ou même signaler efficacement en même temps qu'ils roulent. S'étirer et changer de vêtement sont des techniques plus avancées, mais si vous ne les avez pas acquises, vous aurez du mal poursuivre la compétition à de plus hauts niveaux si vous le souhaitez.

Boire

Savoir boire en roulant est fondamental si vous voulez réussir. Vous ne pouvez pas vous mettre sur le bord de la route pour prendre votre bidon et boire un coup. Tout le monde vous laissera derrière et vous perdrez un temps fou à vous arrêter et à récupérer ensuite votre vitesse.

Observez les quelques points clés suivants, et tout ira bien...

- Regardez là où vous allez tout le temps.
- Tenez le guidon soit sur les cocottes, soit sur le haut du cintre si vous avez un guidon de course.
- Entraînez-vous à vous baisser pour attraper votre bidon, puis à le remettre en place dans le porte-bidon sans regarder. Il faudra peut-être écarter le genou, ou faire un peu de roue libre, pour ne pas entraver le geste avec la jambe, mais essayez de ne pas perdre de vitesse.
- Si vous roulez en groupe, buvez lorsque vous être à l'arrière plutôt qu'au milieu ou en tête.
- Tenez le bidon sur un côté, embout dans la bouche, puis inclinez-le en l'air et pressez-le sans mettre la tête en arrière (la même technique s'applique dans le contre-la-montre, mais en sortant les bras du prolongateur pour être stable pour boire).

Savoir boire en roulant est primordial. Les pros, comme Jan Ulrich, y arrivent même en descente.

Les étirements à vélo sont vraiment utiles à faire, mais veillez à ne pas perdre le contrôle de votre vélo.

- Buvez avant de doubler un cycliste. Cela vous enveloppera d'un peu de mystère si personne ne vous voit jamais boire sur la route !
- Si vous avez des aides sur la route pour un contre-la-montre, demandez-leur de tenir le bidon par le goulot du bout des doigts, à hauteur d'épaule, et de courir dans la même direction que vous. Vous devrez laisser votre bidon d'origine sur la route à leurs pieds et tendre le bras pour attraper leur bidon, qu'ils lâcheront dès que vous l'aurez saisi.

Dans les relais de course sur route, les soigneurs doivent se tenir immobiles, face aux cyclistes, avec le bidon tendu de manière similaire. Les soigneurs, eux, doivent se trouver là où les cyclistes n'arrivent pas trop vite, c'est-à-dire le long des montées interminables ou au sommet d'une bosse.

Les vététistes préfèrent souvent les systèmes de bidon style Camelbak ou Platypus (un petit sac à dos avec un réservoir et un tube d'aspiration). Ce système permet de boire à vélo bien plus facilement. Le tube d'aspiration est doté d'une valve à mordre, si bien qu'une fois la valve dans la bouche, le cycliste peut boire sans avoir à lâcher le guidon. Le tube est doté d'une bande Velcro qui permet de le fixer à la courroie du sac lorsqu'il ne sert pas.

Vous devez prévoir de vous hydrater avant les moments les plus difficiles d'une sortie. Buvez avant d'attaquer une pente raide, ou là où vous perdez le moins de temps.

Changer de vêtement

Vous devez pouvoir rouler en toute confiance sans les mains avant de vouloir mettre un gilet ou retirer un maillot à manches longues par-dessus votre casque. Les maillots ou les vestes avec fermeture Éclair jusqu'en bas sont plus faciles à gérer que des vêtements à fermeture Éclair plus courte, mais vérifiez que vous pouvez passer les poignets par-dessus les gants. N'oubliez pas que vous enfilerez vos gants après votre maillot, et qu'il faudra sans doute les retirer pour pouvoir enlever votre maillot. Exercez-vous sur votre home-trainer. Faites très attention à ne pas laisser votre vêtement se prendre dans les roues ou traîner sur le guidon, c'est le meilleur moyen d'avoir un accident.

Sur la route s'ajouteront quelques problèmes : le vent, la vitesse, la proximité des autres cyclistes et la circulation, ainsi que votre équilibre. Servez-vous du vent pour faire gonfler votre vêtement, et ainsi enfiler ou retirer plus facilement ses manches. Et que pensez-vous faire des vêtements une fois enlevés ? Se mettent-ils assez en boule pour rentrer dans vos poches avec vos réserves et tout ce que vous pouvez avoir fourré dedans ? Si vous avez la moindre impression que vous ne serez pas tout à fait à l'aise pour changer de vêtements en route, abandonnez. Vous n'aurez qu'à supporter ce que vous avez sur le dos jusqu'à ce que vous puissiez vous arrêter et vous changer.

Étirement

Lors d'une longue sortie, ou même pendant une course, il arrive que vous ressentiez des tensions ou des douleurs dans les muscles. Au lieu de vous arrêter sur le côté pour vous étirer, faites-le à vélo. Sauf si le groupe avec lequel vous roulez est très lent, il est préférable de vous mettre derrière ; ainsi, si vous perdez l'équilibre, vous ne provoquerez pas d'autres dégâts. Il est simple de s'asseoir droit, de lâcher le guidon et d'étirer le dos ou les épaules tout en continuant de pédaler, mais il faudra être en roue libre pour étirer les mollets. Pour cela, gardez les mains sur les cocottes et laissez tomber un talon en dessous de la pédale ; laissez-le là quelques secondes, puis faites la même chose avec l'autre jambe. Vous pouvez aussi déclipser le pied de la pédale, attraper votre cheville et la tirer en arrière afin d'étirer votre quadriceps, mais veillez à ne pas taper la roue arrière par la même occasion.

3

Les capacités physiques

Introduction

Que voulons-nous dire par « physique » ou « capacités physiques » ? Les capacités physiques requises pour une course cycliste sur route ne sont pas les mêmes que celles nécessaires pour un marathon ou une partie de squash. Toutes ces activités sportives exigent des efforts différents de la part de notre corps. Regardez la prochaine cérémonie d'ouverture des jeux Olympiques et vous verrez défiler tout un éventail d'athlètes de corpulences et de tailles différentes. Ces athlètes sont tous en excellente condition physique, mais la forme physique et la stature du rameur n'ont rien à voir avec celles de la gymnaste au sol ou celle des sprinters sur piste, qui à leur tour présentent des disparités évidentes par rapport aux cyclistes sur route ou d'endurance.

Par forme physique, nous voulons dire « physique pour le but recherché », autrement dit pour le sport dans lequel nous voulons exceller. Dans ce sens, les capacités physiques sont un ensemble de puissance, de vitesse et d'endurance associées à de la souplesse et à un mental. Toutes les activités sportives nécessitent un mélange différent de ces ingrédients. Chacun de nous est plus prédisposé à certains éléments qu'à d'autres, mais avec un peu d'entraînement et d'exercice — en variant la durée, la fréquence et l'intensité — nous pouvons influencer et améliorer tous ces éléments.

Ce chapitre vous permettra d'identifier vos points forts et vos buts ; en vous aidant du tableau des compétences du chapitre 2, il vous permettra soit de déterminer les disciplines cyclistes les mieux adaptées à votre corps, soit de vous aider à développer les zones spécifiques dont vous avez physiquement besoin pour obtenir les meilleurs résultats dans la discipline de votre choix. Il vous donnera également un aperçu des éléments de condition physique et d'entraînement dont vous aurez besoin pour exploiter au mieux les programmes d'entraînement du chapitre 5. Ce n'est en aucun cas un guide complet sur la forme physique en général (nombre de livres pourraient être, et ont déjà été, écrits sur le sujet).

Tableau des compétences physiques

Tout comme le tableau des compétences techniques du chapitre 2, le tableau des compétences physiques vous permet de faire le lien entre votre forme physique et les différentes disciplines cyclistes, chacune nécessitant une certaine combinaison de capacités physiques pour leur pratique et pour la compétition.

Le tableau donne la liste des différentes capacités physiques et les relie à chaque discipline cycliste ; elles sont notées de 1 à 5 selon leur importance pour la discipline donnée. Par exemple, l'endurance aérobie est cruciale pour la course sur route (d'où une note de 5), mais est de bien moindre importance pour le vététiste (d'où une note de 1).

TABLEAU DES COMPÉTENCES PHYSIQUES

	Course sur route	Contre-la-montre 16-40 km	Contre-la-montre 80-160 km	Contre-la-montre 12-24 heures	Sprint sur piste	Endurance sur piste	VTT cross-country	VTT descente	Cyclo-cross	Cyclo-sportives
Endurance aérobie	5	4	4	5	1	3	5	1	4	5
Vitesse musculaire	5	3	3	3	5	4	4	4	4	2
Force	4	4	3	2	5	4	4	5	4	2
Puissance musculaire	4	3	3	2	5	4	4	5	4	1
Endurance musculaire à court terme	3	2	1	1	5	4	3	4	3	1
Souplesse	3	3	4	5	3	4	5	5	5	2

Endurance aérobie (endurance)

C'est la capacité à maintenir une activité continue — à assez faible intensité — pendant une longue période de temps. La grande majorité des épreuves cyclistes durant plus de 60 secondes, l'endurance aérobie est un élément physique primordial pour tout cycliste.

Avec de l'entraînement, le cycliste peut développer :

- un meilleur système cardio-respiratoire et un meilleur système musculaire, avec un cœur plus gros et plus résistant, qui peut transporter plus de sang riche en oxygène à chaque pulsation ;
- une augmentation du nombre de cellules rouges, ce qui permet d'apporter plus d'oxygène aux muscles ;
- une capacité respiratoire et pulmonaire plus forte et plus efficace ;
- une augmentation du glycogène stocké dans les muscles ;
- une meilleure capacité à produire de l'énergie.

Une meilleure technique permet aussi au cycliste d'utiliser son énergie plus efficacement.

Vitesse musculaire (cadence)

En termes physiologiques, la vitesse est le nombre de mouvements d'un muscle. En termes cyclistes, elle correspond à la cadence — la vitesse de pédalage, mesurée en tours de pédale par minute (tr/min) ; voir chapitre 2 —, et non à la vélocité du cycliste. Les vitesses de pédalage idéales varient selon le terrain et les conditions, mais elles avoisinent généralement les 80 à 100 tr/min. Les meilleurs sprinters sur piste ont enregistré des pointes à 250 tr/min sur les ergomètres et tournent à près de 160 à 180 tr/min en compétition.

La cadence peut être améliorée en utilisant des petits braquets, en s'entraînant par vent arrière ou en descente. S'entraîner à développer une cadence élevée (plus de 90 tr/min) aide à :

- augmenter l'efficacité du réseau rachidien et des systèmes d'énergie ;
- améliorer la technique de pédalage et la capacité à changer de rythme ;
- maintenir des cadences élevées ;
- augmenter sa cadence maximale.

Force

La puissance maximale qu'un muscle ou un groupe de muscles peut exercer contre une résistance est la « force ». Augmenter la charge sur le muscle ou le groupe de muscles permettra d'améliorer sa force (pensez aux exercices de musculation). Il s'agit, par exemple, d'emmener un braquet plus gros à la même cadence ou de rouler sur un parcours vallonné plutôt que sur du plat. En gagnant en force, les cyclistes peuvent passer sans problème sur de plus gros braquets ou réussir à établir une meilleure cadence en montée ou en descente (particulièrement en tout-terrain).

Puissance musculaire (vitesse × force)

Toute augmentation de la force ou de la vitesse musculaire entraînera une meilleure puissance musculaire, c'est-à-dire la capacité à générer une très forte puissance dans un laps de temps très court (environ 20 secondes). La puissance musculaire est nécessaire pour les mouvements soudains, rapides, ou les accélérations de rythme afin de vaincre la résistance, comme pour un départ arrêté ou le démarrage d'un sprint. Les meilleurs spécialistes du contre-la-montre produisent des valeurs de puissance musculaire de l'ordre de 830 watts contre environ 1 100 watts pour les cyclistes sur route et de cross-country, et 1 350 watts pour les cyclistes sur piste.

Une meilleure puissance musculaire permet :

- de mobiliser davantage de groupes de fibres musculaires pour avoir des contractions musculaires plus rapides et plus efficaces ;

Aérobie et anaérobie

***Aérobie* signifie littéralement « avec oxygène ». Tout effort soutenu pendant plus de 1 minute utilise le système d'énergie aérobie. Les graisses et les glucides sont brûlés, ou « oxydés », avec l'utilisation de l'oxygène, produisant du gaz carbonique et de l'eau (déchets). *Anaérobie* signifie « sans oxygène ». Le système d'énergie anaérobie est utilisé quand se révèle nécessaire une demande d'énergie à laquelle ne peut pas faire face la consommation lente aérobie de graisses et de glucides. Il s'agit normalement d'activités durant moins de 1 minute. L'activité anaérobie a pour conséquence de produire de l'acide lactique, ce qui limite la durée de l'activité.**

L'endurance aérobie et la vitesse musculaire sont cruciales pour le coureur cycliste sur route.

- de rendre plus efficace le réseau rachidien du cerveau aux muscles ;
- au cycliste d'avoir plus de puissance sur les pédales, les muscles gagnant en taille et en force ;
- de pouvoir tenir le vélo plus droit (ce qui est particulièrement important pour le tout-terrain) ;
- de pouvoir maintenir une posture appropriée (comme un profil bas, aérodynamique, pour la poursuite sur piste ou le contre-la-montre sur route).

Endurance musculaire à court terme

C'est la capacité à maintenir une forte puissance sur une durée limitée. Un effort très intense ne pourra pas être maintenu longtemps (en gros, de 20 secondes à environ 20 minutes au maximum) sans entraîner de fatigue importante.

Une meilleure endurance musculaire à court terme permet :
- d'améliorer l'efficacité du réseau rachidien ;
- de mieux utiliser les stocks d'énergie à court terme ;
- de mieux expulser les déchets évacués par les muscles afin de retarder et de réduire la sensation de fatigue ;
- de mieux récupérer après des efforts très intenses.

Souplesse

La souplesse est la plage d'amplitude d'une articulation ou d'un ensemble d'articulations. Elle est nécessaire pour :
- passer la jambe par-dessus la selle pour enfourcher le vélo ;
- regarder derrière pour surveiller la circulation ;
- maintenir une position basse, aérodynamique, dans le contre-la-montre ;
- tourner le buste dans une course à l'américaine sur piste ou se ravitailler à vélo sur une épreuve de longue distance ;
- chercher son équilibre sur le vélo dans les épreuves de VTT ou de cyclo-cross.

La souplesse peut s'améliorer par des exercices d'étirement, mais les étirements sont très individuels et ne doivent pas être effectués dans un esprit de compétition. Savoir mieux s'étirer ou être plus souple qu'un autre cycliste ne vous fera pas forcément aller plus vite. Néanmoins, si vous arrivez dans un contre-la-montre à trouver une position plus basse qu'un adversaire de force similaire, vous offrirez un profil plus bas au vent et roulerez plus vite à puissance égale. Une plus grande souplesse permet aussi de réduire les blessures. Vous pouvez tomber, vous tordre une cheville ou vous retrouver dans une position extrême ; une plus grande plage d'amplitude vous donnera une plus grande zone tampon avant que vos articulations ne dépassent leur possibilité de flexion et ne s'endommagent.

Étirements

Les cyclistes ne sont pas réputés pour leur souplesse. Au niveau sportif, il est difficile d'être plus éloigné des danseurs classiques que nous. Pourtant, les étirements jouent un rôle essentiel dans la prévention des blessures et la « stratégie » de récupération. De plus, ils détendent, stimulent la circulation sanguine et augmentent la plage de mouvements, ce qui est bien pour un cycliste à tous niveaux.

Beaucoup d'entraîneurs ont leurs étirements préférés, et les cyclistes développent souvent leurs propres routines en fonction de leurs propres besoins. Certains des exercices que nous vous proposons vous conviendront, d'autres peut-être moins ; il faut essayer pour voir.

Avant de vous étirer, veillez à bien chauffer vos muscles, par exemple en pédalant doucement pendant 10 à 15 minutes sur votre vélo. Et ne donnez jamais d'à-coups, faites toujours des mouvements fluides. Vous devez vous étirer après chaque compétition, chaque entraînement. Pensez aussi à inclure ces assouplissements dans vos exercices quotidiens : essayez de leur consacrer 10 à 20 minutes par jour au moment qui vous convient le mieux.

Tendons du jarret

Le cycliste ci-contre est dans la position de l'étirement habituel pour les tendons des jarrets... et le plus mauvais. La colonne vertébrale est pliée, le pivot pour l'étirement ne part pas du bassin et vous faites en plus porter tout le poids du haut du corps sur le bas de votre colonne. À la place, tenez-vous le dos droit, tendez les bras devant vous et prenez appui sur une barrière ou un objet fixe similaire, puis aplatissez le dos pour étirer doucement les tendons des jarrets. Tenez la position 30 secondes à chaque fois.

Un moyen plus facile — et plus sûr — d'étirer les tendons des jarrets est de s'asseoir jambe tendue, comme sur la photo, et de se pencher depuis les hanches vers le pied pour mieux soutenir le corps. Là encore, essayez de garder le dos aussi plat que possible et de vous pencher depuis le bassin ; vous devez sentir doucement l'étirement. Attrapez ce que vous pouvez (cheville, pied...) et tenez-le pendant environ 1 minute, puis relâchez lentement et changez de jambe. Vous sentirez l'étirement derrière le haut de la jambe, notamment derrière le genou. Répétez plusieurs fois l'exercice de façon routinière.

Quadriceps

Ce n'est pas l'étirement des quadriceps qui est difficile pour les cyclistes, mais c'est d'arriver à étirer suffisamment le muscle. Se tenir droit et tirer le pied en arrière vers la fesse n'est pas toujours le meilleur moyen. Pour arriver à mieux vous étirer, agenouillez-vous, posez les fesses sur vos pieds, prenez appui en arrière sur les bras et étirez-vous en vous penchant doucement en arrière et en conservant le dos droit. Faites attention avec cet exercice si vous avez des problèmes de genou, car il peut être douloureux. Évitez aussi les surfaces dures, sinon vous aurez rapidement mal aux genoux. Vous sentirez l'étirement sur le devant du quadriceps. Tenez pendant 15 à 20 secondes, et recommencez.

Mollets

Le cyclisme peut incroyablement raidir les muscles des mollets, et cet étirement est un bon moyen de les détendre. Il donne un peu l'impression que l'on essaie de pousser le mur ; même si ce n'est pas aussi difficile que cela, c'est pourtant ce que vous essayez de simuler. Tendez la jambe en arrière en pivotant sur la cheville pour mettre le pied à plat et étirer le mollet. Vous pouvez reculer le pied un peu plus si vous souhaitez mieux sentir l'étirement. Tenez 30 secondes sur chaque jambe et répétez plusieurs fois l'exercice.

Abducteurs

L'étirement de l'aine est souvent négligé par les cyclistes ; pourtant, c'est une zone très importante pour le déclenchement et le support des plus grands groupes musculaires dans le haut des jambes. Asseyez-vous droit et tirez vos pieds vers l'aine jusqu'à ce que vous sentiez l'étirement, puis attrapez les chevilles, plaquez les coudes contre les genoux et poussez les genoux vers le sol pour étirer l'aine « manuellement ». Tenez pendant 25 secondes et recommencez.

Fessiers et bas du dos

Cette torsion étire la zone du dos et des hanches, et permet de relâcher les tensions dans le bas du dos. Pliez une jambe et placez le pied de cette jambe par-dessus l'autre jambe à hauteur du genou, coincez le genou de la jambe pliée avec le coude opposé et placez l'autre bras derrière vous, puis tournez le bassin pour regarder derrière vous… cela ressemble à une partie de Twister, mais c'est extrêmement efficace.

Bas du dos et fléchisseurs de hanche

Cet exercice avec les jambes croisées étire le bas du dos et les fléchisseurs de hanches. Allongez-vous sur le sol et pliez une jambe. Placez la cheville de l'autre jambe sur le genou plié. Joignez les mains derrière la cuisse et tirez les deux jambes vers vous. Vous sentirez l'étirement dans les hanches et les fessiers de la jambe passée par-dessus. Tenez pendant 20 secondes et changez de jambe.

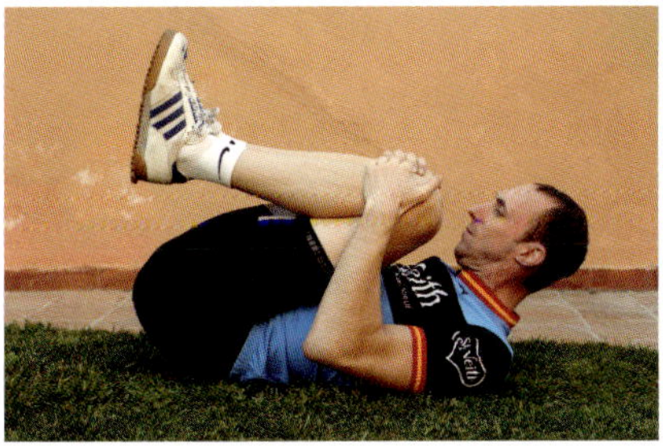

Bas du dos

Ce simple étirement fait des merveilles dans le bas du dos et peut se pratiquer en regardant la télévision. Il suffit de se mettre en position fœtale sur le dos, de mettre les mains sur les genoux et de presser les jambes sur la poitrine. Juste une petite pression à chaque fois, et vous sentirez l'étirement dans les fessiers ainsi que les muscles du milieu et du bas du dos. Tenez pendant 30 secondes et relâchez doucement, puis recommencez.

Cou

Le cycliste montre sur cette photo un étirement pour détendre les muscles du cou. C'est un exercice de type résistance, dans lequel la tête exerce une forte pression contre la main et maintient les muscles en tension pendant 20 secondes, puis la pression est relâchée doucement. C'est aussi un excellent exercice lorsqu'on est resté des heures assis, les yeux rivés sur son ordinateur !

Vous pouvez aussi joindre les doigts et tendre les bras vers le plafond au-dessus de votre tête pendant 25 secondes pour étirer vos épaules et vos bras.

Bras

Vous devez aussi étirer vos bras pour enlever la tension des épaules et du cou, notamment après une longue journée passée assis sur la selle. Pliez votre bras comme si vous vouliez vous gratter l'oreille opposée, en le passant derrière la tête, puis attrapez le coude du bras plié avec l'autre main et tirez fermement et régulièrement. Vous sentirez l'étirement tout le long du triceps et des muscles de l'épaule du côté du bras plié. Tenez pendant 20 secondes et recommencez.

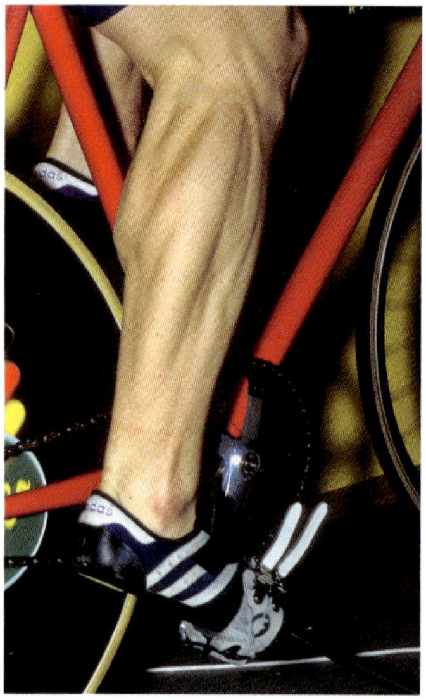

Rapides ou lents ? Votre type de muscles sera déterminant pour votre pratique.

Les systèmes du corps humain

Il existe sept systèmes ou composants du corps humain. Ce sont :

- le système squelettique ;
- les articulations ;
- le cartilage, les tendons et les ligaments ;
- le système musculaire ;
- les systèmes d'énergie ;
- le cœur et la circulation sanguine ;
- le système respiratoire.

Comme nous l'avons dit, on pourrait écrire un livre entier sur le sujet, ou en fait sur chacun de ces différents éléments, nous ne vous proposons donc pas de les examiner en détail. Cependant, il est bien d'avoir un rapide aperçu de deux d'entre eux.

Système musculaire

En tant que cyclistes, nous sommes principalement concernés par le système squelettique (en opposition au muscle cardiaque, ou muscle mou, qui s'occupe entre autres de notre système digestif) ; après tout, il représente environ 40 % de notre masse, et c'est le seul type de muscle que nous pouvons contrôler.

Les fibres musculaires squelettiques se rangent grosso modo en deux catégories : celles à contraction rapide ou celles à contraction lente. Le terme « contraction » correspond à la vitesse de contraction d'une seule impulsion provenant du cerveau ; les contractions sont dans les deux cas très rapides, c'est simplement que la contraction dite lente est moins rapide que celle dite rapide.

Les fibres à contraction lente (aussi appelées fibres de type 1, ou fibres rouges) servent dans les activités d'endurance et pour le contrôle postural. C'est parce que ces fibres se contractent sans à-coup et ne génèrent pas autant de force que les fibres à contraception rapide, mais elles sont en revanche plus résistantes à la fatigue. Elles utilisent plus d'oxygène et de graisses, leur principale source d'alimentation.

Les fibres à contraction rapide (aussi appelées fibres de type 2, ou fibres blanches) sont utilisées pour la force explosive, mais se fatiguent rapidement. Elles peuvent se diviser en deux catégories :

- les fibres de type 2a, qui produisent plus de force que les fibres de type 1 mais pas autant que celles de type 2b. Ces fibres entrent en exercice lorsque les fibres de type 1 ne peuvent pas gérer la charge de travail d'un exercice ;
- les fibres de type 2b, qui sont les fibres les plus puissantes et sont mobilisées lorsque les fibres de type 1 et de type 2a ne peuvent pas gérer la charge de travail. Elles ne sont qu'anaérobies, et par conséquent se fatiguent vite.

La combinaison de ces fibres est en grande partie une affaire de génétique. Par conséquent, notre propension à exceller au sprint ou aux épreuves d'endurance est principalement déterminée par nos parents ! Cependant, avec un entraînement approprié, il est possible de mobiliser davantage chacune de ces fibres et d'améliorer leur capacité à travailler. Des recherches récentes ont avancé qu'il existait également des fibres entre ces deux types, prêtes à être entraînées le cas échéant.

Un « homme moyen » dispose de 40 à 50 % de fibres à contraction lente et de 50 à 60 % de fibres à contraction rapide. Chez les cyclistes, les chiffres varient selon leurs points forts, comme le montre le tableau ci-dessous.

RÉPARTITION DES FIBRES MUSCULAIRES SELON LES ÉPREUVES

Épreuve et durée approximative	% de fibres lentes	% de fibres rapides
Sprinters 1 000 m (plus de 1 minute)	25	75
Critérium (plus de 1 heure)	50	50
Contre-la-montre, 80 km (1 h 55)	75	25
Course sur route, 200 km (4 h 20)	60	40

Adapté d'après Inside the Cyclist, Physiology for the two-weeled athlete, *Burke, Perez et Hodges, Velo-news Corporation, édition révisée 1986.*

L'effet de l'entraînement

Pour améliorer vos performances cyclistes, vous avez besoin de rouler plus longtemps ou plus durement, ou de suivre un entraînement spécifique en dehors du vélo. En réalité, lorsque vous vous entraînez, vous endommagez vos muscles. Si vous faites durer longtemps l'entraînement, vos muscles seront si endommagés que vous serez littéralement épuisé et dans l'impossibilité de poursuivre. Avec une activité plus intense (course rapide, montée fréquente ou sprint), la fatigue peut être provoquée par la montée d'acide lactique dans les muscles (voir « Systèmes d'énergie », page suivante), et les crampes vous empêcheront de continuer.

Néanmoins, le corps humain a cette étonnante capacité de pouvoir s'autoguérir. Les muscles endommagés par l'entraînement ou la pratique se reconstruisent lorsque vous dormez (et avec l'aide d'un apport en protéines adapté). Plus incroyable encore, ils se réparent de façon à être plus performants et à pouvoir gérer par la suite les situations qu'ils viennent d'expérimenter. Le secret d'une bonne condition physique se trouve dans cet équilibre entre la quantité d'effort (intensité et durée) et la quantité de repos (fréquence de l'exercice), qui doit être recherché pour maximiser les effets bénéfiques de l'entraînement. Plus l'activité est intense, plus vos muscles sont endommagés et plus votre corps a besoin de temps pour que se fassent les réparations. Si vous commencez une séance d'entraînement avant d'avoir complètement récupéré de la précédente et reconstruit le tissu musculaire à un meilleur niveau, vous aggraverez les dommages musculaires et vous vous fatiguerez de manière excessive.

Vous devez aussi ne pas oublier les dangers du manque d'entraînement. Rappelez-vous que votre corps veut « être en forme pour un but précis » et qu'il ne s'encombrera pas de muscles qui ne lui servent pas. Si vous espacez trop vos séances d'entraînement, votre corps ne gardera pas les muscles que vous avez renforcés, mais les laissera s'atrophier, vous rendant ainsi plus faible lors de votre prochaine sortie (voir « Réversibilité », page 87).

Vous ferez de meilleures performances avec un entraînement et des courses difficiles.

ATP

L'adénosine triphosphate (ATP) est une substance chimique nécessaire à toute activité musculaire. C'est une molécule riche en énergie, produite par la combinaison de l'oxygène et de la nourriture (avec en produits dérivés du gaz carbonique et de l'eau).

Systèmes d'énergie

En termes de sport, tout ce qui dure plus de 60 secondes est considéré comme de l'endurance, ce qui range quasiment toutes les disciplines cyclistes dans cette catégorie, les principales exceptions étant le sprint par équipe, la course aux points et le contre-la-montre féminin sur 500 m. Dépassant légèrement 60 secondes, le kilomètre est à la limite du sprint et de l'endurance.

Il existe trois principaux systèmes d'énergie pour fournir aux muscles l'énergie ATP dont ils ont besoin pour fonctionner : le système ATP-CP (système créatine phosphate), le système anaérobie (acide lactique) et le système aérobie (glucose ou graisses).

Ces systèmes fonctionnent ensemble, et le corps tire sur chacun en fonction du type d'effort, de sa durée et du type de muscles utilisé.

Chaque source d'énergie est définie par une capacité (la quantité totale d'énergie potentielle, mesurée en kilojoules) et une puissance (la quantité d'énergie utilisable dans une unité de temps, mesurée en watts). Par analogie, comparez avec un réservoir d'eau où la capacité serait le volume du réservoir et où la puissance serait l'écoulement du robinet.

En VTT de descente, l'entraînement physique porte principalement sur la force et la puissance musculaire.

Le système ATP-CP

Les stocks d'ATP du corps durent environ 4 secondes avant d'avoir besoin d'être remplis (ou resynthétisés). Le système ATP-CP peut le faire très rapidement, mais il n'a qu'une réserve limitée : il peut être utilisé pendant 10 secondes seulement, mais peut l'être encore et encore tant qu'une période de récupération d'environ 3 minutes est respectée.

Ce système est utilisé pour mettre le corps en action. C'est un peu comme la première dans une voiture : elle vous permet de démarrer, mais pour pouvoir faire avancer ensuite efficacement votre voiture (votre corps), vous devrez passer la seconde (un système d'énergie différent).

Le système d'énergie anaérobie

Le système d'énergie anaérobie (« sans oxygène ») sert au début de l'exercice, lorsqu'il n'y a pas assez d'oxygène dans les muscles et que le glucose doit donc être dégradé sans oxygène. Ce système est utilisé pour les efforts brefs, le sprint ou la montée, mais ne peut pas servir beaucoup plus de 60 secondes. Après ce laps de temps, le système commence à produire de l'acide lactique, qui finit par inhiber la contraction musculaire.

La diminution de l'effort permet à l'acide lactique de se dissiper, et à l'exercice de continuer. Les muscles à contraction rapide utilisent cette forme d'énergie. L'acide lactique commence à se former à 60-70 % de la capacité maximale du muscle, augmentant en proportion directe avec le travail. À de très hauts niveaux de travail, la production d'acide lactique est constante. C'est à ce moment-là que l'effort fait vraiment mal. Les meilleurs sprinters peuvent produire plus de 2 000 watts, mais l'énergie est très vite dépensée et il faut entre 6 et 8 minutes de récupération après un effort maximal.

En reprenant l'exemple de la voiture, pensez à ce système comme à la seconde vitesse.

Le système d'énergie aérobie

Le système d'énergie aérobie (« avec oxygène ») entre en jeu après quelques minutes d'exercice. Ce système utilise l'oxygène avec le glucose ou les graisses. Tant que l'intensité n'est pas trop forte et que l'oxygène est présent, il n'y aura pas de formation d'acide lactique. C'est un système très utilisé par les cyclistes de toutes les disciplines. Il apporte l'énergie aux fibres musculaires lentes, qui sont pleines d'enzymes vitales pour l'alimentation en énergie aérobie.

Le corps peut stocker assez de glycogène pour alimenter ce système pendant 2 à 3 heures (votre entraînement aura un impact sur cette durée). Si vous ne maintenez pas les niveaux de glycogène en abondance, ce système perdra de son efficacité et sera forcé de brûler des graisses. L'idée peut être séduisante, mais les effets seront pénibles pour votre corps. Il vaut bien mieux maintenir votre plein de glucose avec un apport constant.

La puissance aérobie tourne normalement autour de 300 à 400 watts pour la plupart des courses, mais le sprint peut avoisiner 1 500 à 1 700 watts. Pensez que vous avez mis votre voiture en vitesse de croisière, que vous avez adopté une conduite longue et soutenue à un rythme régulier.

Éléments de l'entraînement

Nous traiterons des particularités de l'entraînement dans le chapitre 5, mais mieux vaut vous familiariser avec les bases sur lesquelles s'élaborent les programmes d'entraînement, bases qui justifient une personnalisation pour chaque individu.

Un certain nombre de facteurs déterminent l'efficacité de l'entraînement :

- la spécificité et la forme physique pour un but particulier ;
- les différences individuelles ;
- la périodisation ;
- l'adaptation ;
- la progression ;
- la variation ;
- la surcharge ;
- le surentraînement, le repos et la récupération ;
- la réversibilité.

L'endurance aérobie et la souplesse sont en haut de la liste des capacités physiques pour le contre-la-montre.

Spécificité et forme physique pour un but particulier

Pour rouler efficacement à vélo, vous devez développer des muscles spécifiques pour pouvoir pousser sur les pédales et avoir une « plomberie » cardio-vasculaire répondant aux besoins en oxygène de votre corps. Vous ne pouvez pas vous attendre à devenir bon dans ce sport sans monter sur un vélo. Vous devez être conditionné pour être assis sur une selle et développer les compétences nécessaires pour conduire un vélo et améliorer votre technique cycliste. Vous devrez passer la grande majorité de votre temps d'entraînement sur un vélo à développer des mouvements musculaires spécifiques et une force spécifique. C'est ce que nous entendons par spécificité, et cela vaut pour n'importe quel sport.

Ce point est fondamental pour votre entraînement et renvoie au tableau des capacités physiques donné au début de ce chapitre. Quel que soit le type d'épreuve, vous devez adapter votre entraînement à ces éléments. Si vous êtes passionné de cyclo-cross, vous avez peu d'intérêt à consacrer du temps au sprint (endurance musculaire à court terme) ; votre préoccupation physique est, de loin, l'endurance aérobie. Bien sûr, l'inverse est vrai pour ceux qui veulent tenter leur chance comme sprinters aux points ou champions du kilomètre.

Différences individuelles

Quel que soit votre entraînement, vous n'avez aucune garantie que vous serez mieux que le cycliste d'à côté. Nous avons tous un patrimoine génétique et une situation différente. L'âge, le sexe, la forme physique, l'alimentation et les gènes affectent tous notre motivation et notre capacité à nous adapter à un entraînement et à des performances athlétiques. Certains cyclistes aiment l'empoignade de la course de peloton, d'autres préfèrent le caractère individuel du contre-la-montre. Certains réalisent leurs meilleures performances sous la chaleur, tandis que d'autres seront liquéfiés sous les mêmes conditions. Certains adorent les mauvaises conditions alors que d'autres décrochent mentalement et sont incapables de se motiver pour courir par mauvais temps.

Les cyclistes réagissent différemment aussi à l'entraînement. Selon la composition de leurs fibres musculaires, certains tirent plus d'avantages de séances d'entraînement de vitesse, tandis que d'autres peuvent rencontrer des difficultés à gérer les changements de rythme, mais excellent en endurance et peuvent être extrêmement bons au contre-la-montre ou prendre plaisir dans les épreuves cyclosportives et les enduros VTT.

Heureusement, le cyclisme offre un éventail suffisant de disciplines pour que chacun, quelles que soient ses possibilités, en trouve au moins une ou deux dans lesquelles il excellera et prendra plaisir.

La question de l'âge

Le cyclisme étant une activité de musculation, les cyclistes peuvent rester dans la compétition bien après que des athlètes d'autres sports ont rangé leur équipement ou se sont trouvés forcés d'arrêter suite à une carrière ponctuée de blessures. Si vous avez plus de trente ans, les fibres à contraction rapide de vos muscles déclinent plus rapidement que celles à contraction lente, ce qui entraîne une perte de capacités à sprinter et la diminution de votre vitesse maximale. Regardez les résultats des championnats du monde sur piste et, à quelques exceptions près, vous pouvez établir une corrélation directe entre l'augmentation de l'âge et la baisse de vitesse dans les épreuves comme le sprint et la poursuite.

La course cyclosportive n'est qu'endurance...

La bonne nouvelle est que les courses plus longues favorisent souvent les cyclistes plus vieux, ces courses se déroulant normalement à un rythme plus régulier. Les cyclistes rusés peuvent alors se servir de leurs années d'expérience pour en tirer les fruits, car ils peuvent mieux lire les courses et mieux se positionner et conserver leur énergie jusqu'au moment crucial. C'est une des raisons pour lesquelles le contre-la-montre, notamment ceux sur 80 km ou plus, les épreuves cyclosportives et les enduros VTT sont dominés par les cyclistes plus anciens.

Les cyclistes de plus de 40 ans trouvent invariablement qu'ils ont plus de mal à récupérer après des séances d'entraînement intensives ou des courses difficiles. Ce problème empêche la plupart des vétérans de rester compétitifs dans les courses à étapes ou les championnats se déroulant sur plusieurs jours. L'âge prenant le pas sur les compétences, les cyclistes plus vieux auront besoin de s'entraîner plus durement s'ils veulent rester à armes égales avec des cyclistes deux fois plus jeunes ; ils devront aussi augmenter leur temps de récupération.

Périodisation

La périodisation n'est pas vraiment un élément de l'entraînement, plus une approche, mais elle est utilisée par la plupart des entraîneurs comme base de leurs programmes d'entraînement. Mieux vaut donc en connaître les principes.

... tandis que le VTT cross-country demande aussi souplesse et puissance.

L'approche par la périodisation de l'entraînement organise le temps en trois périodes différentes, en donnant à chacune d'elles des buts spécifiques.

- Macrocycle : ce cycle correspond normalement à une saison complète ou à une année, mais il peut aussi s'étaler sur 4 ou 5 ans, entre deux jeux Olympiques.
- Mésocycle : ce cycle dure normalement 2 à 6 semaines et forme les blocs de construction de l'entraînement et de la compétition. Pour les cyclistes en compétition, ces blocs sont fondation (ou préparation), précompétition (ou phase de transition), compétition et récupération.
- Microcycle : ces cycles subdivisent le mésocycle en petites unités, normalement de 7 à 14 jours. Chaque cycle a un but spécifique ou vise à travailler une seule compétence technique ou une seule capacité physique. Il peut aussi couvrir un processus dégressif avant une grande épreuve pour veiller à ce qu'un cycliste soit parfaitement reposé et en parfaite forme pour affronter une compétition ou un objectif majeur de la saison.

Le planificateur annuel suivant vous montre la manière de diviser l'année (macrocycle) pour être au mieux de ses performances pour une grande course ou une épreuve début juillet, comme l'Étape du Tour. Il comprend une période de préparation à un événement (peut-être une course par étapes ou une longue randonnée) fin mai, suivie d'une courte période de récupération, puis d'une seconde période de préparation pour le but principal à la fin du second mésocycle.

En divisant les périodes en mésocycles gérables, vous pouvez viser à être au mieux de votre forme à la fin de chaque période. Celle-ci — ou le début de la suivante — est l'occasion de prendre un peu de repos afin de récupérer complètement avant de vous embarquer dans la prochaine phase vers votre but. Les microcycles ne sont pas inclus dans le plan, car ils créeraient trop de détails ; ces microcycles seront générés au fur et à mesure de l'année afin de permettre à l'entraînement d'être ajusté en fonction des conditions spécifiques auxquelles se trouve confronté le cycliste à un moment précis.

PLANIFICATEUR ANNUEL

Mésocycle	**Mésocycle de récupération**	**Mésocycle de préparation n° 1**	**Mésocycle de préparation n° 2**	**Mésocycle de préparation n° 3**	**Mésocycle de transition avant compétition**	**Mésocycle de compétition n° 1**	**Mésocycle de compétition n° 2**	**Mésocycle de compétition n° 3**
Activité	Sorties faciles	Période de préparation progressive avec de longues sorties de même distance. Travail progressif sur la force et les zones de faiblesse			Entraînement de vitesse (anaérobie)	Compétition. Progressivement, des distances plus longues et de plus grande intensité, avec entre deux un travail de vitesse sur courte distance et du repos		
						Pic mineur ▼		**Événement majeur** ▼
Zone d'entraînement	Zones 1-2	Principalement zones 1-2, de temps en temps zone 3			Principalement entraînement dans les zones 3-6	Courses en zones 4-6. Entraînement en zones 3-6. Régression au pic des buts spécifiques à la fin de chaque mésocycle avec semaine de récupération après chaque pic		
Phase d'entraînement	Récupération	Préparation			Pré-compétition	Compétition		
Mois	**Oct.**	**Nov.**	**Déc.**	**Janv.**	**Fév.**, **Mars**	**Avril**, **Mai**	**Juin**, **Juil.**	**Août**, **Sept.**

Remarquez que l'année du cycliste ne commence pas le 1er janvier ! La préparation doit commencer bien avant si le cycliste veut réussir, surtout à haut niveau.

Calculer la charge d'entraînement

Vous verrez que le plan d'entraînement donné en exemple fait référence à des zones d'entraînement. Pour simplifier, ces zones donnent au cycliste une idée de l'importance de l'effort, ou de l'intensité, qu'il devrait mettre dans chaque séance.

Une méthode simple pour calculer l'intensité de l'effort est d'utiliser une échelle de perception de l'effort, dite échelle RPE (acronyme anglais pour *rating of perceived exertion*). C'est une méthode bien établie qui sert dans de nombreux sports et se base sur l'échelle de Borg (vous en avez une version simplifiée ci-dessous). C'est une mesure subjective, mais les chiffres donnés servant juste à comparer une sortie ou une séance d'entraînement à une autre, la subjectivité ne pose aucun problème.

Vous pouvez éventuellement, pour affiner la description de l'effort, utiliser des incréments plus petits en montant l'échelle RPE d'une décimale.

Non seulement le RPE sera utile pour vous montrer exactement l'intensité de l'effort que vous devez mettre dans une séance, mais il vous permettra aussi de comparer des séances et de calculer un effort général. Vous pouvez le faire en prenant votre RPE et en le multipliant par la durée de la séance. Par exemple : une séance à 5 sur l'échelle qui dure 2 heures donnera un nombre de 600 (5 × 120 minutes), tandis qu'une séance à 7 qui ne dure que 45 minutes vous donnera le nombre de 315 (7 × 45).

Vous pouvez ensuite noter ces nombres quotidiens sur un graphique, et voir ainsi immédiatement les périodes d'exercice « excessif », qui nécessiteront plus de repos après.

Le cyclo-cross demande, entre autres capacités physiques, d'avoir une bonne souplesse pour pouvoir sauter fréquemment de son vélo.

Très léger	Léger	Modéré	Un peu dur	Lourd ou dur	Lourd+	Très lourd	Très lourd+	Très lourd++	Très, très lourd
1	2	3	4	5	6	7	8	9	10

Adaptation

Au fur et à mesure des mois de pratique du cyclisme, vous adapterez votre condition physique (musculaire et cardio-vasculaire) pour qu'elle convienne à vos besoins. C'est un développement essentiel du « physique pour le but recherché ». Si votre but est de devenir un coureur cycliste de longues distances plus rapide, votre entraînement devra comprendre des sorties plus rapides et plus courtes, et pas seulement des longues distances à un rythme régulier. Les poursuiveurs sur piste travailleront leurs départs et les courtes distances à des vitesses bien supérieures à celles qu'ils peuvent espérer maintenir sur 4 000 m en course.

Les cyclistes de cyclo-cross et les vététistes auront besoin de perfectionner leur conduite, et même les spécialistes du contre-la-montre sur courte distance pourront tirer avantage d'entraînement à des cadences et des vitesses plus rapides et à des distances plus courtes que leurs distances de compétition.

Progression

Vos muscles, votre cœur et vos poumons (et votre dos) devront s'acclimater aux besoins du cyclisme pendant une certaine période de temps. Si vous en faites trop, et trop tôt, vous serez complètement épuisé et finirez surentraîné (voir page ci-contre). Si vous suivez le même entraînement toutes les semaines de l'année, vous plafonnerez au même niveau sans améliorer votre forme (voir « Variation », ci-dessous). C'est un problème que rencontrent beaucoup de coureurs amateurs, qui répètent leurs schémas d'entraînement année après année sans réussir à améliorer leurs performances. Vous devez varier votre entraînement et le faire progresser afin de tirer davantage de votre corps si vous voulez être en meilleure condition physique pour votre sport. Vous pouvez le faire en roulant plus souvent, pendant plus longtemps, ou en allant plus vite.

Variation

Faites tout le temps le même entraînement et vous serez probablement assez bon dans ce style de cyclisme — à condition de ne pas finir par vous surentraîner ou vous ennuyer à mourir —, mais vous aurez atteint un plafond et aurez un répertoire limité de compétences et de vitesse.

Peu de disciplines ne nécessitent qu'un seul style de cyclisme : les coureurs cyclistes sur route, les vététistes et les spécialistes du cyclo-cross auront besoin d'endurance pour tenir toute la durée de l'épreuve et devront être capables de grimper et de descendre, de sprinter, de virer et de rouler en peloton ; les cyclistes de tout-terrain auront besoin de compétences supplémentaires pour gérer le parcours ainsi que pour monter et descendre rapidement de leur vélo ; les cyclistes sur piste devront pouvoir accélérer et user de tactique ; même les coureurs de contre-la-montre devront pouvoir gérer des conditions climatiques et des terrains différents, et savoir doser leur rythme selon les différents parcours.

Pour devenir compétent, vous devez travailler tous les aspects que vous êtes susceptible de rencontrer dans votre discipline (voir chapitre 2). Vous pouvez varier votre entraînement en changeant de parcours, en incorporant des parties de route à votre parcours tout-terrain, en utilisant différents exercices pour perfectionner votre vitesse, votre endurance et vos compétences techniques. Changez la durée et l'intensité des séances aussi, et veillez à inclure des périodes de repos ou, au moins, des séances plus faciles de temps en temps.

Attendez-vous à travailler dur lorsque vous vous entraînez en surcharge...

Surcharge

La surcharge est nécessaire pour préparer votre corps à gérer les tensions et les besoins que vous allez lui faire subir. Quand Chris Boardman décrocha son record mondial de distance dans l'heure en 1996, son entraînement en surcharge fut de faire les trois semaines du Tour de France juste avant. Il arriva ensuite « au top de sa vitesse » après une courte période de récupération et six semaines d'entraînement rapide sur courte distance pour atteindre le niveau nécessaire.

Votre entraînement en surcharge pourrait être de faire des kilomètres ou un stage d'entraînement pendant une quinzaine de jours, et ce de 3 à 6 semaines avant une grande course par étapes ou un contre-la-montre de 12 heures. Vous devez prévoir assez de temps de repos pour récupérer de la surcharge afin de ne pas être fatigué au moment de l'épreuve ciblée.

Attention, la frontière est mince entre surcharge et surentraînement.

Surentraînement, repos et récupération

Toujours plus n'est pas toujours mieux. Si vous vous entraînez sans prendre assez de temps pour vous reposer et récupérer, vous vous épuiserez, et cela se soldera par de mauvaises performances. Le surentraînement est caractérisé par :

- des blessures chroniques ou des infections ;
- une fatigue et un sentiment d'effort inattendu pendant l'entraînement ;
- une baisse inexpliquée de performance ;
- des muscles lourds, raides ou douloureux ;
- une récupération lente ;
- une plus grande incidence des infections ;
- un sommeil perturbé ;
- des changements d'humeur ou de l'irritabilité ;
- une perte d'énergie, de motivation, de libido ou d'appétit.

Le surentraînement est étonnamment fréquent : il est facile de se mettre en tête que l'on doit en faire toujours plus pour s'améliorer et que les jours de repos sont des occasions perdues. Comme nous l'avons vu lorsque nous avons étudié les muscles (plus haut), il faut se reposer afin de se forger des fibres musculaires de meilleure qualité. Rappelez-vous par conséquent que le repos est un élément essentiel de votre programme d'entraînement et qu'il est aussi important que toute autre séance de votre planning.

Il existe un certain nombre de choses que vous pouvez faire pour éviter le surentraînement :

- veiller à absorber la quantité de glucides appropriée avant et pendant l'entraînement ;
- varier les intensités, les activités et les lieux d'entraînement ;
- réduire le stress psychologique ;
- réduire l'exposition à une chaleur excessive ;
- avoir un régime équilibré ;
- éviter les volumes d'entraînement excessifs ;
- contrôler la vitesse de progression de l'entraînement ;
- laisser un temps de récupération adéquat après chaque séance.

Plus tôt vous commencez à manger après l'exercice, plus vite vous referez le plein en glycogène musculaire et serez prêt pour l'activité suivante. Cherchez à manger dans les deux heures après l'exercice, les glucides étant absorbés à ce moment-là particulièrement vite.

Réversibilité

C'est l'extrême opposé du surentraînement. En d'autres termes « usez-les ou perdez-les ». Si vous arrêtez de vous entraîner, vous reviendrez à l'état où vous étiez avant l'entraînement. Vous perdrez la force, la vitesse, l'endurance et la souplesse ; en bref, vous perdrez ce que vous avez gagné en endurance aérobie en trois fois moins de temps qu'il ne vous en aura fallu pour l'acquérir, tandis que la force diminuera à un rythme plus lent. Même vos capacités techniques se dégraderont si vous ne les pratiquez pas. C'est une des raisons pour lesquelles les poursuiveurs, malgré la solide base d'endurance et de vitesse gagnée avec leur saison de courses sur route, passent un bon moment à travailler leur technique sur piste avant les grands championnats.

La réversibilité est une autre raison qui fait que les entraînements après un retour de vacances, après un arrêt ou après une blessure doivent commencer en douceur et progresser graduellement (voir « Progression », page ci-contre) pour aider les muscles et la psychomotricité à revenir à leur vitesse, plutôt que d'essayer de recommencer l'entraînement au niveau il a été quitté.

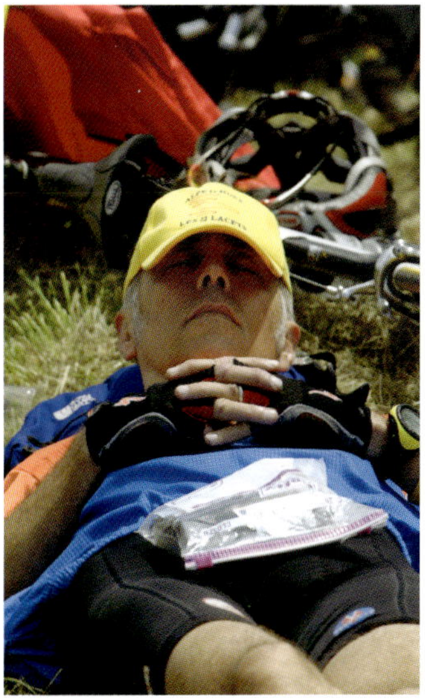

... mais veillez aussi à bien vous reposer.

4

Le choix des courses

Introduction

Les deux précédents chapitres vous ont permis d'analyser vos capacités et votre forme en vue de déterminer les disciplines qui vous convenaient le mieux. La suite logique consiste à examiner chacune d'elles en détail afin de savoir à quelles épreuves vous souhaitez participer. Nous allons donc maintenant étudier les différentes disciplines et passer en revue les épreuves qu'elles comportent. Si vous débutez dans le cyclisme, vous trouverez dans ce chapitre des repères pour vous s'orienter. Ceux qui ont passé ce stade et cherchent encore à se faire une place sur la scène sportive découvriront des conseils tactiques et stratégiques plus détaillés.

Si vous avez pris votre sport dans l'autre sens — autrement dit, si vous avez choisi une discipline avant de travailler les aptitudes physiques et les compétences requises —, prenez quelques minutes pour lire ce chapitre afin d'être bien sûr de savoir dans quoi vous vous engagez. Cela en vaut vraiment la peine.

Même si ce chapitre traite surtout de la compétition, tous les conseils proposés — peut-être à l'exception des stratégies — s'appliquent aussi à la pratique du vélo le week-end pour se détendre, que ce soit sur route, sur piste ou sur des sentiers. Le cyclisme est certainement l'un des sports dans lesquels on n'est jamais trop bien préparé.

Course sur route

Pour les loisirs ou pour la course, c'est sur route que le vélo est le plus pratiqué, pour la simple et bonne raison que les routes sont ouvertes à tous. Du fait de cette popularité, c'est la discipline cycliste la plus couverte par les médias, par la télévision en particulier, ce qui donne des épreuves gigantesques — comme le Tour de France — et conduit toujours plus de gens à la pratiquer.

On peut aussi bien souvent intégrer la pratique du vélo au quotidien, pour se rendre à l'école ou au travail, ce qui est une excellente façon de s'entraîner ou de rester en forme.

Les principales épreuves

La plupart des épreuves sur route sont des courses d'un jour, allant de 10 km pour les jeunes jusqu'à la catégorie junior à plus de 250 km pour certaines classiques réunissant les professionnels de toute l'Europe. Chez les adultes débutants, une course ne compte jamais plus de 50 à 60 km.

Les critériums se courent sur des petits circuits en centre-ville. Généralement, ils ne durent pas plus de 1 heure plus un tour. Les tours étant très courts, la capacité à gérer les virages est primordiale. Les sprints intermédiaires, et les primes, garantissent une allure soutenue. L'intéressant, c'est que l'on est jamais vraiment hors course, même quand on est dépassé par des coureurs plus rapides et plus expérimentés (les coureurs ayant plusieurs tours de retard peuvent toutefois être éliminés vers la fin de la course).

Les circuits sur route fermée présentent en général un bon revêtement et ont l'avantage d'être interdits aux voitures. Nombre d'entre eux sont conçus pour la course cycliste avec des courbes à grand rayon que l'on peut négocier très vite (alors que sur les circuits urbains, on peut avoir des virages à 90 degrés ou plus, avec des caniveaux et des bordures de trottoir, qui obligent à freiner puis à sprinter pour revenir dans le rythme). Les coureurs locaux ont l'avantage de pouvoir utiliser ces circuits pour s'entraîner, et ils s'y sentent en confiance car ils ont l'habitude d'y concourir (lors d'épreuves de club organisées les soirs d'été ou le week-end).

Les courses par étapes sont probablement les épreuves les plus populaires. Elles peuvent former une boucle, comme dans le Tour de France, le Tour d'Italie (*Giro d'Italia*) ou le Tour de Grande-Bretagne (*Tour of Britain*), ou se dérouler en étoile à partir d'un lieu précis. La plupart débutent par un contre-la-montre individuel (prologue), qui permet d'attribuer les dossards. D'autres contre-la-montre, individuels ou par équipe, sont parfois disputés plus tard dans l'épreuve. Le vainqueur est le coureur crédité du meilleur temps au classement général final, mais il existe d'autres classements : meilleur grimpeur, meilleur sprinteur, classement par points (récompensant la régularité dans les classements d'étape) et classements d'étape. Le travail d'équipe joue un grand rôle, les meilleurs étant aidés et protégés par leurs équipiers, afin qu'ils puissent gagner des prix, ensuite partagés entre tous les membres de l'équipe.

Principales courses dans le monde

Les trois grands Tours (Tour de France, Giro, Vuelta) sont les épreuves les plus populaires de la course sur route. Suit toute une série de courses par étapes moins longues : si le Critérium du Dauphiné et le Tour de Suisse sont des traditionnelles « mises en train » pour le Tour de France, le Paris-Nice (la « course au soleil »), souvent âprement disputé en début de saison, permet de voir qui s'est bien entraîné durant l'hiver.

CLASSIQUES

Une poignée de courses d'une journée disputées au printemps et à l'automne sont appelées « classiques » :

Classiques du Nord

- Het Volk : cette course ouvre traditionnellement la saison.
- Ghent-Welvelgem : elle ne fait pas partie de la Coupe du monde UCI, mais attire des concurrents sérieux car elle se déroule entre les deux prochaines épreuves citées.
- Tour des Flandres : il est connu pour ses « murs » impitoyables (montées brèves mais très raides) dans sa seconde partie.
- Paris-Roubaix : l'horrible « reine des classiques », surnommée « l'enfer du Nord », emprunte les pires routes du Nord de la France. Un grand nombre d'entre elles sont pavées, certaines de simples chemins fermiers, boueux et glissants sous la pluie ou étouffants par la poussière qu'ils dégagent par temps sec.

Parmi les autres classiques figurent Liège-Bastogne-Liège (« la doyenne », née en 1892), la Flèche wallonne, dans les Ardennes, et l'Amstel Gold, unique classique de Hollande. Disputée au printemps, Milan-San Remo est la course préférée des Italiens. La saison professionnelle se termine à l'automne avec Paris-Tours et le Tour de Lombardie.

En Grande-Bretagne, le Premier Calendar, compétition disputée sur toute la saison, regroupe les principales courses d'un jour : Archer Grand Prix, Lincoln Grand Prix et Tour of the Peak.

COURSES FÉMININES

Le calendrier féminin est moins ancré et plus court que celui des hommes. Le Tour féminin est une version abrégée du Tour de France, et le Giro d'Italia Femminile, l'équivalent du Giro. La troisième épreuve au calendrier féminin international est le Tour de l'Aude, course en dix étapes dans le Sud-Ouest de la France. Plusieurs classiques ont leur version féminine dans le cadre de la Coupe du Monde, disputée sur l'ensemble de la saison, comme chez les hommes. Enfin, il existe toute une série d'épreuves pour femmes aux États-Unis.

S'accrocher à la « bonne roue »... Greg Lemond, l'un des as de son époque, était un très bon poisson pilote.

Le départ

Les 20 premières minutes d'une épreuve sur route sont déterminantes. En adoptant la bonne stratégie, vous vous économiserez des efforts, vous apprécierez beaucoup plus la course et vous aurez peut-être même envie de recommencer.

Sachez qu'il est assez rare de gagner la première fois en raison du manque d'expérience, or c'est souvent l'une des raisons qui conduit bien des coureurs à abandonner après une seule épreuve. La première règle dans cette discipline, c'est d'être patient.

Les principes à connaître avant de se lancer dans une épreuve sur route, comme dans toute autre discipline, sont en premier lieu la sécurité et la vigilance. Les deux autres grands principes à maîtriser sont la course en peloton et la poursuite. Essayez de vous familiariser avec ces techniques avant de prendre le départ de votre première course et vous vous éviterez beaucoup d'efforts et de souffrances.

Sécurité

La sécurité est primordiale. Rouler sur route — même une route fermée à la circulation ou un circuit — peut être dangereux. Le commissaire de course informe à l'avance les coureurs de ce qui les attend sur le parcours. C'est lui qui dirige la course et signale les éventuels changements d'itinéraire, les virages dangereux... Ses consignes font autorité, alors soyez vigilant.

N'oubliez pas que vous êtes responsable vis-à-vis des autres coureurs. Bien sûr, ce sont vos adversaires, mais la sécurité est de l'intérêt de tous et rien ne justifie jamais de les mettre en danger pour une victoire. Au fur et à mesure de vos progrès, vous serez souvent entraîné dans le peloton, où vous aurez très peu de marge d'erreur car de nombreux coureurs évoluent très vite dans cet espace réduit. La sécurité du groupe passe alors avant tout.

Rester vigilant

Au départ, la plupart des coureurs sont nerveux et prêts à en découdre, il y a donc beaucoup d'attaques et de poursuites, accompagnées de grandes variations de rythme et d'une grande pagaille. Tous les départs sont différents, c'est pourquoi il n'est pas surprenant que la majorité des coureurs ne sachent comment réagir, et ce chaos généralisé plonge souvent les coureurs inexpérimentés dans la confusion et la panique.

Dans les premières minutes de la course, vous aurez peur en constatant combien le peloton peut rouler serré et vous resterez très concentré sur votre roue avant. Un tiers au moins du peloton semble alors avoir comme objectif principal de rester dans la course, et non plus de la gagner. Même si c'est facile à dire, restez calme : ainsi, vous sentirez mieux la course et vous serez plus en mesure de réagir ou même d'anticiper toutes les attaques, à l'intérieur comme à l'extérieur du peloton.

Rouler en groupe

Rouler à grande vitesse roue contre roue est bien l'aspect le plus attrayant et le plus intimidant de la course, mais, que l'on soit en tête ou non, il est toujours plus facile et plus agréable de rouler en groupe.

De nombreux coureurs n'ayant pas l'habitude de rouler en groupe tendent à exagérer leurs actions et à trop accélérer en atteignant la tête ou à vouloir emmener trop vite le peloton, manœuvres en grande partie inutiles et exigeant beaucoup d'efforts. Dans un relais sur deux files (par la droite), il suffit en effet que la file de droite remonte progressivement la file de gauche jusqu'à ce que le premier coureur puisse se décaler à gauche. Le dernier coureur de gauche se rabat alors à droite, et ainsi de suite.

Les problèmes se posent lorsque des coureurs cassent le rythme et roulent « perso » ou sans vraiment réfléchir, en démarrant trop vite ou en provoquant une cassure avec la file des coureurs qui les précèdent. Ceux-ci sont alors obligés d'accélérer pour combler les trous liés à l'accélération. Les cyclistes qui font cela n'ont vite plus beaucoup d'amis dans le peloton.

Lorsque vous commencez à rouler en groupe, le mieux est d'accepter votre inexpérience et de suivre les coureurs plus expérimentés autour de vous ; dans la plupart des cas, ils seront plus que ravis de vous guider dans la bonne direction.

Pour plus d'informations sur les compétences requises, reportez-vous au chapitre 2.

Donner un sens au chaos

Dans une épreuve amateur sans véritables équipes, le peloton reste généralement inorganisé du début à la fin. La structure et l'organisation dépendent de divers facteurs :

1. la direction et la force du vent ;
2. le nombre de coureurs prêts à coopérer ;
3. la taille globale du peloton ;
4. les compétences et l'expérience des coureurs.

Une fois les connaissances et l'expérience acquises, vous pouvez prendre les décisions appropriées et devenir le « chef de file » qui met de l'ordre dans le peloton, mais cela prend du temps. En attendant, mieux vaut « servir » d'autres coureurs plus expérimentés et les laisser vous guider.

À quel moment prendre le relais en tête de peloton ?

Le code de déontologie du cyclisme veut que chacun participe au train en tête d'un groupe, même si cela peut réduire vos chances de gagner ou même de terminer la course. Rien ne vous empêche de prendre un relais et de revenir confortablement au sein du peloton ; pour vos débuts toutefois, restez caché derrière les autres concurrents et à l'abri du vent. Ne cédez pas à la tentation de participer à l'action en tête, en lançant une attaque ou en établissant la jonction avec un groupe d'échappés. Vous aurez l'impression de « courir », mais vous ne ferez que réduire vos chances de succès, alors abstenez-vous.

C'est l'erreur classique des triathlètes, des vététistes et des coureurs de contre-la-montre qui viennent se frotter à la course sur route. Ils se placent en tête et montrent leur force pendant que tous les autres coureurs profitent de leur aspiration et attendent qu'ils se fatiguent. Si vous vous sentez fort, pourquoi perdre toute votre énergie ? Attendez votre heure, plus près de la ligne d'arrivée.

La poursuite

La plus grande difficulté sur le plan physique consiste à combler à plusieurs reprises les intervalles après s'être fait décrocher, ce qui conduit à « faire l'élastique ». À force, cela devient épuisant et de plus en plus difficile. L'élastique finit par casser. À l'arrière du

Les « bonnes roues »

Les coureurs expérimentés se placent en général à l'avant : roulant en confiance dans le premier tiers du peloton, ils semblent toujours être au bon endroit au bon moment. Observez-les avec attention et vous apprendrez vite. Si vous voulez être dans les « bonnes roues » vous-même...

- **Soyez relâché : fléchissez les bras et détendez les épaules.**
- **Roulez droit : les autres coureurs vous crieront de rester en ligne au moment de vous dépasser, surtout dans les courbes ; évitez alors tout écart.**
- **Avertissez : si vous crevez ou si vous voulez sortir du peloton, levez la main et glissez prudemment sur le côté ; ne vous arrêtez jamais devant tout le monde !**
- **Regardez devant vous : évitez de regarder derrière ou sur le côté pour ne pas vous déporter vers l'intérieur et risquer de mettre les autres en danger.**
- **Signalez vos intentions : le coureur derrière ne peut pas deviner que vous allez vous écarter, alors faites un signe de la main et de la voix.**
- **Évitez de sauter dans les trous : ne mettez pas les autres en danger, attendez des occasions plus sûres.**

Restez près des autres coureurs et évitez de « faire l'élastique », au risque d'être distancé et de ne plus pouvoir recoller au peloton.

peloton, vous ferez bien plus d'efforts qu'un coureur placé dans les dix premiers. Une fois que vous serez parvenu à vous maintenir en queue de peloton, essayez de remonter aussitôt que possible.

En restant à l'arrière, vous risquez de sortir de la course pour trois raisons...

1. Vous devrez faire des efforts plus importants et plus fréquents pour rattraper le peloton après les virages ou les accélérations.
2. Vous risquez beaucoup plus d'être pris dans un accrochage, une chute.
3. La course se passe loin à l'avant : vous ratez alors toutes les attaques et ce qui fait l'attrait de la compétition.

L'erreur de poursuite du « bon élève »

Lorsqu'un écart se creuse, il est fréquent de voir deux ou trois coureurs pourchasser systématiquement les fuyards. Souvent, ils ne savent pas pourquoi et ils agissent comme s'ils obéissaient à un réflexe conditionné, c'est plus fort qu'eux... Les échappés sont repris et coupent leur effort. C'est inutile et terriblement frustrant pour des attaquants qui tentent de creuser l'écart ou s'échinent à le maintenir. Une fois la jonction effectuée, il peut y avoir une autre tentative d'échappée, et le manège continue jusqu'à ce que les plus combatifs soient épuisés, leurs attaques muselées, et que le peloton soit encore au complet pour un sprint massif à l'arrivée.

Ce scénario, typique chez les débutants, peut rendre une course stérile. Vous noterez qu'il est rare de voir les professionnels combler immédiatement un écart. Souvent, ils laissent les choses se développer et, si l'une des équipes veut que l'échappée réussisse, elle verrouille la course ou envoie l'un de ses coureurs à l'avant. Tout cela est prévu ou décidé en course par le leader de l'équipe. Les équipes poursuivantes sont généralement celles qui n'ont pas d'équipiers dans l'échappée ou qui ont les plus forts sprinters et misent sur un sprint massif. Les hommes forts s'aventurent rarement dans les premières échappées, ils économisent leurs jambes pour la fin de la course.

Tout cela est intéressant à savoir pour un débutant. Nombreux sont les coureurs qui n'auront pas lu ce livre et qui se feront un plaisir d'effectuer le travail difficile durant la course, pensant qu'ils sont les dignes héritiers de Lance Armstrong ou de Tom Boonen. Profitez de l'aubaine et laissez-les s'éreinter : vous aurez ainsi moins de concurrents dans la dernière partie de course.

Progression

Une fois que vous aurez quelques courses à votre actif, vous pourrez évoluer dans votre approche et passer du désir de « finir tout court » à celui de « finir classé ». Vous pourrez plus vous mêler aux attaques et avancer dans le classement. Vous serez alors surpris de voir que cela rend la course plus facile et non plus difficile.

Si les stratégies de course sont très nombreuses — cela ressemble aux échecs, mais avec beaucoup plus de joueurs —, deux points essentiels méritent une attention toute particulière, à savoir l'organisation tactique et l'attaque.

Tactique

La tactique est une combinaison de stratégies d'anticipation et de réaction. Alors que les premières sont planifiées avant l'épreuve, les secondes sont élaborées en fonction même de son évolution.

En course, vous devrez vous poser plusieurs questions...

- Qui est en forme ?
- Qui aime bien faire le travail sans rechigner ?
- Qui est combatif mais faible dans les échappées ?
- Qui aime bien sucer les roues ?
- Qui semble avoir le plus d'expérience ?

L'essentiel consiste à réunir des informations : vous pourrez les utiliser durant cette épreuve, mais aussi dans d'autres courses, toujours contre les mêmes coureurs et les mêmes équipes. Cela vous aidera à rester concentré et vous évitera de penser aux jambes qui vous brûlent.

Une fois la course terminée, posez-vous les questions suivantes...

- Qu'est-il arrivé aux principaux acteurs durant la course ?
- À quelle place ces coureurs ont-ils terminé ?
- Quelles sont les qualités dont dispose le gagnant et pas moi ?

Exploitez les informations glanées en course. La prochaine fois, suivez les coureurs expérimentés et évitez les coureurs moins confiants (et plus susceptibles de se faire piéger au mauvais endroit ou, pire encore, d'être pris dans une chute ou même de la provoquer). Parfois, des coureurs à l'attaque peuvent prendre quelques mètres, et d'autres coureurs (trop) enthousiastes faire avorter ces échappées précoces. Dans ce cas, c'est que les fuyards des premières échappées ne sont pas assez déterminés ou n'ont tout simplement pas les jambes nécessaires.

Essayez d'identifier les coureurs les plus forts et ceux qui souhaitent simplement terminer la course, cela vous permettra d'élaborer une stratégie pour la suite de la compétition. Les grands débutants ont tendance à se laisser glisser à l'arrière du peloton, où tout semble plus calme et moins déroutant. Cette tactique pourrait bien être votre première erreur...

L'échappée solitaire exige un effort énorme, car il est très difficile de maintenir à distance un peloton lancé à vive allure.

L'attaque

L'attaque, l'escalade et le sprint ont bien des choses en commun. Ainsi, les bons grimpeurs font souvent de bons sprinters, car ces disciplines exigent toutes deux de l'explosivité dans l'effort. Pour plus de détails sur les compétences requises et les capacités physiques nécessaires, reportez-vous aux chapitres 2 et 3.

Les pistards apprennent automatiquement les techniques appropriées au sprint, discipline à la fois intimidante, épuisante et tactique. Aussi, si vous avez des difficultés à bien finir le dernier kilomètre en peloton, passez à la piste, vous apprendrez très vite à mieux sprinter, comme Mario Cipollini, Eric Zabel ou Tom Boonen.

Attaquez franchement ; avec un bon timing, l'écart se creuse assez vite.

Pour l'essentiel, vous devez savoir :

- comment vous placer pour attaquer ;
- quand attaquer ;
- où attaquer ;
- comment attaquer.

Remonter le peloton

Lorsque vous aurez quelques courses à votre actif, vous devrez apprendre à remonter le peloton rapidement et sans à-coups. C'est le plus difficile. Sur route ouverte, vous devrez aussi être attentif à la circulation et aux autres usagers.

Considérez le peloton comme une nuée d'oiseaux, avec des parties fluides et d'autres plus rigides. Les parties fluides sont généralement situées sur les côtés. Comme dans une nuée d'oiseaux, des coureurs glissent sur les flancs du peloton et tentent en permanence d'accrocher les files qui se forment pour rejoindre la tête. Une fois à l'avant, vous pouvez lentement vous laisser redescendre ou bien conserver votre place ; le peloton est ainsi en permanence le siège de mouvements de flux et de reflux. Pour attaquer, il faut rester devant et rejoindre la partie solide du peloton afin d'observer tranquillement — comme Armstrong — la course devant vous.

Pour conserver leur position durant le Tour de France, les leaders utilisent leurs équipiers, qui jouent les porteurs d'eau, surveillent les échappées, bouchent les gros écarts et « font la police » pour protéger leur leader des attaques et des suceurs de roues. Même si le leader doit veiller à conserver sa position, c'est malgré tout plus facile pour lui car c'est la seule chose à laquelle il a alors à penser.

Une fois l'écart creusé, évaluez la situation : est-ce que l'on a décidé de vous laisser partir seul ou est-ce qu'un groupe s'est formé pour vous rattraper ?

Quand placer une attaque

La plupart des attaques sont placées lors d'un ralentissement, lorsque des échappés viennent d'être rattrapés, après un tour au sprint ou lorsqu'un costaud vient d'obtenir un bon de sortie. Elles surviennent toutes au moment où les coureurs profitent d'un répit pour reprendre un peu leur souffle. Certains cyclistes attaquent inlassablement après l'échec d'une précédente attaque, ce qui est une bonne tactique lorsqu'ils se sentent en jambes. Le peloton finit par abdiquer et les laisser partir.

Où placer une attaque

Il n'y a pas vraiment de règles, mais une côte est un endroit sûr. Même s'il semble un peu stupide (et c'est souvent le cas) d'attaquer contre le vent, cela peut marcher. Une échappée solitaire une journée de grand vent n'a toutefois que peu de chances de réussir, aussi, si vous n'arrivez pas à convaincre vos équipiers de quitter le confort du peloton, mieux vaut vous abstenir.

Vous pouvez gagner une course en attaquant dans un virage glissant qui fait peur aux autres coureurs ou bien dans une portion de descente. L'essentiel est de bien étudier l'endroit où vous voulez creuser l'écart, et de vous tenir prêt au moment choisi.

Le choix du « lieu » est une affaire de tactique : il faut connaître ses forces, ainsi que le parcours et, si possible, ses rivaux.

Comment placer une attaque

La réponse est simple : foncez ! Évitez de vous retournez et de ralentir avant d'avoir creusé un écart suffisant. Pédalez de toutes vos forces — vous en aurez besoin — pour réussir votre attaque. Relâchez légèrement votre effort lorsque l'écart est fait. Le piège à éviter est de ne pas tout donner au démarrage, car les attaques tièdes sont inutiles et vouées à l'échec. Une fois que vous avez placé un démarrage, accélérez aussi vite que possible et donnez-vous à 100 % pendant au moins 500 m, voire 1 km. Ensuite, jetez un regard derrière vous : si personne n'a réagi, continuez ; si deux ou trois coureurs ont répondu, relâchez très légèrement votre effort et laissez-les vous rejoindre. Une échappée à plusieurs est toujours plus efficace et a beaucoup plus de chances d'aboutir.

Course sur piste

Cette discipline est paradoxale, car elle est la forme de course à la fois la plus simple et la plus complexe. Les vélos sont rudimentaires et la course est aussi en partie très simple : dans la poursuite comme dans le sprint, le premier qui passe la ligne est déclaré vainqueur. Dans certaines épreuves, comme la course à l'américaine, la course aux points et la course par élimination, les règles et les tactiques peuvent toutefois être compliquées.

Une fois que l'on a goûté à la course sur piste, on regrette de ne pas l'avoir fait avant. C'est un excellent exercice, grisant et très amusant.

Les principales épreuves

La course sur piste est divisée en deux grandes catégories : l'endurance et le sprint. Un mythe court à propos des pistards, à savoir qu'ils sont tous gros et costauds, avec d'énormes cuisses, et qu'ils ne s'intéressent qu'à la puissance. Certains aiment la salle de musculation (peut-être un petit peu trop), mais la plupart des coureurs d'endurance courent aussi sur route. Une chose est sûre, les bons pistards font d'excellents routiers, car ils ont un sens inné de la vitesse et de la tactique.

Le kilomètre contre-la-montre

Le principe de l'épreuve est on ne peut plus simple : les coureurs s'affrontent en duel et prennent le départ « arrêté », les vélos étant retenus dans la grille de départ. Ensuite, ils effectuent quatre tours de piste (250 m) aussi vite que possible. Pour les femmes, la course est réduite à 500 m.

Si 1 min 10 s constitue un bon temps de référence chez les hommes, il est de moins de 40 secondes chez les femmes.

Le sprint est une course tactique, déconseillée aux plus timorés.

Records du monde — course contre la montre

Le record actuel sur le kilomètre, avec un temps de 58,875 s, a été établi par le Français Arnaud Tournant en 2001. L'Australienne Anna Meares a écrasé le 500 m femmes aux JO de 2004 dans un temps fabuleux de 33,952 s.

Principales capacités requises : départ rapide, bonne position aérodynamique et excellent finish sans faiblir.

Sprint

Cette épreuve est un peu plus difficile à suivre. Dans les grandes compétitions, un contre-la-montre de 200 m détermine les seize coureurs les plus rapides. L'épreuve se déroule ensuite par matchs successifs. À l'issue des séries et des repêchages, huit coureurs sont retenus. À partir des quarts de finale, chaque épreuve comporte deux séries (ou trois si nécessaire). Les perdants des quarts de finale effectuent un sprint à quatre pour établir le classement de la cinquième à la huitième place. Dans les championnats du monde et aux JO, les deux gagnants des demi-finales s'affrontent pour la première et la deuxième place, alors que les deux perdants s'opposent pour la troisième et la quatrième place.

Records du monde — sprint

Le record du sprint sur 200 m est détenu par le Canadien Curt Harnett en 9,865 s (1995). Le record féminin appartient à la Russe Olga Slioussareva en 10,831 s (1993).

La course scratch reprend plusieurs tactiques des routiers, notamment le lancement du sprint par les équipiers.

Principales capacités requises : le sens du placement, l'équilibre et la technique du surplace (pour réagir à la première « attaque »), du sang-froid pour le contrôle à grande vitesse, des bras et un buste puissants, et une tactique tranchante et explosive.

Course scratch

En gros, c'est une course sur route disputée sur un vélodrome (10 km, 15 km, 20 km ou 25 km). Les spécialistes de la piste capables de rester dans un peloton ultrarapide peuvent s'y distinguer. Ceux qui ont un moins bon finish tentent des échappées, ce qui peut changer la physionomie de la course à cause des poursuites pour ramener les fuyards dans le peloton.

Principales capacités requises : endurance, bon sprint final, sens de l'attaque pour réagir aux échappées ou les déclencher.

Poursuite individuelle

C'est une épreuve de sprint pour coureurs d'endurance. Les qualifications désignent les huit coureurs les plus rapides sur 4 km (hommes) et sur 3 km (femmes et juniors). Ces coureurs sont opposés en duel selon les temps réalisés, et les vainqueurs s'affrontent en finale. Le secret consiste à aller assez vite pour se qualifier tout en en gardant sous la pédale pour le tour de qualification suivant. Les coureurs ayant réalisé les deux meilleurs temps s'affrontent pour la première place, les deux autres se disputent la troisième place, ce qui évite les fins de parcours en roue libre dans les tours de qualification. Les coureurs partent des deux côtés de la piste (ligne droite d'arrivée et ligne droite opposée).

Records du monde — poursuite individuelle

Le record du monde est détenu par le Britannique Chris Boardman avec un temps de 4 min 11,114 s (1996) chez les hommes et par la Néo-Zélandaise Sarah Ulmer en 3 min 24,537 s (JO de 2004) chez les femmes. L'Australien Michael Ford détient le record en catégorie junior, avec un temps de 3 min 17,775 s (2004).

Principales capacités requises : bon démarrage, vitesse de croisière élevée, respect des temps de passage et bonne évaluation des efforts nécessaires.

Course aux points

Les coureurs peuvent gagner des points lors des sprints intermédiaires ou du sprint final, ou en « prenant » des tours sur le peloton. Lors des sprints intermédiaires, tous les dix tours, les points sont attribués comme suit :

- 5 points au premier ;
- 3 points au deuxième ;
- 2 points au troisième ;
- 1 point au quatrième.

En outre, le coureur qui réussit à prendre un tour sur le peloton gagne 20 points.

Dans les grandes compétitions, les coureurs couvrent 40 km (160 tours). Certains ont des tours d'avance alors que d'autres essaient d'en prendre, aussi la course est-elle assez déroutante, et le classement pas toujours évident à établir.

Principales capacités requises : puissance au sprint, bonne vitesse de jambes, endurance pour attaquer et prendre des tours, concentration et sens tactique.

La course aux points exige puissance au sprint et endurance.

Dans la course à l'américaine, la prise de relais est risquée mais spectaculaire !

Course à l'américaine

Aussi appelée « Madison » (car née au Madison Square Garden, à New York), c'est la version américaine des Six Jours en Europe.

Cette course souvent déroutante exige beaucoup d'attention de la part du public, mais peut s'avérer l'une des épreuves cyclistes les plus passionnantes. Des équipes de deux coureurs s'affrontent sur 50 km (200 tours), ponctués de nombreux sprints intermédiaires. Alors que les coureurs « au repos » naviguent au-dessus de la ligne bleue des stayers, les autres s'affrontent en dessous d'eux. Pour remettre ces coureurs en course, les relais s'effectuent à la volée, « main dans la main » : le coureur lancé enroule littéralement la main du coureur au repos dans la sienne pour le tirer et le lancer dans la course à toute vitesse (ce qui lui fait perdre la sienne).

Les équipes peuvent prendre des tours au peloton. Celles qui ont parcouru le même nombre de tours en tout sont classées d'après leur nombre de points. En cas d'égalité en nombre de tours et de points, c'est le nombre de sprints gagnés qui décide du résultat final. Les points sont distribués comme dans la course aux points (voir page 99).

À ses moments les plus forts, cette épreuve est palpitante et, lorsqu'elle est courue dans les règles de l'art, les prouesses affichées défient l'imagination. Les coureurs d'une même équipe doivent respecter une chorégraphie bien réglée pour ne pas se heurter, sachant qu'une moitié des concurrents accélèrent alors que les autres ralentissent.

Principales capacités requises : beaucoup de pratique pour les relais main à main, endurance, sens tactique, positionnement dans l'espace et expérience.

Course par élimination

Cette course est elle aussi assez étrange, surtout pour les spectateurs assistant pour la première fois à des épreuves sur piste. Elle est généralement courue sur 30 à 50 tours, selon la longueur de la piste. À chaque tour, le dernier du peloton est éliminé par les juges, ce qui donne à chaque fois un sprint à l'arrière pour éviter l'élimination. La course continue jusqu'à ce qu'il reste six (parfois jusqu'à deux) coureurs en lice, qui doivent alors accomplir encore quelques tours pour se départager. L'épreuve est plaisante pour les coureurs, insensée pour les spectateurs et délicate pour les juges.

Principales capacités requises : positionnement dans l'espace, aptitudes à la piste, bonne accélération et bon sprint lorsque c'est nécessaire.

Poursuite par équipe

Deux équipes de quatre coureurs s'affrontent sur 4 km, l'une partant du milieu de la ligne droite d'arrivée et l'autre du milieu de la ligne opposée. L'équipe gagnante est celle qui rattrape l'autre ou qui réalise le meilleur temps, enregistré au moment où la roue avant du troisième équipier passe la ligne. Les séries qualificatives désignent les huit meilleures équipes sur la base des temps réalisés. Les quatre équipes gagnantes de ce premier tour s'affrontent en finale. Les équipes ayant réalisé les deux meilleurs temps se disputent la première place, les deux autres concourent pour le gain de la troisième place.

Records du monde — vitesse par équipe (vitesse olympique)

Les Français dominent la discipline avec dix titres sur un total de seize disputés depuis la création de l'épreuve, en 1995.

Principales capacités requises : capacité à rouler serré et grande maîtrise lors des relais ; les membres d'une même équipe doivent être bien assortis et faire preuve de beaucoup d'endurance.

Vitesse par équipe (ou vitesse olympique)

Les coureurs expérimentés montent facilement à 60 km/h, et tout se joue en moins de 45 secondes. Deux équipes de trois coureurs s'affrontent sur 3 tours. Après un premier tour ensemble, le coureur de tête s'écarte. Après le deuxième tour, le premier des deux coureurs restants de l'équipe s'écarte à son tour et laisse son équipier terminer le dernier tour. Les séries qualificatives désignent les huit meilleures équipes au temps. Les quatre équipes gagnantes de ce premier tour s'affrontent en finale.

Les deux équipes créditées des meilleurs temps se disputent la première place, les deux autres concourent pour le gain de la troisième place.

Records du monde — poursuite par équipe

Le record du monde est détenu par l'Australie dans le temps incroyable de 3 min 56,610 s aux JO de 2004.

Principales capacités requises : vitesse pure, capacité à rouler serré et grande maîtrise dans les relais ; les membres d'une même équipe doivent être bien assortis et puissants. Le départ arrêté exige également un certain talent.

Lorsque le derny s'écarte, la course peut commencer !

Keirin

Ressemblant un peu à une course de carambolage (sans voitures ni carambolage, bien sûr), ce sport inventé au Japon sert de support à des paris. *Keirin* se traduit par « lutte », et il n'est assurément pas pour les timorés. Après un certain nombre de tours derrière un derny (entraîneur à moto), les concurrents s'opposent au sprint. L'entraîneur commence à 30 km/h et accélère progressivement jusqu'à plus de 50 km/h, puis quitte la piste 600 à 700 m avant la fin. Les vingt et un concurrents, placés par tirage au sort, s'affrontent dans trois éliminatoires de sept coureurs au premier tour, puis deux éliminatoires de six coureurs au deuxième tour. Les trois vainqueurs de chaque série de ce deuxième tour s'affrontent en finale pour les places un à six, alors que les autres se disputent les places sept à douze.

Le but est de rouler près de la roue du derny, pour mieux se protéger du vent et pour contrôler la course lorsqu'il s'est écarté. Disons que presque tout est permis. Les concurrents, qui ne lâchent pas une seule fois leur guidon, jouent des épaules, des coudes et du casque pour s'arroger la meilleure position en vue du sprint final. Même si les juges sanctionnent souvent les écarts dangereux et les tactiques déloyales, c'est une épreuve fabuleuse à observer !

Principales capacités requises : nerfs d'acier, un peu d'endurance et capacité à suivre une cadence élevée, à rouler contre le rouleau à l'arrière du keirin et à sprinter de manière explosive.

Record de l'heure

De nombreux grands noms du cyclisme se sont attaqués à ce prix d'excellence du cyclisme sur piste, comme Jacques Anquetil, Fausto Coppi, Eddy Merckx et Francesco Moser, pour n'en citer que quelques-unes. L'épreuve est simple : elle consiste à parcourir sur la piste le plus grand nombre possible de kilomètres en 1 heure.

Henri Desgrange, fondateur du Tour de France, a établi le premier record en 1893 avec 35,325 km. Le « record absolu de l'heure » est détenu depuis 1996 par Chris Boardman avec 56,375 km. L'UCI (Union cycliste internationale) s'est ensuite préoccupée de l'évolution technique de l'épreuve et a décidé qu'il fallait limiter l'aide technique apportée par les équipements aérodynamiques.

Pour l'essentiel, l'UCI est revenue aux spécifications techniques du vélo utilisé (pédales exceptées) en 1972 par le grand Eddy Merckx pour son record en altitude à Mexico (49,432 km). Merckx redevient un temps titulaire du trophée, qu'il perd en 2000 à nouveau au profit de Chris Boardman, lequel parcourt à peine 10 m de plus que le « Cannibale ».

En 2005, le Tchèque Ondrej Sosenka bat ce record avec 49,700 km. Le record féminin est détenu depuis 2000 par Jeannie Longo-Ciprelli, avec 45,094 km.

Principales capacités requises : énormes capacités cardio-vasculaires alliées à l'aptitude à supporter la souffrance et à une grande souplesse de pédalage. C'est une discipline parfaite pour les spécialistes du contre-la-montre et les poursuiteurs.

Notez l'inclinaison de la piste et les différentes lignes de couleur.

Le départ

Lorsque vous prendrez la piste pour la première fois, vous devrez faire attention à plusieurs choses, à commencer par la piste.

La piste

Les pistes sont couvertes ou découvertes. Les premières, souvent en bois, font 250 m de long. Les secondes, en béton ou en bitume, sont en général plus larges, avec des virages moins relevés ; elles sont donc mieux adaptées aux pelotons plus fournis. Les vélodromes proposent des séances sans rendez-vous pour pédaler à son rythme, sous l'œil attentif d'un moniteur. Dès que vous vous sentez assez en confiance pour la compétition, vous pouvez prendre part aux rencontres interassociations.

Sur une piste couverte, une ligne bleue romantiquement surnommée « Côte d'Azur » longe le bas de la piste ; c'est elle que vous suivrez à vos débuts. Vous apprendrez à sentir le revêtement en bois de la piste, à vous habituer au pignon fixe et à vous sentir bien sur le vélo sous la supervision d'un moniteur. Avec le temps, vous pourrez vous enhardir sur les plans inclinés et revenir vers la ligne bleue dans les virages, et aussi prendre de la vitesse. Vous finirez par atteindre la ligne de mesure noire pour aborder la piste de course. La plupart des coureurs tournent seuls pendant environ 1 heure, pour s'entraîner ensuite en groupe.

Les forces sont avec vous

Les virages relevés permettent d'atteindre de grandes vitesses sans se déporter. Diverses forces aident le coureur à rester droit sur la piste. La gravité le pousse vers le bas de la piste, et la force de réaction de cette dernière applique une force inverse sur le vélo. Si les bords n'étaient pas relevés, le coureur déraperait à cause des forces inégales s'appliquant sur les roues. Les plans inclinés vous aident donc à rouler plus vite et plus sûrement. Vous pouvez les utiliser pour accélérer à des fins tactiques ou pour ralentir. Globalement, la course sur piste est donc bien moins dangereuse que le cyclisme sur route ou le vélo de montagne.

L'inclinaison est toujours régulière jusqu'au sommet de la piste, même si elle varie entre les lignes droites, les zones de transition et les virages. Bien sûr, on est plus haut quand on se trouve sur le sommet de l'anneau que quand on roule sur le plat, mais l'adhérence des roues reste la même et l'angle du vélo avec la piste est identique.

Entraînement sur piste

La piste est le meilleur endroit pour un entraînement intensif, quelle que soit votre discipline. Une séance de 2 bonnes heures permet d'effectuer des exercices très bénéfiques sous la direction d'un entraîneur qui vous conseillera. Les vélos à pignon fixe permettent d'améliorer nettement la technique de pédalage.

Obligatoire sur la piste, le pignon fixe est un excellent moyen d'améliorer la souplesse de pédalage.

Conduite d'un vélo à pignon fixe

Les vélos de piste disposent d'un pignon fixe (et non d'une roue libre comme les vélos de route ou de montagne) qui oblige le coureur à pédaler tout le temps. Ce n'est pas aussi difficile qu'il y paraît, et l'instinct commande naturellement de tourner les jambes sans s'arrêter, pour conserver l'élan acquis et pour garder l'équilibre. On s'y habitue très vite et, si l'on oublie de pédaler, la petite « impulsion » provenant des pédales suffit à rappeler qu'il faut continuer à tourner les jambes.

Je n'ai pas de freins !

Le fait de monter dans les virages allonge le tour et vous ralentit par rapport aux autres membres du groupe. Dans un groupe de coureurs évoluant en formation serrée, le moindre coup de frein conduirait au carnage. En relâchant la pression sur les pédales — et même en appuyant légèrement vers l'arrière — ou en vous élevant, vous ralentissez très progressivement, sans vraiment quitter les roues des autres coureurs.

Vous serez étonné d'acquérir une sorte de sixième sens vous permettant de réguler votre vitesse ainsi que des automatismes pour conserver un coup de pédale souple et en arrondi.

Pour mieux contrôler le vélo, il faut commencer par se décontracter au niveau des épaules et éviter d'agripper le guidon trop fermement.

Progression

Le meilleur conseil à donner aux coureurs plus expérimentés qui veulent encore progresser, c'est de réserver assez de temps à l'entraînement et à la compétition sur piste avec un entraîneur qui tienne compte de leurs capacités et de leur ambition personnelle.

Voici quelques points à conserver à l'esprit quand vous êtes sur la piste...

- Ne vous polarisez pas sur la roue du coureur qui vous précède ; regardez plus loin devant vous, cela vous permettra de garder la tête droite et de voir ce qui se passe sur la piste.
- Conserver un bon rythme est essentiel pour rester dans la partie haute des virages : si vous ralentissez, vous êtes entraîné vers le bas de la piste par la gravité et risquez de déraper.
- Regardez vers l'endroit où vous souhaitez aller, vers le haut du dévers et du virage plutôt que vers le bas, vous éviterez ainsi de sortir de la piste.
- Regardez par-dessus votre épaule pour changer de direction en toute sécurité.
- Veillez à bien maintenir la pression sur les pédales dans la partie relevée des virages.
- Suivez les consignes de l'entraîneur ; faites ce qu'il vous dit et tout ira bien.

Courses contre-la-montre (CLM)

Ces courses sont probablement les plus accessibles pour la majorité des coureurs britanniques. De nombreux clubs organisent des courses accueillant des coureurs d'autres régions. Disputés le dimanche matin ou le soir en semaine, les contre-la-montre se courent sur 16 et 40 km.

Les clubs organisent aussi des épreuves « ouvertes » de 16 à 160 km, et un petit nombre d'entre eux patronnent des courses sur 12 et 24 heures en seconde partie de saison. Des courses « associatives » pour affiliés sont également organisées. Les épreuves « sportives » en terrain vallonné tendent à se multiplier. Organisée par le British Cycling (Fédération du sport cycliste) et le Cycling Time Trials (Organisation des courses cyclistes de CLM), le British Time Trial Championship (BTTC) réunit des coureurs sur des distances atypiques et vallonnées, un peu comme les contre-la-montre d'Europe continentale.

Le contre-la-montre est une épreuve solitaire. Pour une majorité de coureurs, l'essentiel est de battre son meilleur temps — même s'il varie beaucoup selon l'état de la route, la circulation et la météo — ou un ami (rival) de club. On peut préférer d'autres disciplines, mais le contre-la-montre reste un excellent moyen de tester sa forme. Cela vaut la peine d'en disputer quelques-uns durant la saison pour tirer un bilan.

Les principales épreuves

Les courses sur 16 et 40 km forment l'essentiel des contre-la-montre, raison pour laquelle c'est à travers elles que la plupart des coureurs s'initient au cyclisme de compétition. Tout coureur de plus de 12 ans peut participer à une telle épreuve sur route ouverte.

Les meilleurs réalisent des temps légèrement supérieurs, voire inférieurs, à 20 minutes sur 16 km et 50 minutes sur 40 km (soit 48 km/h). Pour un cycliste moyen, des temps de 24 minutes et de 60 minutes (soit 40 km/h) sont des objectifs de loin plus raisonnables.

Les contre-la-montre par équipe sont populaires, souvent en début de saison, avec deux ou trois équipiers (duos et trios), parfois quatre. Dans le Tour de France, les équipes complètes de neuf coureurs qui s'opposent offrent un spectacle très impressionnant, les coureurs pédalant à l'unisson comme une puissante locomotive.

Les records

Les records mondiaux suivants donnent une idée des temps des professionnels.

HOMMES

Distance (ou durée) de l'épreuve	*Coureur*	*Temps réalisé (ou distance effectuée)*	*Année du record*
16 km	Stuart Dangerfield	18 min 19 s	2001
40 km	Chris Boardman, MBE	45 min 57 s	1993
80 km	Kevin Dawson	1 h 37 min 21 s	1997
160 km	Kevin Dawson	3 h 22 min 45 s	2003
12 heures	Andy Wilkinson	483,13 km	1996
24 heures	Andy Wilkinson	844,83 km	1997

FEMMES

Distance (ou durée) de l'épreuve	*Coureuse*	*Temps réalisé (ou distance effectuée)*	*Année du record*
16 km	Maxine Johnson	20 min 38 s	1993
40 km	Yvonne McGregor	51 min 50 s	1996
80 km	Jill Reames	1 h 47 min 48 s	1997
160 km	Jenny Derham	3 h 53 min 4 s	1996
12 heures	Beryl Burton, MBE	446,09 km	1967
24 heures	Christine Roberts	742,47 km	1993

Principales capacités requises
Les capacités requises dépendent de la distance et de la durée du contre-la-montre.

- De 16 à 40 km : échauffement complet, départ rapide, effort total proche du seuil anaérobie, conservation de la position aérodynamique.
- De 80 à 160 km : bon échauffement, appréciation de la régularité du rythme, endurance aérobie.
- De 12 à 24 heures : force mentale, estimation de la régularité du rythme, endurance aérobie.
- Contre-la-montre par équipe : échauffement complet, appréciation du rythme pour rouler très près derrière le coureur de tête, effort aérobie à la frontière du seuil anaérobie.

Le casque aérodynamique s'impose uniquement pour les non-débutants qui veulent décrocher le meilleur des chronos.

Débuts
Ne vous inquiétez pas du temps réalisé à vos débuts dans le contre-la-montre. Toute vitesse supérieure à 20 km/h « réguliers » est considérée honorable : c'est votre meilleure performance, et il s'agit de l'améliorer lors de votre prochaine tentative.

Épreuves courtes
Pour les épreuves courtes — en dessous de 1 heure —, l'échauffement est primordial. À moins de se rendre à vélo sur le lieu de l'épreuve, prévoyez 1 heure de préparation pour signer la feuille d'engagement, prendre votre dossard, enfiler votre combinaison, passer aux toilettes (il y a souvent la queue), vous échauffer et rejoindre la ligne de départ.

Les coureurs se présentent au chronométreur et attendent l'appel de leur numéro. L'idéal est d'arriver moins de 1 minute avant le départ, de respirer profondément, encore légèrement transpirant après l'échauffement, prêt à partir. Certains font la queue durant 3 à 4 minutes avant de passer. Cela permet à ceux qui suivent d'estimer le temps qu'il leur reste pour s'échauffer, mais il vaut mieux continuer de forcer très légèrement sur la route plutôt que de rester sans bouger sur le vélo et de laisser ses muscles se refroidir. Veillez à ne pas faire des demi-tours sur la route dans le champ de vision du tremplin de départ, vous pourriez vous faire disqualifier.

Vous serez conduit sur la ligne de départ par un « pousseur ». C'est le moment de vous préparer mentalement à l'épreuve.

Vérifiez que la chaîne est bien sur le grand plateau et l'un des plus gros pignons pour lancer votre effort. Vous devrez rapidement prendre de la vitesse, sans toutefois exagérer. Vous pourrez passer quelques vitesses et, après 2 à 3 minutes, vous devriez être dans le rythme, dans une bonne position aérodynamique.

La clé du succès dans un contre-la-montre, c'est de produire un effort régulier sur toute la distance de l'épreuve. Si vous avez un cardiofréquencemètre (CFM), essayez de conserver la même fréquence cardiaque après avoir stabilisé votre effort.

Si vous le pouvez, augmentez votre rythme dans les derniers kilomètres. Vous devriez passer la ligne d'arrivée complètement vidé.

Hydratation

Pour les épreuves de plus de 16 km, emportez à boire. Le plus souvent, un bidon de 50 cl par heure suffit. Pour les courses de 160 km, essayez de trouver quelqu'un pour vous passer d'autres boissons ; sinon, vous devrez vous contenter de deux bidons de 75 cl, et espérer qu'il ne fasse pas trop chaud ou que les organisateurs distribuent des boissons sur le parcours.

Positionnement du guidon

Pour les épreuves de plus de 160 km, un guidon relevé de 2 à 3 cm offre plus de confort. Sur de telles distances, l'aisance prime sur l'aérodynamisme.

Épreuves plus longues

Sur les épreuves de 80 à 160 km, le choix du bon rythme est encore plus important. S'il est toujours possible dans une course de 16 à 40 km de « s'accrocher » pendant le dernier ou les deux derniers kilomètres, ce n'est pas aussi facile lors d'une course de 80 à 160 km si l'on veut faire un bon temps.

Sur 50 et 100 km, la fréquence cardiaque est souvent inférieure respectivement de 5 et 10 pulsations par minute par rapport au parcours sur 25 km. Des essais sont bien sûr nécessaires pour vous régler. Mieux vaut commencer prudemment durant la première partie de l'épreuve et augmenter dans la seconde partie.

Épreuves d'endurance

Dans les épreuves de 12 à 24 heures, le défi est plus mental que physique. Si vous avez l'entraînement requis, vous serez préparé à passer des heures sur la selle, et impatient d'en découdre.

Pour réaliser de bonnes performances, il faut des amis pour vous ravitailler régulièrement. Vous pouvez toutefois aussi courir sans assistance si vous recherchez la performance extrême.

Pour réussir en endurance, il faut conserver un rythme régulier et ne pas perdre de temps, en limitant le plus possible les arrêts, en durée comme en fréquence. Mieux vaut toujours également ne pas dépasser ses limites durant la première partie. Certains coureurs partent à un rythme qu'ils ne peuvent pas tenir et tentent de s'accrocher pendant des heures. Il est toujours très stimulant de paraître costaud et de rattraper les autres durant la seconde partie, ce qui a pour effet de démoraliser ses adversaires.

Si vous pouvez en outre accélérer dans la dernière heure (ou la dernière demi-heure, ou les derniers 500 m, selon le cas), vous gagnerez quelques précieuses places.

Progression

L'expérience du contre-la-montre vous fera gagner du temps au niveau de la position — au moins pour les épreuves plus courtes —, car vous serez plus bas et plus ramassé, et vous exploiterez ainsi mieux ainsi votre force musculaire. Plus important peut-être encore, vous apprendrez à régler votre rythme sur des distances différentes et dans des conditions variables.

Le fractionné sur de très courtes distances est essentiel pour progresser en contre-la-montre. Vous améliorerez votre vitesse de pointe, et donc votre vitesse moyenne (pour plus d'informations sur ce type d'entraînement, reportez-vous au chapitre 5).

Pour améliorer vos capacités dans le contre-la-montre, demandez à un entraîneur de vous aider à gérer votre entraînement, vos courses et vos temps de repos ; ainsi, vous tirerez le meilleur parti des épreuves de la saison.

Cross-country

Comme bien des disciplines, le cross-country est très accessible : de nombreuses courses sont organisées le week-end, la plupart des magasins de cycles organisent des sorties hebdomadaires, et c'est un moyen génial de connaître la campagne.

Une fois que vous avez participé à quelques-unes de ces sorties et un peu amélioré vos compétences de base, il n'y a qu'un pas à faire pour participer à une course. Presque toutes les compétitions prévoient une catégorie « amateurs » pour ceux qui veulent s'essayer à cette discipline, ou simplement se mesurer à eux-mêmes.

Les principales épreuves

Le cross-country comprend essentiellement trois catégories.

1. *Courses standards* : ce sont des courses ordinaires, dans lesquelles tous les coureurs partent ensemble à fond pour atteindre généralement un point de passage étroit ou une simple piste avant d'entamer plusieurs tours pendant 1 à 2 heures. Pour concourir sérieusement dans ce type d'épreuves, vous aurez besoin d'une bonne technique en tout-terrain, de qualités de sprinteur, de

Le cross-country est physiquement très exigeant, mais le plaisir et l'exaltation valent bien les souffrances endurées.

grimpeur et de descendeur, mais aussi d'endurance et de connaissances de base pour réparer au besoin.

2. *Épreuves d'enduro* : dans ces épreuves, le test d'endurance compte plus que la lutte pour la première place. Le plus souvent organisées sur des circuits beaucoup plus longs, souvent de 50 à 100 km, en terrain accidenté, elles requièrent les mêmes qualités que les courses standards, mais la capacité à souffrir et à planifier les ravitaillements prend encore plus d'importance.

3. *Courses de 12 à 24 heures* : elles combinent les deux extrêmes. Organisées sur des parcours standards de 10 à 20 km, elles sont disputées en individuel ou par équipe de deux coureurs ou plus. Comme précédemment, une force mentale remarquable est nécessaire. Un grand sens de l'humour est en outre parfois très utile pour se sortir des portions difficiles.

Débuts

Comme pour la plupart des courses, le mieux pour trouver un cross-country est de demander à son magasin de cycles. Vous pouvez aussi repérer sur Internet ou dans les magazines de VTT les différents événements organisés.

Tout comme pour les épreuves sur route ou sur piste, prévoyez assez de temps pour signer la feuille d'engagement et les autres formalités. Par ailleurs, plus l'épreuve est courte, plus l'échauffement a d'importance. En cross-country, il faut souvent se présenter 10 minutes avant le départ. Cela n'est pas bon pour l'échauffement, mais tout le monde est confronté à cette même difficulté. Pour ne pas vous refroidir, essayez de bouger et portez une couche supplémentaire de vêtements.

Le départ est toujours mouvementé, les coureurs sprintant pour se frayer une place avant l'inévitable embouteillage. Même si vous êtes intrinsèquement meilleur que des concurrents se trouvant devant vous, vous perdrez du temps par rapport à eux si vous êtes coincé par d'autres coureurs sur une portion, sans aucune possibilité de doubler. Le départ est donc d'une importance primordiale.

Après un moment, les coureurs tendent à revenir à leur propre rythme ; ils s'échelonnent alors un peu comme dans un contre-la-montre. Vous serez probablement aux prises avec un ou deux coureurs de votre niveau, et suivrez dans l'ensemble un rythme assez régulier. Malgré tout, il serait erroné de penser que le cross-country ne demande que des efforts constants. Il est scientifiquement prouvé que cette discipline s'accompagne de grandes variations en termes de puissance et d'efforts. Les côtes et les terrains accidentés réclament des efforts violents, alors que les descentes et les portions techniques n'exigent aucune puissance, en particulier lorsqu'il faut se mettre en roue libre.

Dans une course de cross-country, vous n'aurez pas besoin d'avoir une technique irréprochable. Personne ne s'offusquera si vous tombez de vélo et si vous poussez ce dernier dans les portions difficiles. Bien sûr, plus vous ferez de kilomètres et de courses en VTT, et plus vous aurez d'adresse et de confiance, ce qui vous permettra d'allonger les distances parcourues, et implicitement de rouler plus vite.

Essayer le cross-country, c'est l'adopter : une fois que vous aurez commencé, vous serez conquis et vous vous amuserez certainement beaucoup.

Progression

Dans un sport où les aptitudes techniques sont aussi importantes, il est facile de se laisser complètement prendre par l'amélioration de l'aspect technique pour progresser. Pourtant, il convient de prendre en considération trois autres compétences essentielles :

- le sprint ;
- le foncier sur route ;
- l'entretien du vélo.

Le sprint est une qualité essentielle pour se propulser à l'avant d'une course, et d'autant plus appréciable que vous aurez de courses à votre actif. En ne prenant pas un départ rapide, vous vous rendrez la vie difficile à vous échiner à rattraper le reste du peloton. Lisez le paragraphe sur le sprint au chapitre 2 (page 56) et, ce qui est plus important encore, prenez votre vélo et passez à la pratique.

Ne vous confinez pas au tout-terrain. Ne croyez pas toutefois que nous essayions ici de vous convertir à la course sur route ! C'est certain, pour améliorer ses aptitudes au tout-terrain, il faut de la pratique, mais il faut aussi savoir que c'est une discipline extrêmement exigeante sur le plan physique, et les plus grands spécialistes du tout-terrain passent en fait beaucoup de temps sur route. C'est beaucoup moins traumatisant que les sentiers et les chemins, et c'est une excellente manière d'améliorer sa vitesse.

Enfin, il est bon de vous exercer régulièrement à entretenir et à réparer votre vélo. Le problème le plus probable est la crevaison. Barrie Clarke, ancien professionnel de l'équipe Raleigh, était connu pour sa capacité à changer la chambre à air de sa roue arrière en moins de 1 minute. Pour faire aussi bien, il faut de la pratique (et une pompe au CO_2).

VTT de descente

Le VTT de descente est probablement plus proche de la descente à ski ou du sprint sur piste que du cross-country ou de toute autre discipline cycliste. C'est un sport rapide et passionnant exigeant des nerfs d'acier, des réflexes ultrarapides et une détermination sans faille pour dévaler la pente plus vite que tous les autres.

Les principales épreuves

Selon l'endroit où vous habitez, les épreuves organisées près de chez vous seront plus ou moins nombreuses. Le mieux est bien sûr d'habiter une région accidentée. Dans le cas contraire, vous pourrez avoir des heures de trajet pour 2 à 3 minutes de course (ou même moins), mais si c'est votre spécialité, vous n'avez pas le choix. Si vous êtes un bon descendeur et toujours plus près du podium, vous n'aurez pas de mal à faire le trajet, tout comme le sprinteur qui peut faire de grands trajets pour seulement 10 secondes de course.

Certains organisateurs proposent encore une autre épreuve : la descente sans chaîne. Pas besoin de savoir pédaler, l'essentiel est de prendre la meilleure trajectoire, d'utiliser le moins possible les freins et de placer son corps en profitant au mieux de la gravité. Cette discipline totalement déjantée jouit d'une très surprenante popularité.

Débuts

Le tracé d'une course de descente est généralement soigneusement répertorié pour que l'on puisse l'étudier à l'avance. Dans une épreuve bien organisée, les pièges sont même indiqués par des flèches sur toute la descente. Des adhésifs bicolores doivent signaler les bords du parcours, et des agents de sécurité disposés sur le trajet doivent avertir les autres personnes présentes lorsqu'un concurrent est lancé.

En vérifiant le tracé, vous optimisez vos chances de succès et réduisez les éventuels problèmes. Prenez le temps d'étudier :

- la trajectoire à emprunter;
- les vitesses à passer;
- la dureté des roues et des suspensions;
- les endroits où changer de vitesse, freiner, accélérer ou sauter.

Pour des raisons de sécurité, le tracé est sécurisé, et vous n'aurez que peu de temps pour le reconnaître. Des créneaux très précis vous seront parfois même imposés. Essayez d'exploiter ces moments au maximum. Tentez de mémoriser le tracé grâce à certains repères visuels ou mentaux, afin de pouvoir ensuite enchaîner vos mouvements durant la descente.

La piste est parfois ouverte le jour précédant la compétition (un peu comme en Formule 1), mais les conditions peuvent évoluer durant la nuit et modifier radicalement l'épreuve. De fortes pluies peuvent transformer une piste bien ferme en bourbier, ou le vent faire tomber un arbre. Des coureurs passant après vous en reconnaissance peuvent déplacer des pierres ou des rondins, et modifier la consistance de la piste avec leurs roues.

Essayez de vous renseigner sur l'état de la piste auprès d'autres coureurs. La plupart d'entre eux se comportent comme les spécialistes du contre-la-montre : s'ils aiment gagner (ou tout du moins bien figurer), ils acceptent qu'il y ait des coureurs plus rapides qu'eux et sont ravis d'annoncer les meilleurs temps réalisés. En général, il est facile de communiquer avec eux : ils sont plutôt décontractés, et attendent comme vous une occasion de remonter en haut de la pente pour une nouvelle descente.

Progression

Allez à l'étranger : il n'y a rien de mieux que de courir dans d'autres pays d'Europe ou aux États-Unis, où les épreuves sont souvent plus longues et plus dures. Le nombre plus élevé de concurrents rehausse en outre le niveau de la compétition. Si vous arrivez à bien vous classer, c'est que vous êtes sur la bonne voie.

Ce n'est pas un hasard si de nombreux coureurs possèdent des motos de cross. Même s'ils ne courent pas avec, le fait de les conduire les aide à affûter leurs réflexes, car avec des motos tout se passe un peu plus vite. D'autre part, elles sont aussi plus lourdes que les vélos de descente, ce qui aide ensuite à manier ces derniers avec plus de facilité.

Casques de descente

La descente est l'une des rares disciplines cyclistes où presque tous les concurrents portent un casque intégral et une combinaison de protection pour le corps.

Pour les néophytes, cet équipement est indispensable à cause du manque d'expérience et de compétences. Pour les experts, cela leur permet de descendre des pentes impossibles à des vitesses incroyables, à l'entraînement comme en compétition.

Le cyclo-cross est bénéfique à tous les cyclistes, car il permet d'améliorer le pilotage et la condition physique.

Cyclo-cross

Surtout pratiqué l'hiver, le cyclo-cross est probablement le sport cycliste le plus accessible de tous. Son principal intérêt est de se dérouler sur un petit circuit, que l'on peut généralement boucler en moins de 10 minutes. C'est bien pour le spectacle et encourageant pour les nouveaux engagés. Peu importe que l'on aille deux fois moins vite que les premiers, on peut toujours participer et faire la course à son rythme.

Le cyclo-cross est aussi un excellent moyen d'apprendre à bien maîtriser son vélo, ce qui est utile dans toutes les disciplines. Les routiers apprendront à mieux maîtriser leur vélo sur revêtement glissant (ce qui est utile lorsqu'il faut passer sur le bas-côté afin d'éviter un accident ou un obstacle !), et les vététistes pourront tirer profit des talents qu'ils auront acquis en conduisant des vélos à pneus (relativement) minces par rapport aux vélos à pneus épais et suspension intégrale qu'ils ont l'habitude d'utiliser.

Les principaux événements

Le cyclo-cross est une combinaison de vélo tout-terrain et de cross-country à pied. Lorsqu'un coureur rencontre un obstacle infranchissable à vélo, il prend celui-ci à bout de bras — ou sur l'épaule au besoin — et le porte en courant. Les courses de cyclo-cross sont courtes : elles durent moins de 1 heure (à l'exception notable, en début de saison, des 60 km de Three Peaks au Yorkshire, où le premier finit en près de 3 heures et les derniers parfois en 6 heures), et sont donc souvent rapides.

Les championnats du monde ont lieu vers la fin janvier, après quoi la saison tend à s'essouffler. En Grande-Bretagne, des championnats régionaux sont organisés en février. À cette époque toutefois, les non-spécialistes se reposent généralement un peu avant d'entamer la préparation de la saison sur route ou des épreuves de VTT.

Le cyclo-cross exige beaucoup de qualités et des heures de pratique, en particulier pour démonter et remonter le vélo. De plus, il faut être bon en course à pied.

Débuts

Il est facile de débuter la compétition à cyclo-cross : trouvez une épreuve près de chez vous (avec Internet, c'est facile), présentez-vous, payez l'inscription, accrochez votre dossard, mettez votre casque, présentez-vous au départ au moment voulu et suivez les autres. Ce n'est pas plus difficile que cela ! C'est la panique au départ, car tous les concurrents veulent se placer au mieux, mais après le premier tour, la sélection se fait et vous pouvez reprendre votre rythme. Ne vous inquiétez pas si certains coureurs roulent aux endroits où vous devez mettre pied à terre pour escalader des obstacles ou s'ils paraissent grimper des côtes au pourcentage incroyable. Vous y arriverez aussi avec de la pratique.

Comme vous débutez, des coureurs plus forts et plus expérimentés vous doubleront en criant « Tiens ta droite ! » ou « Tiens ta gauche ! » pour que, selon la règle, vous les laissiez passer sans les gêner (respectivement par la droite ou par la gauche). Continuez de rouler jusqu'à ce que les juges vous disent d'arrêter sur la ligne d'arrivée. Le temps indiqué est le temps écoulé depuis l'arrivée du premier. S'il termine les neuf tours en 1 h 8 min 12 s, le coureur suivant sera par exemple donné à 34 secondes et ainsi de suite, puis on passera aux coureurs classés à 1 tour, à 2 tours, etc.

Les épreuves de cyclo-cross sont très conviviales, car tout se passe dans un espace plutôt restreint et tous les spectateurs voient les coureurs à plusieurs reprises. Le public est donc plus familial que dans les autres disciplines. Observez bien l'équipement des autres coureurs. Demandez-leur pourquoi ils utilisent un composant ou un cadre plutôt qu'un autre. La plupart seront ravis d'échanger des conseils en matière d'équipement. Sur le plan technique, observez attentivement ce que font les autres — des juniors et de jeunes coureurs peuvent aussi fournir des exemples très intéressants dans ce domaine ; prenez-les comme référence —, regardez où ils trébuchent pour être ensuite très attentif au moment d'aborder ces endroits. Observez comment les meilleurs négocient les obstacles et les virages. Demandez-vous en quoi leur approche est différente de celles des autres coureurs.

Il est toujours utile de reconnaître le parcours à l'avance. Si vous arrivez suffisamment tôt, cela ne pose aucun problème, à condition de vous arrêter une fois que la course est engagée. Contrevenir à cette règle serait très incorrect. La reconnaissance vous aide à identifier les passages difficiles, à tester différentes trajectoires, à voir à quels endroits il faut monter en courant le vélo sur l'épaule. C'est aussi le moment idéal pour regarder de près comment procèdent les meilleurs. Suivez-les et essayez de vous accrocher. N'oubliez pas que la piste peut évoluer tout au long de la course. Des rondins ou des pierres peuvent dépasser ou être déplacés, des racines devenir plus glissantes au fur et à mesure de l'épreuve (ainsi que de l'échauffement). Soyez donc prêt à modifier votre technique et vos trajectoires en cours d'épreuve.

Progression

Lorsque la piste est vraiment très boueuse, les meilleurs ont toujours deux ou trois vélos de rechange et un assistant pour les nettoyer à chaque tour. C'est un avantage énorme, car un vélo peut littéralement doubler de volume lorsque la boue s'accumule sur les freins à l'avant et à l'arrière, autour du pédalier, des jantes et des vitesses. La boue qui s'accumule sur les roues et le système de transmission rend la progression et le freinage difficiles.

Si vous voulez vous frotter à la crème du cyclo-cross, allez en Belgique ; c'est un sport extrêmement populaire dans ce pays. L'ambiance des épreuves est très cosmopolite — on y retrouve des Britanniques, des Hollandais et des coureurs des pays de l'Est —, ce qui rend la compétition encore plus animée. Si vous avez un bon niveau, vous aurez probablement un club de supporters pour vous encourager et vous aider durant les épreuves.

Le choix du vélo

Presque tout type de vélo convient pour le cyclo-cross. Dans l'idéal toutefois, il doit être plutôt léger, avec d'assez grands rapports et un bon dégagement entre les roues et le cadre (vélo de cyclotourisme dénudé, par exemple). Les coureurs passent souvent des annonces à l'occasion de compétitions, aussi restez à l'affût de bonnes affaires en deuxième main.

Épreuves cyclosportives

Si les épreuves cyclosportives existent depuis longtemps, elles n'ont attiré l'attention des médias que depuis quelques années. L'intérêt porté à ces courses est soudainement monté en flèche, et les fabricants de cycles ont même réalisé et commercialisé des vélos et des composants spécifiques pour cyclosportifs.

Les épreuves, qui se déroulent en général sur route (même si certaines ont aussi un équivalent tout-terrain), attirent un public très varié : des coureurs de club qui veulent se mesurer aux meilleurs et s'entraîner, des coureurs qui veulent tester leurs limites d'endurance et, enfin, des coureurs qui participent simplement pour le plaisir. Pour toucher un vaste public, les organisateurs proposent trois ou quatre parcours avec différents niveaux de difficulté (souvent dictée par le kilométrage).

Les principaux événements

Le calendrier ne cesse de s'allonger : si certaines épreuves existant depuis des années sont associées à des routières classiques (comme Paris-Roubaix), d'autres sont des épreuves cyclosportives à part entière (comme La Marmotte). L'une des toutes dernières épreuves de ce calendrier est l'Étape du Tour; destinée aux amateurs et courue le jour précédant le passage des professionnels, elle suit exactement le même tracé que le Tour. Les milliers de coureurs, les banderoles, les barrages temporaires et les gendarmes créent l'événement, laissant des souvenirs inoubliables.

Débuts

La plupart des cyclosportives sont longues (entre 150 et 250 km) et comprennent systématiquement une côte importante.

Pour être prêt, il faut avoir fait le plein de kilomètres à l'entraînement et exploré les plus grandes côtes de votre région. Les longues sorties en club vous aideront à renforcer votre endurance, le temps passant plus vite grâce à la compagnie de vos amis. Pour ceux qui débutent, il est essentiel de glaner quelques précieux conseils auprès de coureurs plus expérimentés. Pour avaler les kilomètres nécessaires à l'entraînement, les sorties Audax de 200 à 300 km constituent une excellente préparation.

Les cyclosportives sont le plus souvent informelles mais très populaires, et il faut s'y inscrire à l'avance. Cependant, même pour les épreuves à l'étranger, cela ne pose en général pas trop de problèmes, chaque épreuve ayant un site Web avec des informations le plus souvent en anglais (d'un niveau facile) où l'on peut s'inscrire et payer par carte bancaire. L'adhésion donne parfois droit à un maillot « gratuit » ou d'autres gadgets souvenirs (à réclamer à l'enregistrement, la veille ou le jour même de l'épreuve) et à la location d'une puce de chronométrage (fixée sur le cadre ou la fourche). Parfois, les organisateurs demandent aux coureurs de porter le maillot offert, et le spectacle des milliers de concurrents dans une seule et même tenue est alors vraiment très impressionnant.

Certaines épreuves ont pris un tel essor que les inscriptions des étrangers sont généralement traitées par un petit nombre d'agents dans les pays mêmes de ces coureurs. Pour nombre d'entre eux, cela facilite beaucoup les choses, car les agents s'occupent de tout (transport des coureurs et des vélos, hébergement) et les guident à travers le labyrinthe de halls, de stands, de tentes et de bureaux de la zone d'enregistrement et de départ. Cela permet non seulement d'éviter une grande partie du stress, mais aussi, pour ceux qui le souhaitent, de ne pas rouler seul et d'avoir ainsi plein de nouveaux amis avec qui parler de ses expériences autour d'une bière ou deux après la course.

Toutefois, si vous maîtrisez la langue du pays organisateur et les subtilités de l'épreuve, vous n'aurez peut-être pas envie d'accepter des compromis au nom d'un groupe. Cela étant, si l'organisation adopte ce modèle pour simplifier la gestion de l'épreuve, vous n'aurez plus le choix, si ce n'est de vous chercher une autre course.

N'oubliez pas que les cyclosportives sont limitées dans le temps : ne traînez pas trop en route, au risque d'arriver lorsque les appareils de chronométrage auront été enlevés. Votre course ne serait alors plus validée. Pire encore, vous pourriez être ramassé sur le parcours et passer le reste de la journée dans la voiture-balai à suivre les derniers en attendant qu'ils craquent.

Courses caritatives

L'UCI organise durant la saison une « compétition » mondiale regroupant des événements cyclistes ouverts à tous. Pour les intéressés, les épreuves de la série Golden Bike, dont la première est disputée en Afrique du Sud, sont actuellement au nombre de huit :

1. Argus Pick N'Pay Challenge, Afrique du Sud (mars) ;
2. De Ronde van Vlaanderen (Tour des Flandres), Belgique (avril) ;
3. Toerversie Amstel Gold Race, Pays-Bas (avril) ;
4. La Felice Gimondi, Italie (mai) ;
5. Quebrantahuesos, Pyrénées espagnoles (juin) ;
6. Cyclosportive l'Ariégeoise, France (juin) ;
7. La Pascal Richard Olympic Champion 1996, Suisse (août) ;
8. Rothaus RiderMan, Allemagne (septembre).

Les cyclosportives sont un excellent moyen de connaître de nouvelles régions.

Progression

Si vous êtes vraiment motivé et que vous voulez prendre le défi au sérieux, portez-vous en tête et expliquez-vous avec les meilleurs. Les grandes épreuves disputées sur le sol européen sont très prestigieuses et dotées de prix intéressants, mais il faut s'attendre à une lutte acharnée. Les meilleurs auront probablement des assistants pour les soutenir tout au long du parcours et une tactique d'équipe pour défaire leurs adversaires.

Il peut paraître un peu bizarre que ces courses aient un vainqueur, car ce qui fait leur intérêt, c'est de pouvoir participer au niveau de son choix. Vous pouvez affronter des concurrents sérieux dans un cadre plus stimulant que dans les courses sur route de championnats locaux. Vous pouvez tenter de décrocher un brevet dans les catégories or, argent ou bronze (suivant les temps définis par les organisateurs). Vous pouvez aussi vous balader et participer à un spectacle fabuleux, en suivant un magnifique parcours en bonne compagnie, sous les encouragements du public.

MAXIMUM
50
RADAR
LAIT

5

L'élaboration de programmes d'entraînement

Introduction

La dernière pièce du puzzle pour devenir le ténor du vélo que vous avez toujours rêvé de devenir, c'est l'entraînement. Ce chapitre combine en un programme d'entraînement structuré les courses que vous prévoyez d'effectuer avec les aptitudes et les capacités physiques que vous devez travailler.

Nous débuterons par quelques questions vous permettant d'évaluer de manière objective vos ambitions en course et vos habitudes au quotidien. Tout d'abord, il faut savoir si ces habitudes sont compatibles avec vos ambitions. Ensuite, il faut se fixer des objectifs réalistes, afin de contrôler sa progression et, ce qui est de la plus grande importance, s'autocongratuler de temps à autre. Nous verrons ensuite les principaux types d'entraînement à envisager pour combler vos différentes lacunes. Alors et alors seulement, vous serez libre de choisir votre programme d'entraînement.

Autoévaluation

Avant de dénicher un exemplaire du programme d'entraînement de Chris Boardman, de Lance Armstrong, de Sven Nys ou de Bart Brentjens pour le suivre religieusement, commencez par vous évaluer. Rien ne sert de suivre le programme d'un professionnel si vous avez une activité à part entière et que vous souhaitez juste participer aux contre-la-montre locaux de 15 et 40 km. L'entraînement des professionnels s'appuie sur des années de foncier et de courses ; ces coureurs sont payés pour faire du vélo et pour se reposer afin d'être prêts à affronter les meilleurs du monde en compétition.

Deux méthodes se prêtent bien à l'autoévaluation : l'analyse du mode de vie et l'analyse SWOT. Elles ne s'excluent pas mutuellement, et l'on peut donc très bien les utiliser l'une et l'autre.

Analyse du mode de vie

Pour établir un programme sérieux, vous devez savoir où vous en êtes, comment vous en êtes arrivé là et ce à quoi vous aspirez. Vous devez aussi évaluer le temps que vous pouvez dégager pour le vélo. Si vous avez une activité à temps complet et de jeunes enfants, il est probable que vous n'aurez pas autant de temps à consacrer à l'entraînement qu'une personne célibataire ou à temps partiel... ce qui ne veut pas dire pour autant que vous ne pourrez pas vous entraîner de manière plus intelligente et obtenir de meilleurs résultats qu'une personne s'entraînant à temps complet.

Prenez un stylo et une feuille de papier, puis répondez aux questions suivantes en restant honnête avec vous-même.

- De quelle expérience disposez-vous et quels sont vos meilleurs résultats ?
- Quelle catégorie pratiquez-vous : route, piste ou VTT ?
- Quelles ont été vos deux meilleures performances la saison dernière, et pourquoi ?
- Quels sont vos points forts ?
- Quels sont vos points faibles ?
- Combien de temps pouvez-vous vous entraîner par semaine ?

	Lun.	***Mar.***	***Mer.***	***Jeu.***	***Ven.***	***Sam.***	***Dim.***
Matin							
Après-midi							
Soirée							

- Quel entraînement suivez-vous actuellement ?

Lun.	***Mar.***	***Mer.***	***Jeu.***	***Ven.***	***Sam.***	***Dim.***

- Quel est votre poids en ce moment ?
- Quelle est votre puissance maximale développée ?
- Quelle est votre fréquence cardiaque maximale ?
- Quelle est votre fréquence cardiaque au repos ?
- Quels sont vos objectifs durant la saison prochaine ?
- Quels sont vos objectifs pour les trois prochaines années ?

Vous connaissez déjà certainement les réponses à la plupart de ces questions, si ce n'est à toutes, mais le fait de les mettre sur le papier contribue souvent à être un peu plus réaliste quant à sa situation et à ce à quoi l'on peut raisonnablement prétendre.

Analyse SWOT

Si vous travaillez en entreprise, vous connaissez peut-être ce type d'analyse et la signification du sigle SWOT :

- *Strengths* (points forts) ;
- *Weaknesses* (points faibles) ;
- *Opportunities* (possibilités) ;
- *Threats* (menaces).

Le trajet quotidien domicile-travail peut souvent servir de base à un entraînement hebdomadaire.

Points forts

Mettez par écrit vos points forts : vos talents de sprinter ou de grimpeur, votre sens de la course ou peut-être encore votre capacité à souffrir à l'entraînement...

Ces notes vous aideront à choisir les épreuves où vous aurez le plus de succès et à ne pas perdre de temps sur vos points forts. Étant bon grimpeur, vous avez tendance à choisir les épreuves avec côtes. Au lieu de chercher à améliorer encore vos qualités de grimpeur, pourquoi ne pas travailler la descente (il est étonnant de voir que les bons grimpeurs sont souvent de piètres descendeurs, et vice-versa) ? En ne pensant plus à ce que vous maîtrisez parfaitement, vous vous ouvrez de nouvelles possibilités, des points sur lesquels travailler afin de vous améliorer de manière globale.

Points faibles

Notez vos points faibles, par exemple le sprint au départ d'une course de VTT, les virages en dévers, la course en peloton ou la difficulté à se lever pour aller s'entraîner. Cette liste vous permettra d'exclure certaines épreuves. Si vous avez du mal à accélérer, évitez la route ou la piste et cantonnez-vous aux contre-la-montre. Si vous êtes au contraire sûr de votre force, travaillez les changements de rythme pour briller dans les courses en groupe. Même dans le cadre de leur discipline préférée, la plupart des coureurs ont toujours quelque chose à améliorer.

Possibilités

Notez les épreuves que vous pourriez disputer — certaines sont bien sûr inaccessibles à cause de problèmes d'adhésion, d'âge ou de sexe, ou de la nécessité de faire d'autres activités aux mêmes dates —, et précisez quand, comment et où vous pourriez vous entraîner.

En cherchant un peu, on ne peut que s'étonner de tout ce qui existe, comme les contre-la-montre locaux, les courses associatives ou les groupes d'entraînement informel, souvent proposés à l'improviste. Les magasins de cycles, les coureurs et les entraîneurs sont souvent d'excellentes sources d'information. Essayez d'autres disciplines. Si vous aimez la route, pourquoi ne pas goûter à la piste ou au VTT ? Qui sait, vous pourriez être doué et bien vous amuser.

Menaces

Par « menaces », on entend tout ce qui pourrait vous freiner. Vous aimeriez courir à l'étranger, mais vous n'avez pas de passeport ? Votre travail vous empêche de vous entraîner et de courir normalement ? Votre famille et vos amis se plaignent que vous leur manquiez ? Vous n'avez pas les moyens de financer votre hobby ? Nombre de choses peuvent menacer vos rêves de cyclisme, et vous êtes le seul à pouvoir toutes les identifier.

Une fois les menaces identifiées, vous pouvez les traiter : par exemple, déposez une demande de passeport, discutez avec votre employeur de l'aménagement de vos horaires de travail, passez un accord avec votre conjoint ou votre famille et arrangez-vous pour leur réserver des moments où vous n'êtes pas en combinaison de cycliste ou complètement épuisé après un entraînement éprouvant ou une course...

C'est un exercice simple mais profitable, car il réserve souvent des surprises, autant par les problèmes qu'il met en lumière que par les solutions qu'il oblige à trouver.

L'aide d'un entraîneur

Au lieu d'essayer d'élaborer votre propre programme d'entraînement, faites-vous aider par un entraîneur. Celui-ci devrait vous poser encore plus de questions que ce livre, en particulier sur vos antécédents médicaux. En outre, il examinera de manière plus objective et plus réaliste que vous certaines de vos réponses, afin que vous puissiez définir vos ambitions et vous fixer des objectifs réalistes.

Avant de prendre votre téléphone et de sacrifier toutes vos économies au profit d'un inconnu sur une liste, pensez aux questions à poser à celui qui pourrait devenir votre nouveau meilleur ami (et votre arme secrète)...

L'entraîneur vous aidera à interpréter votre analyse et à maintenir l'équilibre entre entraînement, famille et obligations professionnelles.

QUESTION	CE QU'IL FAUT SAVOIR
Quelles sont vos qualifications en tant qu'entraîneur ?	L'entraîneur doit disposer d'un titre reconnu par l'autorité de tutelle. Ce titre doit encore être valable, inclure une assurance et préciser les disciplines dans lesquelles son titulaire peut entraîner, à quel niveau et dans quel cadre.
Quelle est votre expérience d'entraîneur dans ma spécialité (ou avec quels coureurs de mon niveau, de mon âge et de mon sexe avez-vous travaillé) ?	Un bon entraîneur doit s'adapter aux besoins de tous. Mieux vaut toutefois qu'il ait l'expérience de votre spécialité avec des coureurs similaires ou qu'il s'y intéresse (comme coureur ou comme entraîneur), surtout si l'aide requise est de nature technique. Nombre d'entraîneurs ne voient jamais leurs coureurs à vélo et sont en étroit contact avec eux par courriel ou par téléphone. Si les compétences techniques peuvent s'acquérir seul, l'entraîneur peut aider à la mise en condition, à la planification de la saison et de la stratégie de course, ainsi qu'à l'analyse des résultats et des points faibles.
De quel niveau étaient les coureurs que vous avez entraînés ?	Essayez de connaître les éventuels succès que cet entraîneur a connus avec d'autres coureurs. Si vous le pouvez, discutez avec ces derniers pour savoir ce qui leur a plu ou déplu dans ses méthodes.
Combien de temps pourriez-vous me consacrer ?	Soyez réaliste. À moins de lui régler un salaire à plein temps, vous ne pouvez pas vous attendre à ce qu'il soit à votre service 24 heures sur 24. En général, de 1 à 3 heures par semaine lui suffiront amplement pour discuter avec vous de vos progrès, préparer votre programme d'entraînement et analyser vos performances.
Que se passerait-il si j'étais malade ou blessé ?	Vous pourriez négocier une réduction d'honoraires ou un avenant au contrat, mais pas un remboursement juste parce que vous ne pouvez plus vous entraîner ni courir. Dans tous les cas, un bon entraîneur doit s'intéresser à la santé de son coureur et l'aider à retrouver la forme durant la convalescence et la rééducation.

QUESTION	CE QU'IL FAUT SAVOIR
Que pouvez-vous faire pour moi ?	Voyez ce dont vous avez besoin et les services qu'il propose : formation technique pratique (difficile pour les disciplines d'endurance), gestion du temps et du mode de vie, mise au point de programmes, tests en laboratoire ou sur site, conseils en nutrition, réglage de vélo, analyse vidéo... Vous n'aurez peut-être pas besoin de tous ces services — voire d'aucun d'entre eux —, mais écoutez malgré tout ce qu'il peut faire pour vous et faites votre choix.
Quand peut-on vous joindre ?	Votre entraîneur peut avoir d'autres obligations et s'occuper d'autres coureurs, vous devrez donc convenir de certaines plages horaires pour vos entretiens et de leur fréquence.
Qu'attendez-vous de moi ?	Avant qu'il ne commence à s'occuper de vous, attendez-vous à ce qu'il vous pose toute une série de questions pour savoir où vous en êtes et ce que vous aimeriez faire. Les entraîneurs ont besoin d'informations. Le plus souvent, vous aurez à remplir un formulaire concernant vos résultats à l'entraînement et en course. Préparez-vous à cet effet. S'il vous propose un programme standard, s'il ne prévoit pas au moins un entretien par mois ou s'il ne vous sollicite pas suffisamment, abandonnez et contactez quelqu'un d'autre.
Pouvons-nous nous rencontrer ?	C'est une bonne idée que de rencontrer son futur entraîneur, de préférence avant d'avoir déboursé quoi que ce soit, afin d'établir une relation avec lui. Certains entraîneurs proposent une séance d'essai, gratuite ou contre une somme forfaitaire, pour vous aider à convenir d'une éventuelle collaboration. Suite à cette séance, vous pouvez décider de vous revoir (ou non) et de la fréquence de vos entrevues.
Quels sont vos honoraires ?	Les honoraires ne sont pas réglementés, c'est à vous de décider s'ils vous semblent ou non raisonnables. Vous pouvez comparer à ce que vous coûterait une adhésion en salle de musculation, un entraîneur personnel, un entraîneur dans un autre sport ou encore des cours privés de langue ou de musique. Au bout du compte, vous ne faites qu'acheter le temps et l'expertise d'une personne en vue d'améliorer vos compétences.
Si notre collaboration ne me convient pas, prévoyez-vous un préavis pour arrêter ?	Laissez à ses méthodes le temps nécessaire pour qu'elles portent leurs fruits, mais assurez-vous de pouvoir arrêter à tout moment. L'entraîneur peut très bien vous demander de signer pour au moins trois mois avec un mois de préavis en cas d'arrêt.
Ferez-vous de moi un champion ?	S'il répond oui, il vous ment et vous vous faites des illusions. L'entraîneur peut vous aider, mais c'est à vous de faire les efforts, l'entraînement et les courses, avec la motivation indispensable pour réussir.

Équipements et carnet d'entraînement

Le fait de noter ses entraînements dans un carnet est un bon moyen d'évaluer ses performances. Vous obtenez ainsi un tableau indiquant le schéma d'entraînement efficace pour continuer à obtenir de bons résultats. Ce tableau permet également d'identifier les causes des mauvais résultats et de prendre les mesures requises pour éviter de nouvelles performances décevantes. En notant la durée, l'intensité et la fréquence de vos activités cyclistes, vous suivez les progrès que vous avez accomplis.

Vous pouvez enregistrer autant de données que vous le souhaitez dans le carnet d'entraînement. Vous pouvez utiliser un vieux carnet pour consigner les heures passées sur la selle et les distances parcourues ou créer des tableaux complexes sous Excel, avec toutes sortes de graphiques élaborés intégrant la fréquence cardiaque, le poids corporel et les variables d'entraînement.

Essayez de noter chaque jour les valeurs suivantes : fréquence cardiaque (FC) au repos, durée et qualité du sommeil, indices subjectifs de « bonnes sensations » de manière générale, durant l'entraînement et pendant les courses. Pesez-vous une à quatre fois par mois ; comme pour la FC, le poids doit être relevé toujours à la même heure, le matin en se levant ou le soir en se couchant, par exemple.

Les tendances affichées par ces données indiquent clairement ce que vous faites de bien (ou de mal). La tenue d'un tel carnet fait office de système d'alerte précoce : si votre fréquence cardiaque au repos pointe vers le haut, il est probable que vous forcez trop à l'entraînement. Dans ce cas, levez le pied durant quelques jours pour éviter un accident ou une maladie.

Sélection des objectifs

Jadis, les professionnels participaient à toutes les courses : épreuves de début de saison, classiques de printemps, petites courses par étapes puis grandes compétitions en milieu d'été, comme les trois semaines du Giro et du Tour de France. Venaient ensuite les critériums d'après-Tour, les classiques d'automne, puis les championnats du monde. Des coureurs comme Bernard Hinault et Sean Kelly ont été les derniers à remporter plusieurs victoires sur une saison « complète » dans les années 1980. Au milieu de ces mêmes années, l'Américain Greg Lemond a donné une toute nouvelle importance au Tour de France, qu'il a remporté en 1986, 1989 et 1990. Depuis, Miguel Indurain puis Lance Armstrong ont dominé le Tour en se concentrant toute l'année sur cette seule épreuve. Ce sont les premiers exemples de sélection d'objectifs au plus haut niveau.

En sélectionnant ses objectifs, on peut mieux se concentrer sur certaines épreuves et décomposer une tâche ingérable en plusieurs étapes abordables. C'est une bonne technique pour gagner en motivation. Elle peut aider à justifier le temps passé à s'entraîner, à courir sous la pluie, à suivre un régime ou à consentir des sacrifices personnels. Nul n'est tenu de viser la victoire à chaque épreuve — ce serait voué à l'échec —, mais l'on peut se fixer à chaque fois de « petits objectifs », en course comme à l'entraînement. Exemples : rester dans le peloton durant la première partie de la course, contrer les attaques dans la seconde partie, améliorer sa pédalée en évitant d'utiliser le grand plateau ou faire en sorte de boire au moins 50 cl toutes les heures.

Avec des objectifs bien définis, il est facile de savoir si on les a atteints, en course comme à l'entraînement.

À haut niveau, la préparation mentale — notamment la concentration — est cruciale.

> *Je me prépare pour être en forme en vue d'une ou au maximum deux épreuves dans l'année, jamais plus.*
>
> Victoria Pendleton, championne du monde du sprint

L'entraînement SMARTER

Ce type d'entraînement s'appuie sur une technique également dérivée du monde des affaires et qui intègre les objectifs suivants...

- *Précis* : il faut se concentrer sur un objectif, un événement, un chrono ou une performance, et pas simplement sur un objectif général, du genre « être meilleur ».
- *Mesurable* : tout objectif doit être mesurable. Vous saurez ainsi si vous l'avez atteint, qu'il s'agisse du temps à réaliser sur une distance donnée, d'un kilométrage à effectuer ou d'une épreuve à gagner.
- *Approuvé* : faites partager vos objectifs. Les membres de votre famille seront plus enclins à vous aider si vous leur dites ce que vous faites et s'ils comprennent pourquoi vous passez du temps à vélo ou pourquoi vous vous privez de certains aliments. Concertez-vous avec votre entraîneur, il saura adapter au mieux votre programme d'entraînement, vous faire travailler vos atouts et vos points faibles, et vous amener en forme au moment voulu. Enfin, il est difficile d'abandonner un objectif après l'avoir fait partager à quelqu'un d'autre.
- *Réaliste* : soyez raisonnable. Fixez-vous des défis, mais ne comptez plus, à plus de 40 ans, décrocher un contrat pour participer au Tour de France. Dans un autre registre, si vous êtes pris par des obligations professionnelles ou familiales, vous ne pourrez pas passer six mois à faire le tour de l'Amérique du Sud (pas dans l'immédiat tout au moins).
- *Programmé* : décidez d'une date pour réaliser votre objectif. Cette année, l'année suivante, dans cinq ans ? Sans calendrier précis, il est très facile de repousser ses objectifs et de finir par les oublier.
- *Motivant* : si votre objectif ne vous passionne pas, vous aurez bien des difficultés à vous motiver pour l'atteindre. L'objectif doit vous pousser dans vos limites et vous procurer de la satisfaction une fois atteint. C'est vous qui le fixez, personne ne peut le faire à votre place.
- *Enregistré* : notez votre objectif. Utilisez un carnet ou collez un Post-it sur la glace de votre salle de bains ou près de votre vélo pour vous en souvenir.

Examinez les objectifs énoncés ci-dessous :

- être plus en forme ;
- être meilleur à vélo ;
- être meilleur grimpeur.

Ils paraissent intéressants, mais ils ne satisfont pas au moins l'un des critères ci-dessus. Vous ne pourrez par conséquent ni les contrôler ni les atteindre.

Avec un peu de bon sens et d'organisation, vous pouvez facilement élaborer des objectifs SMARTER :

- courir un contre-la-montre de moins de 15 km (24 minutes) au cours de la saison ;
- marquer 30 points sur ma licence de coureur sur route avant la fin juin ;
- escalader une pente à VTT sur le grand plateau avant la fin du mois suivant.

Étapes intermédiaires

Pour tout objectif à long terme, une saison de course par exemple, il faut définir des étapes intermédiaires, car il est très difficile de contrôler un objectif final d'un bloc, et la motivation finit toujours par baisser.

Partez de l'objectif principal et procédez à rebours : définissez le rythme de progression en fonction du temps disponible. Vous pouvez scinder la tâche en six étapes plus aisément gérables, pour passer de votre situation actuelle à celle que vous voulez atteindre, dans six mois par exemple. Faites comme si vous observiez une destination sur une carte et décidiez de l'itinéraire et de la vitesse du voyage.

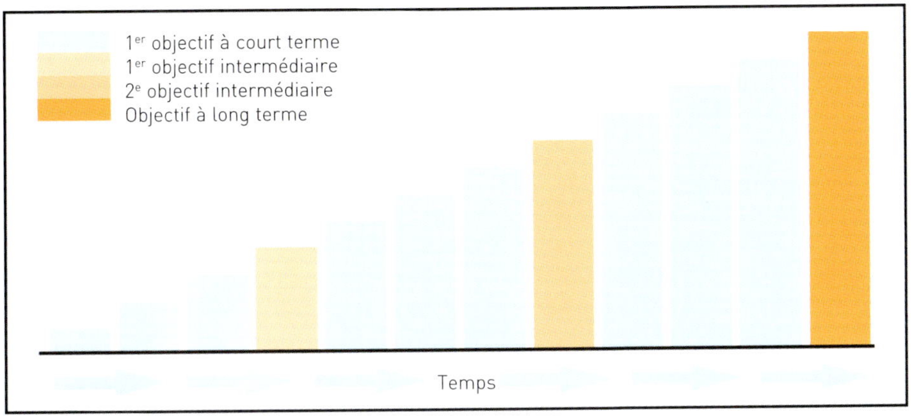

Un entraînement intelligent doit parfois vous faire sortir de votre zone de confort.

Dispositifs d'entraînement — cardiofréquencemètres

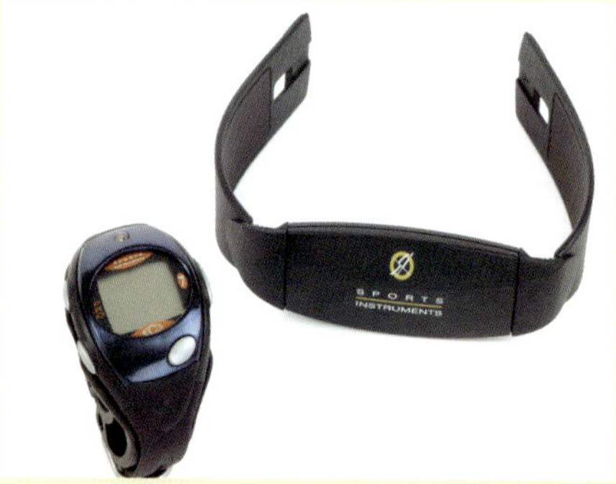

Quantifiant l'intensité de l'activité physique, les cardiofréquencemètres (CFM) sont fort utiles s'ils sont utilisés correctement. La gamme est large, depuis les modèles très simples ne mesurant que la fréquence cardiaque (FC) instantanée jusqu'aux modèles capables de transférer des données vers un ordinateur et de générer une série de tableaux et de graphiques.

La FC traduit bien l'intensité de l'effort physique, car elle augmente avec lui. Les CFM donnent une valeur objective permettant de quantifier l'entraînement, alors que la vitesse peut être trompeuse. On peut facilement rouler entre 40 et 50 km/h lorsqu'on est en descente, avec vent arrière ou quand on se trouve à l'abri du peloton, mais l'on ne fait dans ces cas-là pas de gros efforts. Inversement, il est peu impressionnant de couvrir 30 km en 2 heures, mais si vous avez gravi une côte ou lutté contre la tempête, vous aurez néanmoins fait beaucoup d'efforts. Le CFM révèle les efforts réellement consentis dans chacune de ces situations.

Fréquence cardiaque maximale

Les échelles d'entraînement s'appuient souvent sur des pourcentages de la fréquence cardiaque maximale (FCM). Le seul vrai moyen de la déterminer est d'effectuer un test d'ergométrie épuisant sous surveillance médicale, mais ce test coûte cher, il est difficile et physiquement très désagréable. Aussi, bien des formules ont été élaborées, formules qu'il faut utiliser avec prudence car elles donnent des résultats très variables. Il faut savoir exploiter le test et en interpréter les résultats.

Voici une méthode empirique simple pour obtenir sa FCM : 220 – âge (la FCM d'un individu de 23 ans sera ainsi de 220 – 23 = 197). Même si c'est une valeur approchée et que nous sommes tous différents, elle donne une indication applicable à beaucoup d'entre nous.

Voilà où mène un entraînement trop intensif en zone 6…

L'étape suivante consiste à calculer la fréquence cardiaque maximale à l'effort (qu'il ne faut pas confondre avec la fréquence cardiaque maximale).

1. Déterminez votre fréquence cardiaque au repos ; le mieux est de prendre votre pouls le matin, 10 minutes après le réveil, alors que vous êtes encore allongé de préférence. Il est par ailleurs préférable de réunir des mesures sur une semaine et de prendre la valeur moyenne.
2. Soustrayez la valeur obtenue de la FCM. Par exemple, si vous avez 23 ans et une fréquence cardiaque au repos de 58, cela donnera une fréquence cardiaque à l'effort de 139 (220 – 23 – 58).

Ensuite, prenez le pourcentage de la FC maximale à l'effort que vous aimeriez atteindre (pour 75 %, cela donne $139 \times 0,75 = 104$) et additionnez cette valeur à la FC au repos ($104 + 58 = 162$). Vous obtenez alors la FC vers laquelle vous devriez tendre.

Le nombre de zones

Peter Keen, chercheur dans le domaine du sport et ancien directeur de la performance à la Fédération du sport cycliste en Grande-Bretagne, a défini un système pour l'entraînement cycliste : il comprend six zones d'entraînement et une zone de récupération. On trouve d'autres systèmes, mais celui de Keen est bien établi et constitue la base des programmes de ce livre. Vous noterez dans le tableau ci-dessous que les niveaux correspondent à l'échelle de perception de l'effort de Borg (RPE), étudiée au chapitre 3 (page 85).

Zone d'entraînement	Récupération	Effort de base		Effort intense		Effort maximal	
		Zone 1	Zone 2	Zone 3	Zone 4	Zone 5	Zone 6
% FCM	< 60	60-65	65-75	75-82	82-89	89-94	94+
RPE (voir page 85)	1	2	3	5	6	7	10
Durée d'une séance continue	< 60 min	1,5 à 6 h	1 à 4 h	45 à 120 min	30 à **60 min**	15 à 40 min	4 à 10 min, ou fractionné
Sensation	Facile, sans effort apparent	Respiration facile. Possibilité de parler en roulant	Respiration assez facile, un peu moins en côte	Concentration plus élevée. Respiration plus longue	Conversation réduite à de simples phrases	Respiration profonde. Mots brefs uniquement	Hors d'haleine. Seulement capable d'éructer comme un haltérophile
Rythme	Très facile	Facile	Vif	Rapide	Course	Sprint	À fond
Élément développé	Récupération	Endurance aérobie et force			Vitesse musculaire, puissance et endurance musculaires à court terme		

Pour les longs entraînements à vitesse modérée, mieux vaut courir en groupe pour rester motivé.

Séances d'entraînement

Vous pouvez diviser votre programme d'entraînement en plusieurs séances : il sera ainsi plus motivant et plus varié, et vous pourrez travailler séparément les différentes compétences et caractéristiques spécifiques à votre discipline.

Échauffement

En élevant la fréquence cardiaque et la température du corps, l'échauffement prépare votre organisme aux efforts qui vont suivre et vous aide à rester concentré sur la tâche à accomplir. Plus l'effort est court, plus l'échauffement est nécessaire. Dans les compétitions sur piste internationales, il n'est pas rare de voir des coureurs s'échauffer sur home-trainer 45 minutes au moins avant le début, alors que les cyclosportifs se contentent généralement d'arriver sur la ligne juste avant le départ (pour rivaliser avec les meilleurs, mieux vaut cependant bien s'échauffer, car la course peut partir aussi vite que chez les professionnels).

Il est très utile de passer les 10 premières minutes d'une séance d'entraînement à s'échauffer. Le corps est ainsi prêt à l'effort, ce qui réduit considérablement les risques de blessure, notamment le claquage musculaire. C'est aussi l'occasion idéale de se préparer mentalement à l'exercice physique que vous allez accomplir.

Longs entraînements à vitesse modérée

Quelle que soit votre discipline, ces sorties constitueront probablement la base de votre entraînement, car l'on sait tous qu'un bon foncier est absolument indispensable. Dans toutes les disciplines, à l'exception du cyclo-cross, cet entraînement s'effectue surtout l'hiver et au début du printemps. La vitesse des sorties n'est pas très élevée (certains entraîneurs parlent pour cette phase de longue distance lente).

Si vous débutez dans le cyclisme, allongez progressivement vos sorties. Cela habituera vos muscles (notamment ceux du dos) au vélo. Vous solliciterez ainsi plus les fibres de type 1, à contraction lente, et commencerez à brûler des graisses au lieu de glucides pour produire l'énergie. Les cyclistes entraînés brûlent leurs graisses avec beaucoup plus d'efficacité, ce qui leur permet de maintenir leur effort plus longtemps sans pour autant s'épuiser. Leur organisme produit par ailleurs plus de mitochondries (structures musculaires infracellulaires qui produisent l'énergie aérobie) et densifie le réseau de capillaires afin d'acheminer plus d'oxygène aux muscles.

Répétition et série

Répétition : le même effort repris plusieurs fois forme une « répétition ».

Série : la réunion de plusieurs répétitions successives suivies d'une bonne récupération forme une « série ».

En règle générale, les programmes se composent de deux ou trois séries de six à quinze répétitions.

Fractionné (entraînement par intervalles)

C'est l'un des exercices les plus efficaces pour améliorer votre vitesse. Sous sa forme la plus simple, le fractionné se compose d'efforts courts, répétés et très violents, entrecoupés de périodes de plus faible intensité.

Les programmes de fractionné peuvent être très différents. La plupart prévoient des temps d'effort et de récupération équivalents. On peut ainsi faire six répétitions de 2 minutes en zone 5 entrecoupées de 2 minutes de récupération, mais l'on peut allonger l'une ou l'autre de ces durées pour obtenir un rapport proportionnellement plus ou moins élevé entre effort et récupération. Vous pouvez ainsi faire un sprint de 8 secondes en zone 6 par minute sur 6 minutes avec 52 secondes de pause, ou à l'inverse six fois 60 secondes en zone 5 avec 2 à 3 minutes de récupération à chaque fois.

Le fractionné est un outil idéal pour améliorer sa vitesse de manière globale. Vous pouvez ainsi décomposer une poursuite de 4 km ou un contre-la-montre de 40 km en petites sections, et effectuer quatre fois 1 000 m ou deux séries de cinq fois 4 km à une vitesse proche de celle de la course. Au fur et à mesure que votre condition physique s'améliore avec l'entraînement, vous pouvez prolonger la durée des efforts et réduire les périodes de récupération intermédiaires.

L'entraînement fractionné est toutefois assez fatigant, et il est recommandé de ne pas dépasser deux séances par semaine.

Fartlek

Signifiant littéralement « jeu de vitesse », le fartlek est une technique de course scandinave mise au point dans les années 1960 et dont le principe est le suivant : dans un groupe roulant à allure modérée, un coureur attaque sur 100 m à vitesse élevée ou sur 500 m à une vitesse un peu plus élevée que celle des autres coureurs, qui doivent à chaque fois accélérer pour recoller à l'échappé.

Vous pouvez faire exactement la même chose dans un club et simuler des attaques dans une course sur route ou en tout-terrain. Afin d'éviter tout accident, prenez soin de regarder derrière vous avant de lancer une attaque !

Pouvant constituer une part importante de l'entraînement en groupe, le fartlek rend le travail plus agréable.

Même sans être dans un groupe, vous pouvez produire des efforts d'intensité différente sur des distances variables. Vous pouvez sprinter en zone 6 sur 100 m à chaque fois que vous voyez une voiture blanche et, lorsque vous voyez une voiture rouge, passer rapidement en zone 4 jusqu'au prochain panneau de signalisation. Vous pouvez rendre l'exercice plus difficile en décidant que chaque voiture annule la consigne générée par la précédente.

Si vous habitez près d'une zone urbaine, vous aurez ainsi un exercice d'un niveau très élevé ! Vous pouvez vous rendre la tâche un peu plus facile en appliquant vos consignes seulement toutes les cinq ou six voitures, ou lorsqu'il s'agit d'un modèle ou d'une marque en particulier.

En tout-terrain, vous pouvez choisir différents repères, par exemple une barrière de chemin de fer, un rocher ou certaines espèces d'arbres, mais le principe reste le même.

Appareils d'entraînement — home-trainer à résistance

Une bonne séance de home-trainer à résistance offre la possibilité de s'entraîner malgré de mauvaises conditions météo ou quand la nuit tombe tôt. Un cadre permet de fixer le vélo à demeure sur le home-trainer. La roue arrière est fixée sur le cadre (grâce à un levier de blocage rapide) et un rouleau est calé sous le pneu. Ce rouleau est relié à un lourd volant d'inertie à une extrémité et, à l'autre extrémité, à un système de freinage (frein à air, frein hydraulique ou magnétique, suivant le confort sonore souhaité et la somme que vous pouvez débourser, sachant que plus le prix est élevé plus l'appareil est silencieux).

Le home-trainer à résistance est l'appareil idéal pour un travail de 20 à 60 minutes : il fait monter vos pulsations et vous permet ainsi d'améliorer votre condition physique et de renforcer les muscles spécifiques au cyclisme. N'essayez pas de reproduire une longue sortie sur cet appareil : vous auriez les muscles tout endoloris et vous vous ennuieriez ferme. Concentrez-vous sur la qualité, en travaillant majoritairement dans les zones 3 à 6. Nettoyez le vélo une fois la séance terminée, prenez une douche et détendez-vous ou reprenez vos occupations quotidiennes.

Le home-trainer peut être installé dans une serre, un garage, une cave ou une remise : vous pouvez ainsi monter très vite en température et atténuer les nuisances sonores pour les voisins. Une ventilation est essentielle pour votre confort : même s'il fait froid dans le garage, vous serez très vite en sueur et accablé par la chaleur, aussi cette fraîcheur sera-t-elle bien agréable après quelques minutes.

Voici quelques conseils sur la manière d'utiliser le home-trainer à résistance...

- Prenez au moins 10 minutes pour vous échauffer au début et redescendre en température à la fin, le tout sur de petits braquets.
- Chaque séance doit être structurée, progressive et variée : intercalez sprints courts, sprints longs, efforts soutenus, exercices progressifs, pédalage d'une jambe, fractionné, etc.
- Procurez-vous un ventilateur de bureau sur pied (autrement, vous pourriez avoir très chaud après seulement quelques minutes).
- Protégez le sol à l'emplacement du vélo et du home-trainer : un tapis de caoutchouc permet d'amortir les vibrations et de protéger le revêtement de sol des gouttes de transpiration.
- Protégez votre vélo ; une simple serviette sur le guidon suffit. Le sel de la sueur détériore la peinture et les accessoires, ce qui justifie le fait d'avoir un vélo dédié au home-trainer.
- Prévoyez une autre serviette pour vous essuyer le visage.
- Buvez beaucoup durant et après l'exercice, car vous transpirerez beaucoup et serez vite déshydraté.
- Placez une glace devant le home-trainer pour contrôler votre technique (ou pour vous admirer, si vous êtes vaniteux !).
- Préparez une liste de morceaux de musique pour passer le temps ou pour vous motiver durant les 30 à 40 minutes de la séance.
- Préparez des vidéos ou des DVD de courses cyclistes pour vous motiver durant votre séance d'entraînement.

Pyramides

Suivre la pyramide permet de parvenir, par des efforts de plus en plus soutenus, à un maximum, pour ensuite revenir au point de départ par des efforts de moins en moins soutenus. Le but est de relever le seuil lactique afin d'améliorer la capacité à récupérer et la vitesse.

Exemple

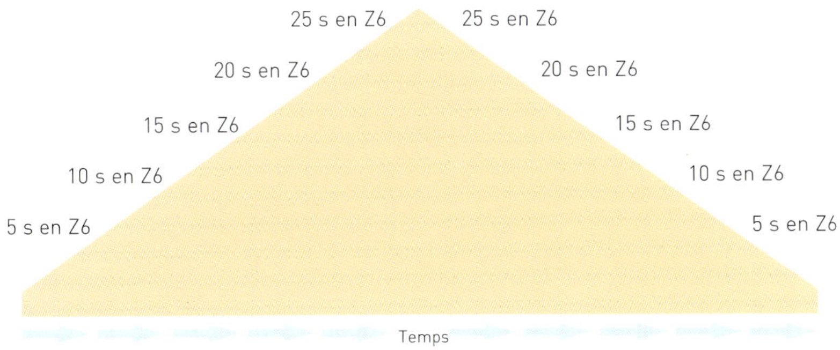

Pyramides inversées

Il est parfois utile d'employer une pyramide inversée afin d'accroître le temps passé dans les zones d'entraînement exigeant les efforts les plus intenses. Dans ce cas, après un bon échauffement, il faut commencer par les efforts les plus longs pour passer progressivement à des efforts plus courts, et revenir ensuite à des efforts longs.

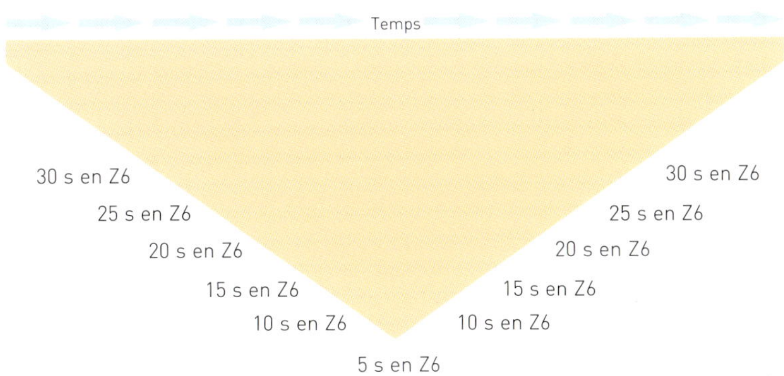

Variations

Vous n'êtes bien sûr pas tenu de monter et de redescendre la pyramide en produisant un effort de durée ou d'intensité identique à chaque palier. Vous pouvez répéter des efforts de même durée, puis des efforts d'une durée supérieure, ou aligner de longues séries d'efforts. Par exemple, vous pouvez effectuer six répétitions de 5 secondes en zone 6, faire une courte pause et passer à six répétitions de 15 secondes, jusqu'au maximum choisi pour rejoindre la base de la pyramide.

Vous pouvez aussi moduler le volume des efforts (l'avantage dans ce cas, c'est de maintenir un effort plus régulier tout au long de la séance).

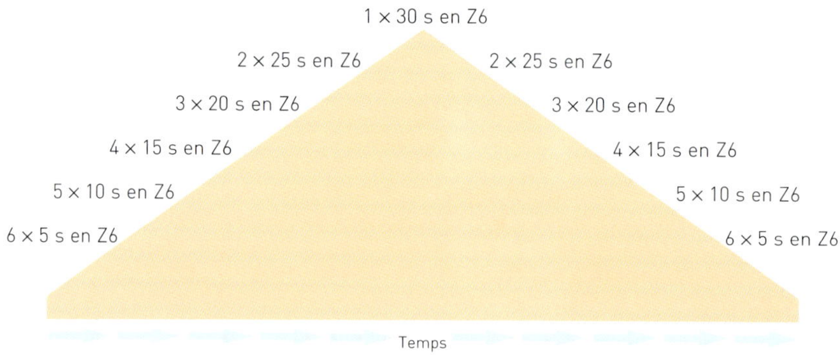

Vous pouvez aussi moduler le volume et l'intensité de vos efforts.

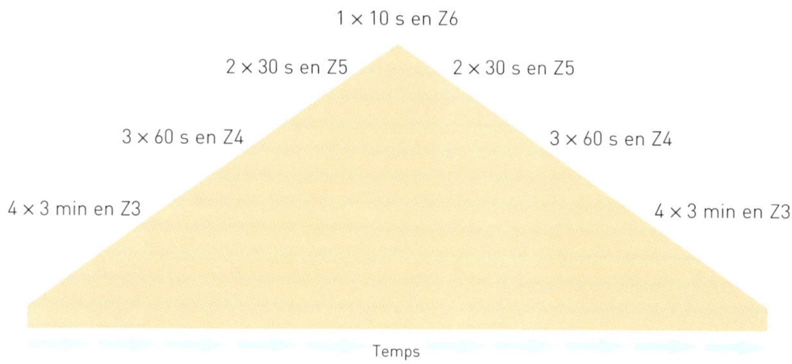

Les sprints prolongés ou en puissance clôturent la séance et s'appuient sur un foncier solide.

Fractionné à une fréquence de pédalage élevée

Plus facile à exécuter sur un petit braquet, cet exercice améliore le seuil lactique, la cadence de pédalage et la capacité à répéter des efforts à vitesse élevée. Accélérez assis sur la selle et conservez une cadence élevée (de 120 à 130 tr/min) sur 1 minute, puis récupérez pendant 1 minute. Répétez ce schéma durant 20 minutes. Vous pouvez atteindre des cadences encore plus élevées en pédalant en descente ou avec vent arrière.

Sprints prolongés

Comme le nom l'indique, ce sont des sprints longs. Ils sont destinés à améliorer la vitesse de pointe et l'accélération. Lors d'une sortie, accélérez en danseuse puis, une fois votre vitesse de pointe atteinte, rasseyez-vous et continuez à cette vitesse pendant 10 à 20 secondes. Lorsque votre forme s'améliore, rallongez la durée de l'effort. Les grands coureurs s'entraînent à conserver jusqu'à 5 minutes leur vitesse de pointe.

Sprints explosifs

Ces accélérations développent l'explosivité requise pour les sprints, les attaques dans les courses sur route et les départs de course de VTT et de cyclo-cross. Échauffez-vous bien sur une route ou un chemin calme et plat, puis relâchez-vous jusqu'à pratiquement vous arrêter. Passez un petit pignon et accélérez au maximum sur 10 à 15 secondes. Récupérez, puis recommencez, de six à huit fois. Pour augmenter la résistance, roulez en légère côte, contre le vent ou avec une dent en moins.

Réduction progressive du volume d'entraînement et arrivée au pic de forme

On ne peut améliorer indéfiniment sa puissance, sa vitesse et sa condition physique. Dans les premiers temps, la progression est importante, mais le rythme d'amélioration diminue lorsque la forme s'installe, et, si l'on s'entraîne trop, on est vite fatigué et surentraîné. Pour parvenir à son pic de forme (au plus haut de sa forme) en vue d'une épreuve majeure, il faut réduire progressivement son volume d'entraînement. Plus l'événement à venir est exigeant, plus il faut allonger la période de réduction progressive, comprise de manière générale entre 5 et 21 jours.

Ainsi, au cours des trois semaines précédant un contre-la-montre de 12 heures, vous pouvez courir un 160 km, un 80 km et un 40 km. Vous ne serez pas épuisé avant l'épreuve et vous disposerez d'une pointe de vitesse supplémentaire grâce aux courses plus courtes.

Dans les longues épreuves d'endurance, comme le Tour de France ou la Race Across America, les coureurs essayent souvent d'arriver un peu sous-entraînés. S'ils commençaient à leur pic de forme, ils finiraient par s'épuiser dans les jours et les semaines qui suivent. En étant capables de produire toujours plus d'efforts, ils accroissent leurs chances de terminer et bénéficient d'une aide énorme, à savoir la stimulation psychologique liée à leur montée en forme alors que les autres commencent à décliner.

Musculation et travail en salle

La spécificité du cyclisme pourrait porter à croire qu'il suffit de rouler plus pour s'améliorer. Parfois, ce n'est pas la meilleure des solutions, et il est intéressant d'étudier d'autres moyens, comme la musculation et le travail en salle.

Les séances en salle ont l'avantage de faire travailler les groupes musculaires séparément. Alors qu'il est assez difficile d'améliorer la puissance du tronc sur le vélo, on peut travailler spécifiquement cette zone et améliorer nettement ses performances grâce à des exercices ou en soulevant des poids. Si les pistards et les vététistes en particulier peuvent ainsi améliorer leurs capacités de conduite, c'est aussi pour les routiers et les spécialistes des contre-la-montre un moyen d'améliorer leur stabilité au niveau du tronc et leur puissance au niveau du dos.

Votre but en tant que cycliste n'est pas d'acquérir de gros muscles — ils vous alourdiraient et réduiraient votre amplitude de mouvements (regardez marcher un culturiste et vous comprendrez !) —, c'est de gagner en puissance sans gagner en volume musculaire. À cet effet, il faut s'entraîner avec des poids légers, et non des disques de fonte, et les lever un grand nombre de fois.

Pour savoir avec quels poids s'entraîner, vous pouvez procéder comme pour le travail dans les zones d'entraînement. Dans une salle, suivez une séance d'initiation sur la manière d'utiliser les équipements, puis parlez avec un entraîneur de vos objectifs et de vos motivations. Il vous aidera à mettre sur pied un programme progressif pour augmenter votre puissance par le travail sur certaines machines ou avec des haltères. Pour trouver la charge maximale qui vous convient, augmentez progressivement les poids, mais évitez de vous épuiser ou de vous blesser ! La charge que vous aurez du mal à soulever à trois reprises correspond à votre charge maximale. Pour l'entraînement, utilisez des poids pesant entre 50 et 75 % de cette valeur.

> *Pratiquez le cross. C'est bon pour l'équilibre musculaire, le gainage et le renforcement des ligaments ainsi que des tissus conjonctifs, des atouts essentiels pour éviter les blessures dans les chutes et les troubles musculo-squelettiques résultant d'une technique et d'une posture déficientes. Veillez également à bien travailler en souplesse.*
>
> *Jenny Copnall, championne de cross-country au classement international et national par points*

Variez l'entraînement par la musculation et la course à pied : cela vous aidera entre autres à rester motivé.

Un lever constitue une « répétition », et un groupe de répétitions une « série ». Vous pouvez organiser l'entraînement en séries et effectuer par exemple trois séries de douze développés-couchés à 60 % de votre maximum, avec une petite pause après chaque série.

- Levez et baissez l'haltère lentement ; en général, sur « un-deux » (« un » pour la lever et « deux » pour la baisser).
- Veillez à lever puis à baisser l'haltère sur toute l'amplitude du mouvement pour ne pas perdre en souplesse.
- Faites travailler différents groupes de muscles d'un exercice à l'autre, par exemple poitrine, puis dos ou biceps, puis triceps.
- Veillez à toujours bien utiliser la technique appropriée ; n'oubliez jamais que la qualité prime sur la quantité. C'est un moyen non seulement d'éviter les blessures, mais aussi d'obtenir de meilleurs résultats.
- Hydratez-vous durant la séance d'entraînement comme vous le feriez sur un vélo.
- N'essayez pas de lever plus de poids que vous ne le pouvez. Ce n'est pas une compétition, et faire de l'épate est le meilleur moyen se blesser.
- Munissez-vous d'une serviette pour nettoyer l'équipement avant et après utilisation.
- Consignez vos séances dans un carnet ou sur un diagramme après chaque exercice, de façon à intensifier progressivement l'entraînement et à disposer de semaines de repos (comme dans votre programme de courses).

Passer 1 ou 2 heures en salle par semaine, en particulier l'hiver, fera des miracles et vous aidera à développer votre puissance pour la saison à venir. Pensez à réduire la durée d'entraînement au début de la saison de course.

La salle permet de s'entraîner en circuit et de mélanger pompes, sauts en flexion, marche et relevés du buste, avec de brefs moments aux haltères ou sur les machines. Nombre de salles proposent des séances de groupe, ce qui est excellent pour la motivation car les exercices se succèdent avec de brefs temps de récupération.

Dispositifs d'entraînement — cyclomètres (compteurs)

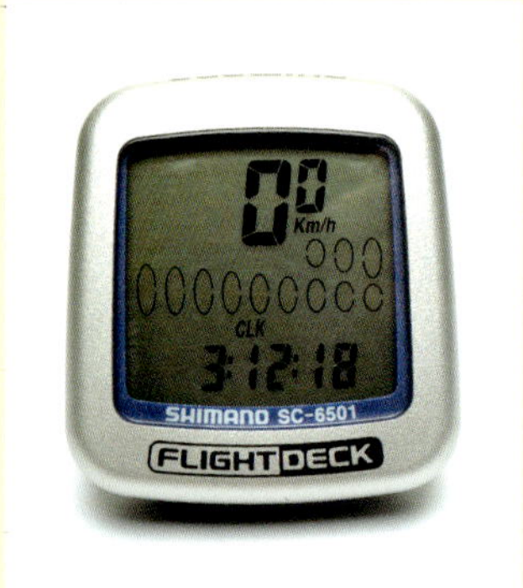

Même le plus simple des cyclomètres dispose des fonctions « distance » et « vitesse moyenne ». Cette dernière est la plus facile à utiliser à l'entraînement, en particulier pour comparer le temps réalisé avec les performances précédentes sur un trajet donné ou sur le parcours d'entraînement habituel.

La fonction cadence est peut-être la plus intéressante : elle permet de se livrer à des exercices et de choisir les bons développements dans les contre-la-montre, ou de conserver une pédalée régulière à l'entraînement. Pour plus de précisions sur la cadence de pédalage, reportez-vous au chapitre 2 (page 29).

Comme pour toutes les données liées à votre pratique du vélo, entrez-les dans un carnet d'entraînement. Vous pourrez ensuite les utiliser de diverses manières pour évaluer vos performances.

Programmes d'entraînement prêts à l'emploi

Prendre une feuille blanche pour élaborer seul son propre programme d'entraînement peut sembler une tâche insurmontable, c'est pourquoi nous avons réuni quelques programmes standards pour vous aider.

Ces programmes ne couvrent pas l'ensemble des épreuves, des disciplines ou des distances, mais ils proposent un vaste éventail destiné à donner une idée des objectifs vers lesquels tendre durant votre entraînement. Vous pouvez les utiliser tels quels ou comme un cadre d'orientation pour élaborer le programme qui vous convient.

Course sur route

La route est sans doute la discipline qui présente la plus grande diversité en termes de distance, et un chapitre entier ne suffirait pas à énumérer les épreuves existantes. Cela étant, les principes de base des programmes sont les mêmes pour toutes les courses : il suffit juste d'adapter les durées et les niveaux d'intensité. Ainsi, si vous vous spécialisez dans les critériums en ville, il ne sert vraiment pas à grand-chose de passer des heures sur votre vélo à vous entraîner pour l'endurance. Vos besoins se rapprochent plus de ceux des pistards, avec des efforts plus courts, plus rapides et plus intenses. Si néanmoins vous avez l'intention de courir des courses par étapes, vous aurez beaucoup plus besoin de travailler votre endurance ; vous aurez également besoin de capacités spécifiques pour affronter un éventail de terrains plus important.

Il est toujours agréable de s'entraîner au soleil quand on le peut.

80 km sur route

Courir 80 km en course n'a rien à voir avec le simple fait de « couvrir » cette distance, en 2 heures si vous êtes un coureur de deuxième ou de troisième catégorie ; les coureurs de quatrième catégorie auront besoin de 5 à 10 minutes supplémentaires. Dans une course très rapide, les meilleurs coureurs couvrent cette distance à près de 50 km/h, ce qui donne un temps d'environ 1 h 40. La course sera donc très rapide, et vous sortira par moments de votre zone de confort. C'est ce qui risque d'arriver lorsque les choses sérieuses commenceront et que vous serez amené à sprinter, soit pour porter une attaque, soit pour combler un trou avec des échappés. Pour répondre présent, vous devrez être en bonne forme et avoir de l'énergie en réserve pour produire les efforts supplémentaires nécessaires, ainsi que des jambes puissantes pour placer les accélérations requises.

Le meilleur moyen de s'entraîner pour les courses sur route consiste à courir en groupe ou en file indienne. Vous apprendrez ainsi à vous habituer à la proximité d'autres coureurs et à partager les efforts.

En supposant que vous vous soyez bien entraîné durant l'hiver et que vous ayez engrangé suffisamment de kilomètres, vous pourrez parfaitement vous préparer (dans la phase de transition d'une saison à l'autre) à une épreuve de début de saison grâce au programme page ci-contre.

> *Évitez de remuer le buste. Soyez relâché et pédalez avec souplesse, c'est comme cela que vous serez le plus efficace.*
>
> *David Milar, coureur sur route britannique professionnel*

Variantes

- À la mi-saison, vous pourrez courir une, deux ou trois fois par semaine ; dans ce cas, vous devrez prendre plus de temps pour vous reposer et vous devrez réduire le volume d'entraînement. Chaque course est alors un entraînement pour la suivante.
- Analysez chaque course pour identifier vos points faibles, puis modifiez votre entraînement en conséquence. Restez toutefois prudent, car sans une approche équilibrée, cela peut facilement conduire au surentraînement.
- Les coureurs qui disputent des épreuves plus longues ou des courses par étapes devront effectuer une sortie de 3 à 4 heures au moins une fois par semaine et mettre à profit les autres séances d'entraînement pour améliorer leur vitesse.
- Si vous revenez de blessure ou de maladie, réduisez votre programme d'entraînement ou son intensité de 50 %. Augmentez ensuite de 10 à 20 % durant les 2 à 3 semaines suivantes jusqu'à être complètement en forme.

	SEMAINE 1	SEMAINE 2	SEMAINE 3	SEMAINE 4
Lundi	30-60 min en Z1-Z2	30-60 min en Z1-Z2	30-60 min en Z1-Z2	30-60 min en Z1-Z2
Mardi	60 min en Z3, fractionné compris	60 min en Z3, pyramides comprises	60 min en Z3, sprints explosifs compris	60 min en Z3, pyramides inversées comprises
Mercredi	60 min en Z3	60 min en Z3	60 min en Z3	Repos
Jeudi	60-90 min avec fractionné à cadence élevée	60-90 min de sprints explosifs	60-90 min de sprints prolongés	60 min de fractionné
Vendredi	Repos	Repos	Repos	Repos
Samedi	90-120 min en Z3	120 min en Z3	90 min en Z3, avec 4 × 5 min de fartlek	45 min avec 4 × 60 s en Z4, 4 × 30 s en Z5, 6 × 10 s en Z6
Dimanche	180-210 min en Z2-Z3	150 min en Z3, avec 2 × 10 min de fartlek, 2 × 5 min de fartlek	150 min en Z3, avec 4 × 10 min de fartlek, 4 × 10 min de fartlek	**Course de 80 km (120 min)**
Total	**8 h - 10 h**	**8 h - 8 h 30**	**8 h - 9 h**	**5 h 15 - 5 h 45**

*Points important*s

- **Entraînez-vous sur des terrains similaires à ceux de l'épreuve envisagée.**
- **Améliorez vos points faibles, développez vos points forts.**
- **Améliorez vos gestes techniques : prise de virages, sprint, escalade, etc.**
- **Les courses sont faites pour apprendre : revenez sur les points qui vous posent problème (rouler en peloton, grimper en groupe, prise de virages et sprints, etc.) pour les améliorer lors des prochains entraînements.**

Contre-la-montre (CLM)

L'entraînement au contre-la-montre varie beaucoup selon la distance à parcourir. Nous allons le voir à l'exemple de trois programmes, qui démontrent que l'important n'est pas de s'entraîner plus, mais de faire plus intelligemment : il n'est en effet pas forcément nécessaire de s'entraîner plus longtemps pour disputer des courses plus longues.

Contre-la-montre de 16 km

C'est sans doute la course la plus accessible au néophyte. De nombreux clubs organisent des « courses » officieuses de 16 km (ou de 40 km) les soirs de semaine en été. À 32 km/h, il faut 30 minutes, un objectif quasiment à la portée de tous. La plupart des coureurs consacrent leur entraînement à trouver un rythme régulier, atout indispensable en course. Pourtant, il est bon de hausser le rythme sur de courtes périodes (fractionné, fartlek, etc.) pour améliorer sa vitesse.

Même si le contre-la-montre tient de la poursuite en solitaire, il est intéressant d'essayer de rouler en groupe, au moins pendant une partie de l'épreuve. Cela aide beaucoup à travailler la vitesse.

Le tableau de droite résume un programme censé amener un coureur à la bonne vitesse pour cet effort court et total. Une partie de la préparation comporte des sorties de 2 à 3 heures, travail foncier essentiel pour tous les coureurs, car ils sont peu nombreux à se spécialiser dans des épreuves aussi courtes.

	SEMAINE 1	SEMAINE 2	SEMAINE 3	SEMAINE 4
Lundi	30-60 min en Z1-Z2	30-60 min en Z1-Z2	30-60 min en Z1-Z2	30-60 min en Z1-Z2
Mardi	60 min en Z3, avec fractionné sur 400 m à 4 km	45-60 min en Z3, pyramides comprises	45-60 min en Z3, sprints explosifs compris	30-60 min en Z3, pyramides inversées comprises
Mercredi	60 min en Z3	60 min en Z3	60 min en Z3-Z4	Repos
Jeudi	60-90 min avec fractionné à cadence élevée	60 min de sprints explosifs	45-60 min de sprints prolongés	45-60 min de fractionné sur 200 m à 2 km
Vendredi	Repos	Repos	Repos	Repos
Samedi	90 min en Z3	60 min en Z3, avec 4 × 5 min de fartlek	45-60 min en Z3, avec 4 × 150 s en Z4, 4 × 60 s en Z5	30-45 min avec 4 × 60 s en Z4, 4 × 30 s en Z5, 6 × 10 s en Z6
Dimanche	150-180 min en Z2-Z3	120 min en Z3, avec 2 × 10 min de fartlek, 4 × 5 min de fartlek	90 min en Z3, avec 4 × 10 min de fartlek, 4 × 10 min de fartlek	**CLM de 16 km (20 à 30 min)**
Total	**7 h 30 - 9 h**	**6 h 15 - 7 h**	**5 h 15 - 6 h 30**	**2 h 45 - 4 h 15**

*Points important*s

- Dans les dernières semaines, entraînez-vous sur votre vélo de course préparé pour le CLM (sauf en équipe, où les prolongateurs sont interdits).
- Courez sur des terrains très variés : descentes ou routes avec vent arrière pour plus de vitesse, et côtes ou vent de face pour plus de puissance.
- Utilisez un cardiofréquencemètre pour maintenir un effort régulier : en course, vous devriez pouvoir conserver une FC de 10 pulsations plus élevée que celle atteinte à l'entraînement.

Contre-la-montre de 40 km

Bien que la distance soit deux fois et demie plus longue qu'un 16 km, la préparation n'est pas très différente.

Si vous courez plusieurs heures dans la semaine, vous devriez pouvoir allonger votre entraînement, sachant que les principes du pic de forme continuent de s'appliquer.

	SEMAINE 1	SEMAINE 2	SEMAINE 3	SEMAINE 4
Lundi	60-90 min en Z1-Z2	60-90 min en Z1-Z2	60-90 min en Z1-Z2	45-60 min en Z1-Z2
Mardi	60 min en Z3 avec fractionné sur 400 m à 4 km	45-60 min en Z3, pyramides comprises	45-60 min en Z3, sprints explosifs compris	30-60 min en Z3, pyramides inversées comprises
Mercredi	90 min en Z3	90 min en Z3	60 à 90 min Z3-Z4	Repos
Jeudi	60-90 min avec fractionné à cadence élevée	60 min de sprints explosifs	45-60 min de sprints prolongés	45-60 min de fractionné sur 200 m à 2 km
Vendredi	Repos	Repos	Repos	Repos
Samedi	90 min en Z3	60 min en Z3, avec 4 × 5 min de fartlek	45-60 min en Z3, avec 4 × 150 s en Z4, 4 × 60 s en Z5, 6 × 10 s en Z6	30-45 min avec 4 × 60 s en Z4, 4 × 30 s en Z5, 6 × 10 s en Z6
Dimanche	150-180 min en Z2-Z3	150 min en Z3, avec 2 × 10 min de fartlek, 4 × 5 min de fartlek	90 min en Z3, avec 4 × 10 min de fartlek, 4 × 10 min de fartlek	**Course de 40 km (env. 60 min)**
Total	**7 h 30 - 10 h 30**	**7 h 45 - 8 h 30**	**5 h 45 - 7 h 30**	**3 h 30 - 4 h 45**

Contre-la-montre de 80 et 160 km

Pour les contre-la-montre sur des distances plus longues, il faut plus une plus grande résistance et passer plus de temps à « avaler les kilomètres », en particulier l'hiver et au début du printemps. La plupart des CLM de 80 et de 160 km sont disputés à l'arrivée des temps plus chauds. La saison cycliste étant alors déjà bien avancée, ces courses sont intercalées entre d'autres épreuves.

	SEMAINE 1	SEMAINE 2	SEMAINE 3	SEMAINE 4
Lundi	45-60 min en Z1-Z2	30-60 min en Z1-Z2	45-60 min en Z1-Z2	45-60 min en Z1-Z2
Mardi	45-60 min en Z3 avec fractionné à cadence élevée	45-90 min en Z3, relais par roulement/ fartlek	30-60 min en Z3, sprints explosifs compris	45-90 min de relais par roulement/fartlek
Mercredi	CLM de 16 km (20-30 min)	CLM de 16 km (20-30 min)	CLM de 16 km (20-30 min)	CLM de 16 km (20-30 min)
Jeudi	45-60 min avec sprints prolongés	45-60 min de fractionné sur 200 m à 2 km	45-90 min de relais par roulement/fartlek	30-45 min avec pyramides inversées
Vendredi	Repos	Repos	Repos	Repos
Samedi	30-45 min avec 4 × 60 s en Z4, 4 × 30 s en Z5, 6 × 10 s en Z6	45 min avec 4 × 60 s en Z4, 4 × 30 s en Z5, 6 × 10 s en Z6	30-45 min avec 4 × 60 s en Z4, 4 × 30 s en Z5, 6 × 10 s en Z6	Repos ou 30-60 min en Z1-Z2
Dimanche	CLM de 40 km (env. 60 min)	**Course de 80 km (env. 2 h)**	CLM de 40 km (env. 60 min)	**CLM de 160 km (de 4 à 5 h)**
Total	**4 h - 5 h 15**	**5 h - 6 h 45**	**3 h 15 - 5 h 45**	**7 h - 9 h 45**

Points importants

- **Entraînez-vous en buvant et en mangeant comme vous pensez le faire durant la course.**
- **Adoptez une stratégie : mieux vaut partir doucement et augmenter son rythme jusqu'au maximum dans les derniers kilomètres que de partir trop vite et de rendre l'âme dans ces mêmes derniers kilomètres.**
- **Pour le 160 km contre la montre, il peut être utile de relever le guidon de 1 à 2 cm pour être plus à l'aise.**
- **Notez que la quantité d'heures d'entraînement et de course diminue en général à cette époque du fait que l'intensité est bien plus importante.**

> Mes trucs pour le sprint :
> 1. pédaler rapidement ;
> 2. pédaler en souplesse ;
> 3. travailler la puissance ;
> 4. bien s'alimenter ;
> 5. éviter l'alcool.
>
> Craig McLean, champion du monde et d'Europe du sprint par équipe

La piste

Nous l'avons vu au chapitre 4, il existe un grand nombre d'épreuves sur piste. Malgré tout, elles entrent pour l'essentiel dans deux catégories : le sprint et l'endurance. Nous vous proposons un programme pour chacune d'elles.

Le sprint

Si les épreuves sur piste sont plus courtes, l'entraînement n'est pas plus facile. Les grands sprinters passent des heures chaque semaine à travailler puissance, vitesse et tactique. Si vous ne pouvez pas vous entraîner régulièrement au vélodrome, complétez votre travail par d'autres courses et des exercices spécifiques.

Le programme proposé ci-contre est conçu pour un coureur qui veut se spécialiser dans les courses de sprint organisées le mardi soir par un club de cyclisme local, mais aussi des courses sur route et des contre-la-montre.

Ce programme couvre diverses épreuves : contre-la-montre de 200 m et de 500 m, de 1 km par équipe, sprint par équipe, course de vitesse et keirin.

	SEMAINE 1	SEMAINE 2	SEMAINE 3	SEMAINE 4	SEMAINE 5	SEMAINE 6
Lundi	Sortie tranquille de 30-60 min	Sortie tranquille de 30-60 min	Sortie tranquille de 30-60 min	Sortie tranquille de 30-60 min	Sortie tranquille de 30-60 min	Sortie tranquille de 30-60 min
Mardi	60-90 min avec fractionné à cadence de pédalage élevée	60-90 min de sprints longs	60 min de sprints explosifs	**Championnat sur piste**	**Championnat sur piste**	**Championnat sur piste**
Mer.	Sortie tranquille de 30-60 min	60 min en Z3	Sortie tranquille de 30-60 min	Sortie tranquille de 30-60 min	Sortie tranquille de 30-60 min	Sortie tranquille de 30-60 min
Jeudi	10 min de CLM ou 90 min en Z3, avec sprints explosifs	10 min de CLM ou 90 min en Z3, 4 × 5 min de fartlek long	10 min de CLM ou 45-60 min de sprints en fractionné	10 min de CLM ou 45-60 min de relais par roulement ou de fractionné sur 60-300 m	10 min de CLM ou 45-90 min en Z3 avec séances de fartlek	10 min de CLM ou 60 min de route, pyramides
Ven.	Repos	Repos	Repos	Repos	Repos	Repos
Samedi	Route 90-120 min en Z3	Route 45 min avec 5 × 12 s en Z6, 6 × 10 s en Z6, 8 × 8 s en Z6, 10 × 6 s en Z6	12 min de route en Z3	45-60 min de fractionné sur 60-300 m	Route 45 min, avec 5 × 12 s en Z6, 6 × 10 s en Z6, 8 × 8 s en Z6, 10 × 6 s Z6	30-45 min, avec pyramides inversées
Dim.	10-25 min de CLM ou 60-120 min de course sur route	CLM 16 à 40 km ou 60-120 min de course sur route	16-40 km ou 60-120 min de course sur route	16-40 km de CLM ou 60-120 min de course sur route	16-40 km de CLM ou 60-120 min de course sur route	16-40 km de CLM ou 60-120 min de course sur route
Total	**5 h 30 - 9 h**	**5 h 15 - 7 h 45**	**5 h 45 - 8 h**	**3 h 30 - 6 h + championnat**	**3 h 30 - 6 h 15 + championnat**	**3 h 30 - 5 h 45 + championnat**

> *La piste est la forme la plus pure du cyclisme, sans vitesses ni freins.*
>
> *Chris Hoy, champion du monde et champion olympique du 1 km*

Endurance

Comme le précédent programme pour pistard, le programme suivant s'articule autour d'une épreuve de championnat. Nous encourageons toutefois les coureurs d'endurance à disputer plus d'épreuves spécifiques et des courses sur route allant jusqu'à 3 heures, des contre-la-montre d'au plus 40 km, des séances de relais par roulement et des exercices très intensifs de vitesse sur courtes et longues distances.

Ce programme couvre plusieurs épreuves : poursuite individuelle ou par équipe, course aux points, course scratch, course par élimination et course à l'américaine.

	SEMAINE 1	**SEMAINE 2**	**SEMAINE 3**	**SEMAINE 4**	**SEMAINE 5**	**SEMAINE 6**
Lundi	Sortie tranquille de 30-60 min	Sortie tranquille de 30-60 min	Sortie tranquille de 30-60 min	Sortie tranquille de 30-60 min	Sortie tranquille de 30-60 min	Sortie tranquille de 30-60 min
Mardi	60-90 min, avec fractionné à cadence de pédalage élevée	60-90 min de sprints explosifs	60 min de relais par roulement/ fartlek	**Championnat sur piste**	**Championnat sur piste**	**Championnat sur piste**
Mer.	Sortie tranquille de 30-60 min	Sortie tranquille de 30-60 min	Sortie tranquille de 30-60 min	Sortie tranquille de 30-60 min	Sortie tranquille de 30-60 min	Sortie tranquille de 30-60 min
Jeudi	10 min de CLM ou 90 min en Z3, avec sprints explosifs	10 min de CLM ou 90 min en Z3, 4 × 5 min de fartlek long	10 min de CLM ou 45-60 min de sprint fractionné	10 min de CLM ou 45-60 min de relais par roulement ou fractionné sur 60-300 m	10 min de CLM ou 45-90 min en Z3 avec séance de fartlek	10 min de CLM ou 60 min de route Pyramides
Ven.	Repos	Repos	Repos	Repos	Repos	Repos
Samedi	90-120 min de route en Z3 avec 4 × 5 min de fartlek	45 min de route avec 4 × 60 s en Z5, 8 × 30 s en Z5, 12 × 10 s en Z6	2 h de route en Z3 avec 2 × 5 min et 2 × 10 min de fartlek	45-60 min de fractionné sur 60-300 m	Route 45 min, avec 2 × 60 s en Z5, 4 × 30 s en Z6, 8 × 20 s en Z6, 10 × 10 s en Z6	30-45 min de route avec pyramides inversées
Dim.	120-180 min de course sur route	120 à 180 min de course sur route	60-150 min de course sur route	60-150 min de course sur route	60-150 min de course sur route	60-150 min de course sur route
Total	**7 h - 10 h**	**6 h 15 - 8 h 15 h**	**5 h 30 - 9 h**	**3 h 30 - 6 h 30 + championnat**	**3 h 30 - 6 h 45 + championnat**	**3 h 30 - 6 h 15 + championnat**

Courses de VTT

Ces courses se divisent en gros en deux catégories : le cross-country et la descente. Nous verrons ici seulement la première. La descente touche plus les capacités de pilotage (plus faciles à inculquer de manière pratique par un entraîneur) que la formation à l'endurance, nécessaire au coureur de cross-country et dont l'enseignement relève plus de consignes générales.

Course de 90 minutes

Comme sur route, il n'y a en tout-terrain rien de comparable entre les efforts pour une course de 90 minutes et une sortie d'une même durée pour le plaisir. Ces 90 minutes sont la durée type d'une course en tout-terrain, avec des variations possibles de 15 à 20 minutes selon les conditions de course et la forme du coureur. Avant de se lancer dans une longue épreuve, mieux vaut renforcer ses capacités d'endurance par des sorties à allure régulière, ce qui permet en outre d'améliorer ses compétences techniques. Le tableau ci-dessous présente un très bon programme pour la période de transition allant de la fin février à la première épreuve au début avril.

	SEMAINE 1	SEMAINE 2	SEMAINE 3	SEMAINE 4	SEMAINE 5	SEMAINE 6
Lundi	Route ou HT* 30-60 min en Z1-Z2	Route ou HT* 30-60 min en Z1-Z2	Route ou HT* 30-60 min en Z1-Z2	Route ou HT* 30-60 min en Z1-Z2	30-60 min de route, technique en Z1-Z2	30-60 min de route, technique en Z1-Z2
Mardi	Musculation ou haltères	Musculation ou haltères	Musculation ou haltères	Musculation ou haltères	Musculation ou haltères	Musculation ou haltères
Mer.	60 min en Z3	60 min en Z3	60 min en Z3	Technique	Technique	Repos
Jeudi	Route 60-90 min avec fractionné à cadence de pédalage élevée	60 min de route, sprints explosifs	Route 60-90 min de sprints longs	60 min de route en Z3, avec fractionné	Repos	30-45 min de fractionné sur route
Ven.	Repos	Repos	Repos	Repos	Repos	Repos
Samedi	Route 90-120 min en Z3	120 min de route en Z3	Route 90 min en Z3, avec 4 × 5 min de fartlek	90 min de tout-terrain en Z3, avec sprints explosifs	60 min de tout-terrain en Z3, avec pyramides	45 min de tout-terrain avec 4 × 60 s en Z4, 4 × 30 s en Z5, 6 × 10 s en Z6
Dim.	Tout-terrain 210-240 min en Z2-Z3	240 min de tout-terrain en Z2-Z3	150-180 min de tout-terrain en Z3, avec 2 × 10 min et 2 × 5 min de fartlek	120-150 min de tout-terrain en Z3, avec 4 × 10 min de fartlek	90-120 min de tout-terrain en Z3 avec 4 × 10 min de fartlek	**Course de 90 min**
Total	**8 h - 10 h**	**8 h - 8 h 30**	**8 h - 9 h**	**5 h 15 - 5 h 45**	**3 h - 4 h**	**3 h 15 - 4 h**

* HT = home-trainer

Course d'endurance de 6 heures

En VTT, les épreuves d'endurance se courent généralement sur une grande boucle pouvant être de longueur très variable. Comme dans les épreuves homologues sur route (épreuves cyclosportives), la bagarre en tête est acharnée, et les concurrents se livrent une bataille digne de n'importe quelle compétition. Pour le reste du peloton, l'épreuve est l'occasion de tester ses capacités d'endurance (ou de se maintenir dans la course).

Un travail foncier reposant sur des sorties de plus en plus longues est absolument nécessaire. En disposant d'un entraînement avec des sorties allant jusqu'à 3 heures, le programme ci-dessous permet de s'attaquer à toute épreuve d'endurance d'environ 6 heures (environ 80 à 100 km), mais sans prétendre « figurer » parmi les premiers.

	SEMAINE 1	SEMAINE 2	SEMAINE 3	SEMAINE 4	SEMAINE 5	SEMAINE 6
Lundi	Route ou HT* 30-60 min en Z1-Z2	Route ou HT* 30-60 min en Z1-Z2	Route ou HT* 30-60 min en Z1-Z2	Route ou HT* 30-60 min en Z1-Z2	Route ou HT* 30-60 min en Z1-Z2	Route ou HT* 30-60 min en Z1-Z2
Mardi	Route ou TT** 45-75 min en Z1-Z2	Route ou TT** 45-75 min en Z1-Z2	Route ou TT** 60-90 min en Z1-Z2	Route ou TT** 60-90 min en Z1-Z2	Route 60-120 min en Z1-Z2	30-60 min de route en Z1-Z2
Mer.	Repos ou sortie tranquille	Repos ou sortie tranquille	Repos ou sortie tranquille	Repos ou sortie tranquille	Repos ou sortie tranquille	Repos ou sortie tranquille
Jeudi	30-60 min de route en Z1-Z2	Route 45-60 min en Z1-Z2	Route 45-75 min en Z1-Z2	Route 45-60 min en Z1-Z2	Route 1-2 h en Z1-Z2	30-60 min de route en Z1-Z2
Ven.	Repos	Repos	Repos	Repos	Repos	Repos
Samedi	Repos ou sortie tranquille	60-90 min de sortie tranquille	90-120 min de sortie tranquille	90-120 min de sortie tranquille	120-150 min de sortie tranquille	60-90 min de sortie tranquille
Dim.	180-210 min de tout-terrain	180-240 min de tout-terrain	210-300 min de route	210-270 min de tout-terrain	180-240 min de route	**Course**
Total	**8 h - 10 h**	**8 h - 8 h 30**	**8 h - 9 h**	**5 h 15 - 5 h 45**	**3 h - 4 h**	**3 h 15 - 4 h**

* HT = home-trainer

** TT = tout-terrain

24 heures en relais

Les épreuves de relais par équipes sont appréciées et amusantes. Il y a quelque chose de magique à s'enfoncer dans l'obscurité au crépuscule pour retrouver la lumière au lever du soleil le lendemain matin. Même si l'on a reconnu plusieurs fois le parcours en journée, les chemins peuvent apparaître bien insolites quand ils sont abordés dans la nuit, à la seule lumière de ses phares.

Plus votre équipe est grande, moins vous aurez de tours à couvrir individuellement. Cela étant, vos équipiers s'attendent à ce que vous vous rouliez plus vite. Le rythme de chaque tour est proche de celui d'une course normale. L'avantage, c'est que vous avez plus de temps pour récupérer. Ceux qui disputent l'épreuve en solitaire sont vraiment à plaindre.

Il faut en général 45 à 60 minutes pour boucler un tour d'une telle épreuve. Si l'équipe comporte plus de deux coureurs, il est normal de changer de coureur à chaque tour. Si vous n'êtes que deux, vous pouvez décider de changer tous les deux tours seulement de façon à ne pas perdre de temps avec des changements trop fréquents et à récupérer plus longtemps.

C'est donc la composition de l'équipe qui dictera la stratégie d'entraînement. Avec trois ou quatre équipiers, vous devrez rouler plus vite mais vous aurez 2 à 3 heures de récupération entre deux tours. Les équipes à deux coureurs passent quant à elles plus de temps à travailler leur endurance.

Les tableaux suivants présentent plus des stratégies que des programmes d'entraînement : ils vous donnent une idée du type d'entraînement à suivre dans les mois précédant la course et du nombre d'heures à lui consacrer. On a supposé que la course se disputait en juillet...

Points importants

- Courez avec d'autres cyclistes ; demandez-leur de l'aide sur les aspects techniques qu'ils maîtrisent mieux que vous.
- Exercez vos aptitudes techniques au rythme d'une course.
- Améliorez vos points faibles, développez vos points forts.
- Dosez vos efforts : il vaut beaucoup mieux partir lentement pour rattraper et doubler les autres plus tard dans la course que de mener au début et d'être ensuite dépassé par tout le peloton.
- Prenez le temps de récupérer de vos sorties en tout-terrain.
- Renforcez le haut de votre corps (musculation ou haltères).

Stratégie pour une équipe de deux coureurs

Type d'épreuve	Préparation		Transition	Surcharge	Réduction de l'entraînement et pic de forme	
Mois	Février	Mars	Avril	Mai	Juin	Juillet
Sorties tout-terrain de 2 à 3 h	✓	✓	2✓			**Course**
Entraînement technique	✓	✓	✓	✓	✓	✓
Courses en VTT		✓	✓	✓	✓	✓
Courses d'endurance			✓	✓	✓	✓
Courses courtes sur route ou CLM				✓	✓	✓
Heures par semaine	5-10	7-12	9-14	10-16	10-14	8-14

Stratégie pour une équipe de trois ou quatre coureurs

Similaire à la précédente, elle met toutefois plus l'accent sur le travail de vitesse, d'où la participation à des petites courses sur route ou à des contre-la-montre en avril, et la place moins importante accordée aux courses d'endurance.

Type d'épreuve	Préparation		Transition	Surcharge	Réduction de l'entraînement et pic de forme	
Mois	Février	Mars	Avril	Mai	Juin	Juillet
Sorties tout-terrain de 2 à 3 heures	✓	✓	✓			**Course**
Entraînement technique	✓	✓	✓	✓	✓	✓
Courses en VTT		✓	✓	✓	✓	✓
Courses d'endurance			✓	✓	✓	✓
Courses courtes sur route ou CLM				✓	✓	✓
Heures par semaine	5-10	6-12	8-14	10-14	10-14	8-14

Points importants

- En début de saison, améliorez votre endurance. À l'approche de la course, passez à des sorties plus courtes et plus rapides.
- Réduisez le volume d'entraînement et augmentez son intensité dans les 2 à 3 semaines qui précèdent la compétition.
- Utilisez les sorties d'entraînement pour tester les aliments que vous consommerez en course.
- Combinez entraînement sur route et en tout-terrain : vous avez certes besoin de capacités en tout-terrain, mais la route vous permet plus aisément d'améliorer votre vitesse sans malmener votre organisme, ce qui vous permet de vous entraîner plus.
- Faites preuve de flexibilité : si l'un de vos équipiers était fatigué ou blessé, il vous faudrait faire plus de tours.

Cyclo-cross

Les épreuves sont courtes — environ 1 heure — et rapides. Non content d'évoluer en terrain accidenté, il faut à certains endroits courir à côté de son vélo, franchir des obstacles, ce qui exige une grande adresse dans le maniement de sa monture. Tous ces éléments doivent figurer dans le programme d'entraînement. Le modèle proposé ci-contre conduit le coureur jusqu'à sa première épreuve dans la saison en utilisant comme préparation les dernières courses sur route et les compétitions de VTT.

	SEMAINE 1	SEMAINE 2	SEMAINE 3	SEMAINE 4
Lundi	30-60 min en Z1-2	30-60 min de récup. en Z1	45-60 min en Z1-Z2, 20-30 min de course à pied	45-60 min d'entraînement aux poids 20-30 min de course à pied
Mardi	60 min avec pyramides inversées	30-45 min avec pyramides inversées	45-90 min de relais par roulement/fartlek	60 min de technique
Mercredi	20-30 min de course à pied	60 min de technique	60 min de technique	60 min de fractionné
Jeudi	45-60 min de relais par roulement/fartlek	Repos	Repos	30 min de course à pied avec sprints de 4 × 120 m et 4 × 60 m
Vendredi	Repos	30 min de course à pied, avec sprints de 4 × 120 m et 4 × 60 m	30 min de course à pied avec sprints de 4 × 120 m, 4 × 60 m et 6 × 30 m	Repos
Samedi	45 min de course à pied, 4 × 60 s en Z4, 4 × 30 s en Z5, 6 × 10 s en Z6	60-120 min de technique	60-120 min de technique	45 min avec 4 × 60 s en Z4, 4 × 30 s en Z5, 6 × 10 s en Z6
Dimanche	Course de 120 min (route ou VTT)	60-90 min de tout-terrain en Z2-Z3 et technique à un rythme proche de celui de la course	60-90 min de tout-terrain en Z2-Z3 avec technique à un rythme proche de celui de la course	**Course (60 min)**
Total	**5 h 30 - 5 h 45**	**4 h - 6 h 45**	**5 h 15 - 8 h**	**5 h - 5 h 45**

Points importants

- **Il est essentiel de prendre un bon départ, d'où les séances de fractionné et de sprints à la course à pied.**
- **Il faut consacrer le temps et l'application nécessaire à l'entraînement technique : certains aspects à travailler individuellement peuvent être intégrés dans le cadre de sorties à allure plus modérée.**
- **L'entraînement aux poids aide à porter le vélo en terrain accidenté et à le prendre sur l'épaule pour les côtes abruptes ou les obstacles.**
- **Si vous disputez encore des courses en été, prévoyez un temps de récupération avant la fin de la saison, avant le début des épreuves de cyclo-cross, et une autre période de récupération après la saison de cyclo-cross, avant la nouvelle saison sur route.**

Épreuves cyclosportives

L'éventail des épreuves cyclosportives étant vraiment très large, le programme d'entraînement doit être spécifique à l'épreuve que vous souhaitez disputer. Pour vous donner une idée générale des efforts à fournir, voyons maintenant quelques exemples.

L'Étape du Tour

Cette épreuve captive depuis toujours l'imagination des sportifs amateurs et des touristes en quête de défi. C'est en effet l'occasion pour le cycliste lambda de découvrir de l'intérieur une étape du Tour de France. Organisée en terrain montagneux, elle inclut trois ou quatre grands cols répartis sur 180 à 250 km.

Même si bien des participants couvriront l'étape deux fois moins vite que les professionnels, qui suivent exactement le même parcours le jour suivant, l'épreuve ne doit pas être prise à la légère.

La plupart des pentes des Alpes, des Pyrénées ou du Massif Central ne sont pas particulièrement abruptes, mais leur ascension peut facilement prendre au moins 2 heures. Une préparation de bonne qualité est nécessaire pour que la journée de ces coureurs imitant leurs idoles soit un succès.

Outre un vélo léger, indispensable, les coureurs expérimentés apprécient les « petits » développements, dont le 39 × 27 ou le 39 × 29. Les plus hardis opteront pour un double pédalier compact avec plateau intérieur à 36 ou 34 dents, ou même un triple pédalier compact avec plateau intérieur à 32 ou 30 dents. Peut-être n'aurez-vous pas besoin de développements aussi faibles — et vous roulerez plus vite avec de plus grands développements lorsque c'est possible —, mais après une journée longue et difficile, vous serez heureux de ces quelques dents sur le pignon le plus bas ou d'un plateau à 22 dents pour passer un col difficile avec vent contraire.

Pour participer à cette épreuve (disputée en juillet), il faut commencer à se préparer sérieusement dès le mois de décembre. Durant les premiers mois, vous pouvez travailler le foncier. En avril, vous augmenterez l'intensité de vos sorties, non seulement en allongeant les distances, mais en empruntant des terrains accidentés. Les Alpes sont peut-être loin de chez vous, mais vous trouverez certainement une solution. Essayez de participer à des épreuves organisées localement par les Audax ou les clubs cyclosportifs, ou encore de vous offrir un week-end en montagne.

Le tableau de la page suivante donne une possibilité intéressante de progression (en km) pour les sorties à prévoir dans votre préparation. Pour compléter ces sorties, vous devrez parcourir une distance équivalente sur deux à cinq séances plus courtes chaque semaine, et donc doubler la distance hebdomadaire indiquée.

En hiver, ce programme peut s'avérer difficile à réaliser en toute sécurité à cause des conditions météorologiques. Dans ce cas, vous pourrez remplacer certaines sorties par des séances de home-trainer, de body bike, d'entraînement aux poids ou d'exercices en salle de musculation. En mars toutefois, l'entraînement devrait s'effectuer exclusivement sur un vrai vélo.

Cycle d'entraînement		Préparation				Récupération	Surcharge		Réduction de l'entraînement et pic de forme	
Mois		Nov.	Déc.	Jan.	Fév.	Mar.	Avr.	Mai	Juin	Juil.
Semaine	1	60	75	100	110	120	160	200	200	180
	2	60	90	110	120	100	120	140	160	120
	3	80	100	90	100	140	180	160	210	Course
	4			120	130		160	180	230	

*Points important*s

- **Veillez à ce que votre inscription soit enregistrée au plus tôt : les places partent très vite dans ce type d'épreuves.**
- **Utilisez les sorties d'entraînement pour tester les aliments et les boissons que vous utiliserez en course.**
- **Entraînez-vous si possible en groupe : la compagnie d'autres coureurs vous aidera à rester motivé, en particulier lorsque la météo n'est pas très engageante ; d'autre part, il est peu probable que vous soyez seul à courir cette épreuve, mieux vaut donc être habitué à rouler roue contre roue.**
- **Ne soyez pas désespéré si le temps que vous réalisez n'a rien à voir avec celui des professionnels : c'est tout à fait normal !**

Longue sortie de loisir

Si vous êtes cycliste débutant et que vous voulez vous éloigner un peu de chez vous, 80 à 160 km est une distance tout à fait envisageable dans une journée. Les nombreuses manifestations organisées par les clubs sont une excellente introduction aux épreuves sur de longues distances. La majorité de ces sorties comptent moins de 100 km, on peut donc les couvrir en un peu plus de 2 heures. L'important en l'occurrence, ce n'est pas la performance réalisée : on a en fait toute la journée pour couvrir la distance et se faire plaisir.

Vous n'avez pas besoin de neuf mois de préparation comme les cyclistes qui veulent figurer dans une épreuve connue. Vous pouvez très bien partir de zéro et, en neuf mois, apprendre à supporter les 4 à 8 heures de selle nécessaires pour couvrir les distances proposées par les clubs.

Si vous voulez investir dans l'équipement, commencez par un cuissard et un casque, puis faites vérifier votre vélo dans un magasin de cycles spécialisé. Les vendeurs vous conseilleront sur la position et le matériel le plus approprié, vous indiquant par exemple qu'il faut doter votre VTT de pneus « tendres » et non de pneus « noueux », et ils vous aideront à régler la pression et à utiliser au mieux les braquets.

Le principal conseil que nous pouvons vous donner, c'est de commencer à vous entraîner. Peu importe la distance : rouler de 20 à 60 minutes par jour peut tout à fait être suffisant au début. Dosez vos efforts, et si vous avez le souffle court, ralentissez.

Passez sur un plus petit développement, vous pédalerez un peu plus vite mais avec beaucoup plus de facilité. La cadence de pédalage d'un professionnel se situant entre 90 et 100 tours par minute, la vôtre devrait être similaire mais avec un plus petit braquet (attendez-vous par ailleurs à ce que cette cadence chute dans les côtes).

L'idéal est d'effectuer de deux à quatre séances par semaine, et d'allonger vos sorties de 10 à 20 minutes toutes les deux séances. Dès la troisième semaine, vous devriez pouvoir rouler 1 à 2 heures sans trop de difficulté : les progrès sont en effet assez rapides si l'on s'accroche. Le plus simple est peut-être d'effectuer des petites sorties en semaine (ou d'aller au travail à vélo) et d'accroître la distance le week-end. Variez la durée de vos sorties et accélérez un peu sur les distances plus courtes. Vous serez vite plus en forme, plus rapide et plus endurant.

Le programme suivant devrait vous amener en forme pour une sortie d'environ 100 km. Notez que le volume d'entraînement est réduit en semaine 8, avant la sortie, pour vous éviter d'arriver épuisé. La semaine 5 est allégée pour permettre au corps de récupérer après l'entraînement foncier des quatre premières semaines.

Cycle d'entraînement	**Préparation**				**Récupération**	**Surcharge**		**Réduction de l'entraînement et pic de forme**	
Semaine	**1**	**2**	**3**	**4**	**5**	**6**	**7**	**8**	**9**
Durée de la sortie (min)	30	30	45	45	60	45	45	60	45
	30	45	60	60	90	60	60	60	60
	45	45	60	90	90	90	120	120	
			90	120		150	180	60	**Objectif**

POINTS IMPORTANTS

- Prenez à boire avec vous, en particulier pour une sortie de 40 minutes ou plus.
- Emportez éventuellement aussi quelque chose à manger lorsque votre sortie dépasse les 60 minutes.
- Diversifiez les parcours, à la fois pour ne pas vous ennuyer et pour tester différents terrains.
- Évitez les routes encombrées : les routes tranquilles sont plus sûres et plus adaptées au vélo (profitez de l'occasion pour découvrir votre région).
- Durant les sorties longues (plus de 90 minutes), vous pouvez vous reposer, mais pas trop longtemps (de 5 à 15 minutes) : vous éviterez ainsi que vos muscles ne se refroidissent et d'avoir des difficultés à repartir.
- Dosez vos efforts : efforcez-vous de rouler à un rythme régulier et de ne pas prendre toujours plus de temps pour la seconde partie.

Randonnée de 600 km

Plus longue distance au calendrier des Audax, elle est couverte entre 20 et 40 heures. Bien entendu, il est intéressant d'avoir suivi un entraînement progressif avec de nombreux 200 km, 300 km et un ou deux 400 km avant de vous attaquer à une épreuve de cette envergure.

De nombreux randonneurs restent prudents et ne participent pas à des sorties de plus de 200 km avant de passer à cette sortie de plus de 20 heures. Les sorties de 300 km, organisées en général de fin avril à fin août, car le temps est alors plus clair et plus clément, permettent aux coureurs de se préparer à ces marathons cyclistes.

Le choix des distances de préparation est essentiel. En commençant par des sorties de 200 km en février ou en mars, vous serez prêt plus tard pour des sorties plus exigeantes. Cependant, ne vous forcez pas à courir les épreuves les plus longues chaque week-end. Vos performances pourraient alors très rapidement décliner. Prenez le temps de récupérer des sorties plus longues.

Le tableau ci-dessous donne, en kilomètres, une idée de la progression appropriée dans les sorties préparatoires à une randonnée de 600 km.

> *S'entraîner, c'est bien, mais c'est inutile si l'on ne se repose pas assez.*
>
> *Dean Downing, coureur sur route professionnel*

Cycle d'entraînement		**Préparation progressive (périodes de récupération incluses)**				**Récupération**		**Surcharge**		**Réduction de l'entraînement et pic de forme**
Mois		**Nov.**	**Déc.**	**Jan.**	**Fév.**	**Mar.**	**Avr.**	**Mai**	**Juin**	**Juil.**
Semaine	**1**	60		70	120	120	200	400	200	300
	2	60	70	80	100	200	200	100	400	200
	3	80	80	90	100	200		200	200	
	4	80	90	100	90	120	300	300		**Objectif**

Santini
lotto

6

Objectif santé

Introduction

Santé et forme sont deux choses bien distinctes, et cela, de nombreux cyclistes l'ignorent. On a beau connaître ses atouts physiques, avoir affiné ses compétences et passé des heures sur un vélo et en salle de musculation, cette condition physique durement acquise ne sert à rien à qui n'est pas en bonne santé.

Dans ce chapitre, nous allons étudier les questions de santé en lien avec le cyclisme. Grossièrement, elles se divisent en deux catégories...

- Alimentation et hydratation : votre moteur (autrement dit votre organisme) a tout simplement besoin d'être correctement alimenté pour fonctionner.
- Maux et douleurs : c'est la liste des blessures classiques, des problèmes de santé et des petites douleurs que l'on doit supporter lorsque l'on fait du vélo.

Alimentation et hydratation

L'alimentation est le carburant du cycliste. De nombreux coureurs se ruinent en équipement sans se préoccuper de leur « carburant ». Le fait est que la plupart seraient bien plus performants s'ils faisaient plus attention à leur « moteur » au lieu de s'intéresser aux avantages des tout derniers cadres, pneus ou tiges de selle.

Régime équilibré

Nous sommes inondés au quotidien d'informations sur ce que nous devrions ou (ce qui est tout aussi important) ne devrions pas manger : cinq portions de fruits et de légumes par jour, plus de pâtisseries et moins d'alcool. À cela s'ajoutent les conseils classiques des régimes pour cyclistes, du type « mangez autant de pâtes que vous le pourrez ». En fait, quelques règles simples suffisent pour manger équilibré.

Pour rester en bonne santé, il suffit de suivre les recommandations officielles en matière d'alimentation (dans le cadre de cet ouvrage, la répartition entre les différents aliments est celle proposée par les autorités britanniques) :

- 5 portions au moins de fruits et de légumes par jour, soit environ 33 % des apports journaliers recommandés (AJR) ;
- de 5 à 11 portions de pain, de céréales et de pommes de terre, soit 34 % des AJR ;
- 2 ou 3 portions de produits laitiers, soit 15 % des AJR ;
- 2 ou 3 portions d'aliments riches en protéines, tels que la volaille, le poisson, les œufs ou les lentilles, soit 12 % des AJR ;
- 1 à 3 portions d'huile, notamment de poisson et de certaines noix et graines, soit 7 % des AJR.

Bien sûr, une portion de fruit et une portion d'huile n'ont pas la même taille, mais il suffit pour obtenir les oligoéléments, les vitamines, les minéraux et les fibres nécessaires de s'en tenir aux recommandations officielles.

Les carburants du cycliste

En tant que cycliste, il est très probable que vous ayez pour principale préoccupation en matière d'aliments — après leur goût — la quantité d'énergie qu'ils fournissent. L'énergie des aliments et des boissons provient en gros de quatre composants :

- les glucides ;
- les protéines ;
- les lipides ;
- l'alcool.

Chez ces différents composants, 1 g produit une quantité différente d'énergie, communément exprimée en kilocalories (kcal), même si, pour être correct du point de vue technique, l'énergie devrait être exprimée en kilojoules (1 kcal = 4,2 kJ). Ces quantités sont les suivantes :

- 4 kcal pour les glucides (sucres) ;
- 4 kcal pour les protéines (protéines) ;
- 9 kcal pour les lipides (graisses) ;
- 7 kcal pour l'alcool.

Les calories fournies par chaque composant sont utilisées à des degrés d'efficacité divers par l'organisme. On ne peut par exemple faire le plein d'énergie avec des lipides et de l'alcool en pensant que ce sont les plus efficaces. Pour faire le plein d'énergie, le corps utilise de préférence les glucides, puis les protéines (une fois les réserves de glucides épuisées). L'alcool ne peut être utilisé directement par les muscles, mais il est décomposé par le foie à un rythme fixe. Les graisses sont stockées pour l'essentiel autour de nos organes et sous la peau.

Les apports nécessaires en différents composants dans le régime du cycliste varient en fonction des spécificités de son entraînement et de sa discipline : ainsi, l'endurance requiert davantage de glucides, alors qu'un programme destiné à accroître la puissance et le volume musculaires nécessite plus de protides. Dans l'ensemble, il faut grossièrement viser la répartition suivante :

- glucides : 60 % ;
- protéines : 18 % ;
- (bonnes) graisses : 22 %.

Si vous avez un doute sur un aliment, lisez soigneusement l'étiquette.

La quantité de calories nécessaire à l'organisme chaque jour varie selon divers facteurs, notamment la taille, le métabolisme et la température, mais surtout le niveau d'activité. Un homme ayant une activité physique normale consomme environ 2 500 kcal. Ce chiffre est souvent moins élevé chez la femme, soit environ 1 900 kcal. Un individu à l'activité physique intense aura besoin d'au moins 3 000 kcal par jour, et un coureur du Tour de France brûle de 6 000 à 8 000 kcal par jour, et parfois il doit refaire le plein pour l'étape suivante. Il s'avère assez difficile d'absorber une telle quantité de calories dans le cadre d'un régime sain et équilibré...

Glucides

Source d'énergie préférée de l'organisme — et assurant pas moins de 70 % des apports énergétiques des coureurs couvrant de longues distances —, les glucides sont stockés sous forme de glycogène dans les muscles et le foie. Grossièrement, le corps peut stocker de 1 600 à 2 000 kcal, assez pour tenir environ un jour sans manger. Le glycogène est directement accessible pour subvenir à nos besoins énergétiques, mais il faut refaire le plein durant l'effort, car les réserves s'épuisent en 2 petites heures.

Le cyclisme est surtout un sport aérobie. Les courses sur route et les épreuves en tout-terrain comportent de nombreux sprints ponctuels et des côtes difficiles, où l'on approche d'un effort anaérobie mais, dans l'ensemble, le rythme reste le plus souvent soutenable. L'énergie consommée suffit à fournir l'oxygène aux muscles, et le corps brûle alors un mélange de glucides et de graisses.

Pour un exercice physique de faible intensité, le corps métabolise (brûle) plus de lipides que de glucides. Si le rythme s'élève, le corps brûle moins de lipides et puise surtout son énergie dans les glucides. Lors d'efforts anaérobies (sprint ultra-rapide, par exemple), ce sont les seuls et uniques pourvoyeurs d'énergie.

Lors d'une activité physique prolongée, le corps utilise plus ses réserves de graisses et moins celles de glucides. Au début, il utilise les réserves de glucides, mais une fois qu'elles sont épuisées, il essaie de préserver le glycogène des muscles (certains glucides sont nécessaires pour métaboliser les graisses en énergie) et s'attaque au glycogène du foie. Les protéines des muscles commencent alors à se décomposer pour tenter de répondre aux besoins énergétiques. Les réactions chimiques de ce type brûlant beaucoup d'énergie, il est préférable, avant toute activité physique, d'une part de bien recharger ses réserves en glycogène en faisant au préalable un repas riche en glucides, et d'autre part de les recharger en permanence en prenant des aliments et des boissons eux aussi riches en glucides.

Plus vous êtes en forme et mieux vos muscles exploitent les graisses et préservent le glycogène. Les coureurs moins entraînés brûlent ce dernier plus vite et se fatiguent plus rapidement, victimes du fameux « coup de fringale » intervenant lorsque les réserves sont totalement épuisées. En fait, les calories sécrétées dans le corps suffiraient à ce dernier pour survivre environ dix jours ; ce qui fait défaut, ce sont des calories correctement assimilées pour répondre à la demande énergétique du moment. Pour rouler plus vite et plus longtemps, un taux de glycogène élevé est indispensable.

Les bons pourvoyeurs de glucides

- **Céréales.**
- **Pain, pâtes, riz, pommes de terre.**
- **Haricots, petits pois, lentilles.**
- **Fruits (frais, secs, en boîte, sous forme de jus et de milk-shakes).**
- **Confiture, miel.**
- **Aliments pour sportifs (boissons, barres...).**

Bons pourvoyeurs de protéines

- Poulet et dinde
- Poissons
- Viandes maigres
- Œufs
- Haricots, lentilles, graines de légumineuses
- Yaourts, fromage, lait
- Noix

Protéines

Les protéines servent au renouvellement des os, des muscles et de la peau. Les individus actifs — dont les cyclistes font à coup sûr partie — ont besoin de plus de protéines que les personnes sédentaires pour régénérer leurs tissus (muscles) et leurs globules rouges, mais aussi pour assurer la résistance de leurs os.

Les protéines peuvent servir de source d'énergie aux muscles, mais l'énergie produite est plutôt faible. Dans les cas extrêmes, le corps décompose les protéines de ses muscles pour en tirer de l'énergie lorsqu'il n'y a pas suffisamment de glucides et de lipides (ce qui peut se produire lors de sorties prolongées, notamment lors de courses à étapes ou de longues randonnées).

Selon vos besoins personnels, votre régime doit comporter de 15 à 20 % de protéines. Leur absorption en grandes quantités nuit à la santé, car elles sont excrétées sous forme d'urée et sollicitent fortement les reins. Pour suivre un régime hautement protéiné, il faut absorber beaucoup de liquide. En outre, les protéines que le corps ne peut assimiler sont directement transformées en graisses.

Bons pourvoyeurs d'acides gras insaturés

- Huiles végétales (tournesol, olive, germe de blé, soja)
- Margarines molles (« riches » en acides gras polyinsaturés)
- Poissons gras (maquereau, thon, sprat, sardine, truite)
- Cacahuètes

Lipides (graisses)

Essentielles à tout régime, les graisses métabolisent les vitamines liposolubles A, D, E et K, et sont une excellente source d'énergie (9 kcal/g contre 4 kcal/g pour les glucides et les protéines). En revanche, elles ralentissent la digestion et ne peuvent apporter rapidement le supplément d'énergie parfois nécessaire. Le corps convertit l'excès de nourriture en graisses si l'apport énergétique est trop important ; il lui faut des « acides gras essentiels », présents uniquement dans les acides gras insaturés.

Un bon régime pour sportifs peut comporter de 15 à 20 % de graisses. Il faut toutefois limiter l'absorption d'acides gras saturés (solides à température ambiante), car ils induisent une augmentation du taux de cholestérol et des problèmes cardiaques. Il faut aussi soigneusement éviter les acides gras trans et les graisses hydrogénées.

Alcool

L'abus d'alcool est mauvais pour tout cycliste ambitieux. Ses calories sont le plus souvent immédiatement stockées sous forme de graisses, qui ne « brûlent » pas aussi vite que l'énergie du glycogène des muscles. Les coureurs buvant un peu trop peuvent donc avoir des problèmes de poids. Ce n'est pas tout : l'alcool affecte la vitesse de réaction, l'équilibre et la coordination, la régulation de la température corporelle, la puissance et l'endurance. C'est un diurétique, et il peut réduire la capacité du corps à se réhydrater s'il est ingéré après l'effort physique.

Vous n'avez toutefois pas d'inquiétude à avoir : une bière ou un verre de vin de temps à autre ne vous mettront en effet pas en danger (des études ont montré que la consommation modérée d'alcool avait même certaines influences bénéfiques) ; ils peuvent même vous aider à vous relaxer la nuit précédant la compétition ou à décompresser après une course, à condition de vous être correctement alimenté et hydraté au préalable.

L'abus d'alcool est sûrement nocif, mais une bonne bière après une longue journée en selle n'est qu'une juste récompense.

Micronutriments

Les vitamines, les minéraux et les oligoéléments sont essentiels au fonctionnement de l'organisme, notamment pour le métabolisme et la génération cellulaires : ils contribuent à la cicatrisation, au renforcement du système immunitaire, à la prévention des infections, au transport de l'influx nerveux, à la coagulation du sang et à l'équilibre hydrique ; ils remplissent encore bien d'autres fonctions, mineures mais essentielles.

Les vitamines A, D, E et K (liposolubles) ou B et C (hydrosolubles) sont toutes présentes dans les fruits et les légumes. Le respect de la recommandation officielle portant sur les cinq fruits et légumes (hors pommes de terre) par jour permet de parvenir à un bon équilibre pour la santé. Variez en outre vos apports nutritionnels et choisissez des fruits et des légumes de couleurs et de textures différentes.

Les principaux minéraux utiles au corps figurent dans le tableau périodique des éléments : calcium, cuivre, chrome, fer, magnésium, manganèse, potassium, sodium, zinc, etc. Les plus importants pour les cyclistes sont le calcium, le fer et le zinc. Servant à la régénération osseuse, le calcium est fourni par les produits laitiers. Contribuant au transport de l'oxygène, le fer est essentiel pour éviter l'épuisement. Le zinc participe à l'assimilation des glucides, ainsi qu'à la synthèse des protéines. Renforçant le système immunitaire et participant à la régénération des muscles, il est donc très important pour les athlètes d'endurance.

Pensez à bien vous hydrater avant, pendant et après l'effort.

Les carences en minéraux, très bien révélées par les analyses sanguines, sont toutefois très fréquentes. Autre problème, vitamines et minéraux tendent parfois à s'opposer. Ainsi, l'aluminium (présent dans divers déodorants) vide les réserves de magnésium (essentielles aux muscles et aux nerfs, à la régénération des tissus et à la croissance musculaire) ; le fer, le magnésium et le zinc limitent l'absorption du chrome, qui aide l'insuline à réguler le métabolisme lipidique et glucidique ; le calcium, le fer, le molybdène, la vitamine C et le zinc freinent l'absorption du cuivre, qui renforce les tissus conjonctifs, les ligaments et les tendons, etc.

Hydratation

Un individu sédentaire a besoin chaque jour de 2 à 2,5 l d'eau (apportée par les boissons ou par les aliments). Avec la chaleur, ces besoins peuvent être multipliés par huit. L'activité physique produit de la chaleur, et de la sueur s'échappe de la peau pour réguler la température du corps. Si l'eau perdue par évaporation n'est pas remplacée, le corps se déshydrate : les performances chutent, la récupération se fait mal et l'organisme est plus sensible aux infections.

La règle d'or consiste à boire 50 cl par heure, une quantité qu'il faut doubler par temps chaud ou humide, lorsque l'on transpire plus. Il faut aussi boire par temps froid, car l'effort produit toujours de la chaleur. Par temps très froid, on peut voir son haleine se condenser, ce qui montre que l'on perd de l'humidité juste en respirant. Pour maintenir l'équilibre hydrique, il faut boire peu mais souvent.

Il est essentiel d'être bien hydraté avant l'effort et de continuer à boire le plus possible tout au long de l'épreuve. N'attendez pas d'avoir soif pour boire, vous seriez alors déjà en phase de déshydratation. Des études ont montré que des taux même faibles de déshydratation entraînaient une perte d'environ 10 % des capacités et conduisaient prématurément à l'épuisement (Colgan, 1990), à cause de divers facteurs :

- réduction du volume sanguin ;
- réduction de la circulation sanguine superficielle ;
- réduction du taux de sudation ;
- réduction de la dissipation de chaleur ;
- réduction de la température centrale du corps ;
- augmentation du taux d'utilisation du glycogène musculaire.

Un soigneur attend pour « ravitailler » les coureurs, qui ont besoin de plusieurs milliers de calories par jour.

Parmi les autres conséquences de la déshydratation, on peut citer :

- les crampes musculaires ;
- les troubles gastriques ;
- l'augmentation de la viscosité sanguine, facteur de stress pour le cœur ;
- la réduction des défenses immunitaires ;
- le risque d'accident cardiaque, de défaillance d'un organe et, lorsque les pertes en liquides avoisinent 12 à 15 %, la mort (Muehling, 1994).

Quelles boissons choisir ?

Pour les sorties de plus de 1 heure, l'eau ou le sirop dilué réhydratent très bien le corps. Pour les sorties plus longues ou sous une température élevée, où l'on transpire beaucoup, mieux vaut des boissons spéciales, riches en glucides. Les jus de fruits ou les sirops ordinaires insuffisamment dilués peuvent entraîner une déshydratation, car ils sont trop concentrés pour être absorbés tels quels et ont besoin de l'eau présente dans le corps pour être assimilés.

Après l'effort ou pendant les longues sorties, il convient de recharger le corps en oligoéléments grâce à des liquides contenant des électrolytes (sels de potassium et sodium éliminés par la transpiration). Ne vous inquiétez pas si vous ne trouvez pas votre boisson électrolytique préférée : la sueur étant plus diluée que le plasma, il est plus important de remplacer le liquide perdu que les électrolytes évacués. En d'autres termes, mieux vaut de l'eau que rien du tout.

Par beau temps, deux bidons de 50 à 75 cl chacun suffisent amplement pour 2 à 3 heures. Pour les sorties assez longues, vous devrez vous ravitailler en cours de route auprès d'assistants ou de stands, ou vous arrêter à un magasin, un café ou un bar pour refaire le plein de boisson.

Par temps chaud ou très humide, ainsi que dans les régions reculées, vous devrez emporter plus de liquide et placer des bidons supplémentaires sur le cadre du vélo (dans les poches s'il le faut), ou utiliser une poche du type Camelbak ou Platypus.

Types de fluides

Les fluides sont assimilés par l'organisme grâce à l'estomac. Selon la vitesse à laquelle ce dernier les fait passer dans le sang, ils seront dits isotoniques, hypotoniques ou hypertoniques.

- Les boissons isotoniques sont « en osmose » avec les concentrations des fluides du corps et passent facilement des intestins dans le sang. En règle générale, elles contiennent de 5 à 8 % de glucides (soit de 5 à 8 g pour 100 ml). Le sodium facilitant leur absorption, elles peuvent être prises à tout moment sans risque de déshydratation.
- Les boissons hypotoniques passent plus rapidement des intestins dans le sang, mais leur concentration en minéraux ou en glucides est souvent moins élevée. Elles permettent très bien de se réhydrater, notamment par temps très chaud. Elles sont très faciles à absorber, mais si vous effectuez de longues sorties, vous devrez refaire le plein d'énergie et donc veiller à ingérer suffisamment de glucides en même temps que vous buvez.
- Les boissons hypertoniques, les plus lentes à passer des intestins dans le sang, sont souvent très riches en glucides (plus de 10 %). Elles apportent beaucoup d'énergie mais empêchent la réhydratation. Mieux vaut les utiliser après l'effort, pour refaire le plein alors que vous avez encore des difficultés à consommer des aliments solides. Méfiez-vous des boissons hypertoniques vantées comme le carburant idéal pour l'endurance extrême : elles peuvent inverser le processus normal d'osmose dans l'estomac et provoquer des diarrhées.

Gels énergétiques et hydratation

Les coureurs aiment bien utiliser des gels et des barres énergétiques pour faire le plein de glucides, mais il ne faut pas oublier que le corps consomme de l'eau pour stocker le glycogène et qu'il faut boire davantage lorsqu'on prend ce type de compléments. Vérifiez l'emballage : s'ils sont isotoniques, tout devrait bien se passer ; dans le cas contraire, vos efforts pour emmagasiner de l'énergie pourraient en fait nuire à vos performances, suite à la déshydratation.

Hyponatrémie

Le corps ne peut absorber du liquide qu'à un certain rythme selon sa nature (solution iso-, hyper- ou hypotonique). L'absorption d'une trop grande quantité d'eau dilue le plasma et peut entraîner une hyponatrémie (intoxication hydrique), car le taux de sodium sanguin diminue, parfois jusqu'à un niveau dangereusement bas. L'absorption de boissons électrolytiques et d'aliments salés permet de réduire ce type de risque pendant une course.

Boissons pour sportifs (ou boissons énergétiques)

Les boissons de ce type et les poudres pour les préparer abondent. Testez-en quelques-unes pour savoir celle qui vous convient le mieux. Faites-le à l'entraînement ; en course ou lors d'une longue randonnée, il sera trop tard pour s'apercevoir que la boisson choisie vous oblige toutes les heures à vous cacher derrière une haie !

La boisson idéale doit :

- être agréable au goût, car vous devrez boire beaucoup ;
- ne pas occasionner de troubles gastriques ;
- contenir des glucides (de 5 à 8 g pour 100 ml) pour alimenter vos muscles en énergie ;
- contenir du sodium pour remplacer les sels évacués par la transpiration ;
- être isotonique, afin de pouvoir être absorbée le plus rapidement possible ;
- être fraîche (entre 10 et 12 °C) ;
- ne pas être acide ou gazeuse.

Le corps ne pouvant assimiler plus de 70 g de glucides par heure (soit 35 g dans un bidon de 50 cl), mieux vaut ne pas composer une solution trop riche. S'il fait chaud, une solution moins concentrée se révélera en outre plus facile à digérer.

Boissons à préparer soi-même

Vous pouvez vous-même fabriquer vos boissons énergétiques :

- sirop de fruit dilué dans quatre ou cinq doses d'eau, additionné d'une pincée de sel (1 à 1,5 g) par litre de boisson.
- 60 g de glucose (100 g de poudre de maltodextrine) dissous dans 1 litre de sirop dilué sans sucre ou basses calories, additionné de 1 à 1,5 g de sel.
- jus de fruit dilué à parts égales avec de l'eau, additionné de 1 à 1,5 g de sel par 1 litre.

Pour les solutions hypotoniques, divisez par deux la quantité de jus, de sirop ou de glucose et augmentez la quantité d'eau par litre.

Tests d'hydratation

Pesez-vous avant une sortie, puis à votre retour. Si vous avez perdu plus de 2 % de votre poids corporel, c'est le signe que vous devez boire davantage lorsque vous vous dépensez physiquement.

Un autre test très simple consiste à vérifier la couleur de votre urine : si elle est claire ou pâle, c'est que vous êtes bien hydraté ; si elle est d'un jaune foncé (et souvent aussi si elle sent plus fort), c'est le signe d'une déshydratation.

Maux et douleurs

Pour toute activité physique, une promenade tranquille le dimanche après-midi, une randonnée ou une compétition, une bonne santé générale est indispensable. Sur un long parcours, les petites douleurs et les irritations peuvent vite prendre de grandes proportions et mettre fin prématurément à une sortie. Réglez tous vos problèmes de santé avant qu'ils ne s'aggravent et prennent une importance démesurée. Vous êtes beaucoup plus sensible aux infections lorsque votre système immunitaire est affaibli, aussi évitez de vous surentraîner et sachez reconnaître les symptômes indiquant que vous êtes allé trop loin.

Voici maintenant une liste sommaire des principaux « responsables » des problèmes qui peuvent rendre la vie difficile à tous les cyclistes. Qu'ils soient amateurs ou professionnels, la plupart des coureurs souffrent en effet des mêmes maux.

Altitude

Tant que l'organisme n'est pas acclimaté, il est normal que la fréquence cardiaque et la fréquence respiratoire augmentent lorsque l'on fait du vélo en altitude. À partir de 1 800 m environ, l'oxygène se raréfie et parvient moins bien aux poumons, ce qui rend la respiration difficile et entraîne une certaine léthargie. Si vous rejoignez par avion une région d'altitude, pour une randonnée, une épreuve cyclosportive ou une course par étapes, prenez quelques jours pour vous acclimater avant de faire de gros efforts physiques. Heureusement, le corps s'adapte très vite et, en 3 ou 4 jours, la plupart des coureurs franchissent presque tous les obstacles sans trop s'essouffler.

Le changement d'altitude a plus d'importance que l'altitude en elle-même. Jusqu'à 1 500 m, il n'y a pas trop de problèmes. Au-delà de 2 500 m, on peut voir apparaître des

Prudence

Certaines boissons sont mauvaises pour les dents à cause de leur teneur en sucre et de leur faible pH. Brossez-vous les dents après avoir consommé ce type de boissons à l'entraînement ou en course.

Attention à l'intolérance au lactose, car ces boissons en contiennent souvent beaucoup. Lisez bien les étiquettes. En quantité trop élevée, le lactose peut retarder la vidange gastrique et entraîner des troubles.

Boissons énergétiques

Ces boissons et les poudres pour les préparer abondent. Testez-en quelques-unes pour savoir celle qui vous convient. Faites-le à l'entraînement ; en course ou lors d'une longue randonnée, il sera trop tard pour s'apercevoir que la boisson choisie vous oblige toutes les heures à vous cacher derrière une haie !

maux de tête, des saignements de nez, des engourdissements, de la fatigue mentale, des vertiges, des nausées et des insomnies.

Au-dessus de 3 500 m, les temps de réaction et la vigilance mentale peuvent être réduits de 20 % par rapport à la normale.

On se déshydrate vite en altitude, car l'augmentation de la fréquence respiratoire accélère les pertes liquidiennes. Le soleil frappe aussi beaucoup plus fort, et il est donc essentiel de boire beaucoup et de se protéger avec de l'écran solaire.

Le mal des montagnes peut prendre un tour très grave et il vaut mieux consulter un médecin si les malaises persistent. En règle générale toutefois, il suffit de redescendre d'environ 500 m pour que les choses reviennent à la normale.

Coupures et écorchures se réparent facilement, mieux vaut toutefois s'arrêter pour se faire soigner.

Asthme

Cette difficulté respiratoire (à l'inspiration, en particulier) déclenchée par l'effort physique est liée aux polluants, notamment aux pollens, ce qui est plutôt gênant pour les cyclistes s'entraînant en plein air. Les stéroïdes et les inhalateurs permettent de mieux contrer cette affection.

Si vous êtes sujet à l'asthme d'effort, prenez votre inhalateur et échauffez-vous progressivement avant de produire des efforts physiques intenses. Parlez de votre affection à vos équipiers et indiquez-leur ce qu'ils doivent faire en cas de crise.

Pour éviter les problèmes de contrôle antidopage, les professionnels asthmatiques doivent se faire connaître auprès de la FFC (pas question de faire profiter un coureur qui ne souffre pas d'asthme de stéroïdes utilisés par les asthmatiques !).

Dos et nuque

Les douleurs dans ces régions sont souvent liées à une tension et à un surmenage musculaires, auxquels s'ajoutent une mauvaise position, un manque de souplesse, une technique inadaptée ou un mauvais revêtement routier. Les problèmes peuvent provenir d'une usure dégénérative ou avoir des causes sans lien avec le cyclisme : mauvaise posture, tension musculaire causée par le stress, l'anxiété, la dépression ou la fatigue. Si les massages permettent de les atténuer, il convient d'en trouver la cause et de la supprimer.

Voici quelques conseils susceptibles d'atténuer les problèmes...

- Évitez d'augmenter trop rapidement les distances parcourues.
- Apprenez à vous relâcher sur le vélo.
- Évitez de trop vous étirer pour tenir le guidon : relevez le cintre, utilisez une potence plus courte, relevez les poignées de frein, utilisez les différentes parties du guidon pour changer de position et relâcher la tension des divers groupes musculaires durant les sorties.
- Reprenez vos exercices d'étirement (voir pages 74 à 77).

Quoique peu propice aux performances, l'emploi de pneus plus larges et moins gonflés, ainsi que d'un rembourrage supplémentaire des gants, du guidon ou de la selle, peut atténuer les effets d'un mauvais revêtement routier. Si vous en avez les moyens, une fourche, un cadre (ou une fourche arrière) et une tige de selle en fibre de carbone ou en titane aident à mieux supporter les aspérités du revêtement. Contre certaines douleurs musculaires liées à un pincement des nerfs, une visite chez un ostéopathe ou un physiothérapeute s'impose.

Fractures

Les fractures les plus fréquentes chez le cycliste sont assurément celles du poignet et de la clavicule. Lorsqu'on perd l'équilibre et que l'on tombe, il est naturel de tendre un bras pour amortir la chute. Le résultat escompté est atteint, mais le bras se brise au niveau du poignet ou de la clavicule.

Une fracture ne passe jamais inaperçue, car elle s'accompagne d'un gonflement et d'une grande douleur (qui peut aussi faire penser à un déboîtement de l'épaule). Le bras doit être maintenu dans la position la plus confortable possible pour le blessé, puis immobilisé par un bandage. On peut au besoin enrouler le bas du maillot autour du coude. Le blessé doit ensuite être conduit à l'hôpital.

On peut se débarrasser d'une crampe en faisant des étirements, mais il vaut mieux la prévenir en absorbant suffisamment d'eau et d'électrolytes.

Crampes

Liées à la déshydratation, au stress, au surmenage, à une blessure, à une foulure ou à une station prolongée dans une même position, les crampes se traduisent chez le cycliste par une vive douleur, en général au mollet ou à la cuisse. Elles peuvent aussi être liées au régime alimentaire ou à la position sur le vélo. Veillez à manger des bananes (riches en potassium) et surtout à bien vous hydrater. Le soda tonique (et sa quinine) ainsi que les boissons électrolytiques sont des armes puissantes pour combattre cette manifestation physique, qui peut aussi venir de ce que vous vous étirez trop sur le vélo ou que vous êtes assis trop bas.

Coupures et écorchures

Elles sont assez fréquentes dans toute discipline cycliste, les chutes entraînant souvent des lésions cutanées, notamment aux genoux, aux coudes et aux jambes. Débarrassées des graviers, poussières et autres fragments, les petites blessures cicatrisent vite. N'essayez jamais d'enlever les débris plus importants : enveloppez la blessure et appelez un médecin. Si la plaie ne saigne plus, laissez-la cicatriser à l'air libre. Si elle saigne encore ou menace de s'infecter, placez un pansement adhésif. Pour les coupures plus graves, posez un pansement bien serré. Pour ralentir le saignement, placez la partie lésée au-dessus du niveau du cœur. Pour les blessures graves, des soins médicaux sont nécessaires (voir « Abrasions et lacérations », page 173).

Drogues

Les scandales liés à la drogue dans le cyclisme ont commencé à être médiatisés lors du Tour de France 1967, avec le décès du Britannique T. Simpson, qui avait pris des amphétamines dans l'étape du Ventoux. Le scandale du Tour 1998, avec l'exclusion de l'équipe Festina, convaincue de dopage à l'érythropoïétine (EPO), n'a rien arrangé.

En fait, il faut rendre justice aux autorités cyclistes d'avoir pris publiquement contre le dopage des mesures plus fermes que les autres disciplines sportives. Après tout, des athlètes, des nageurs, des footballeurs et des tennismen ont eux aussi été convaincus de dopage, et il ne semble pas que leurs instances dirigeantes aient suivi ces affaires afin d'éliminer les coupables, notamment les fournisseurs.

Le meilleur moyen d'éviter tout problème, c'est de refuser tous les produits dopant, or il est possible, comme l'ont montré les médias, que des remèdes et des compléments en apparence inoffensifs contiennent des substances proscrites. Aussi, si vous participez à une compétition alors que vous prenez des compléments ou des médicaments, mieux vaut vous informer auprès du fabricant ou du fournisseur concerné, ainsi que des autorités cyclistes ou de l'instance de contrôle antidopage.

Yeux

Les yeux sont exposés à des dangers aisément évitables par des lunettes de protection, dont il existe des marques et des styles très variés. Une bonne paire de lunettes ne coûte pas forcément très cher. L'important, c'est de trouver des verres taillés laissant l'air s'écouler sur les côtés (et ne créant pas de tourbillons qui activent le flux lacrymal, surtout dans les descentes très rapides). On trouve des lunettes avec des verres de correction ou des verres amovibles adaptés aux conditions de luminosité : verres clairs pour les journées sombres, verres ambre ou roses en cas de faible luminosité, verres fumés ou miroirs par temps très lumineux, lorsque le soleil est réfléchi par des surfaces claires, comme la neige ou le sable, ou qu'il est rasant.

Les lunettes protègent les yeux, en particulier si vous portez des lentilles.

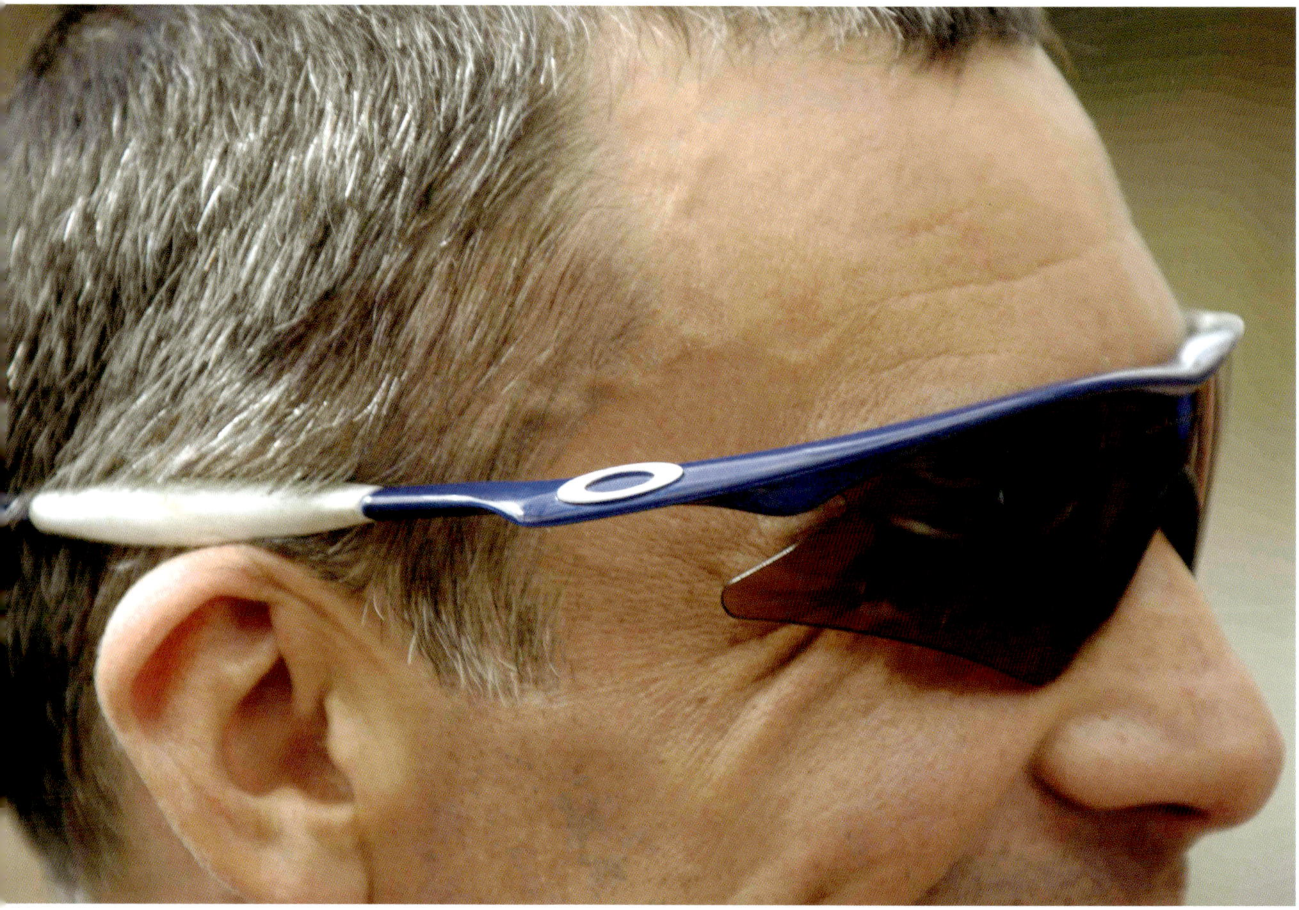

Si vous recevez un corps étranger dans un œil, frottez-vous l'autre œil pour que les larmes aident à le déloger ou lavez l'œil concerné avec de l'eau ou une solution appropriée. Si cela ne marche pas, relevez la paupière et faites tourner l'œil concerné jusqu'à expulser le corps étranger ou parvenir à l'extirper avec l'angle d'un chiffon propre. Si cela ne marche pas non plus, consultez un médecin ou un opticien.

Pieds

Les pieds comptent parmi les trois points de contact avec le vélo, et ils doivent donc être traités avec soin. Des chaussures bien ajustées sont indispensables : trop lâches, elles entraînent des ampoules ; trop serrées, elles compriment les pieds. Essayez toujours vos chaussures avec des socquettes de cycliste et faites vos achats l'après-midi, lorsque vos pieds ont gonflé. Choisissez vos chaussures pour leur confort et non en fonction des coureurs qui la portent ou de la popularité de la marque.

Les problèmes viennent souvent d'une vasoconstriction liée à des chaussures trop étroites, des socquettes trop épaisses, des fermetures ou des courroies de cale-pieds trop serrées. Les chaussures sont dotées de semelles rigides assurant un meilleur transfert de puissance aux pédales et n'ont pas d'amortisseurs comme celles de course à pied. Les cyclistes sont peut-être les sportifs qui souffrent le plus de problèmes de circulation au niveau des pieds. Heureusement, de fines talonnettes peuvent les atténuer.

En hiver, la circulation sanguine n'est pas stimulée suite à l'absence d'impacts, et l'air frais transperce les fines tiges ventilées des chaussures. Pour parer au froid :

- portez des couvre-chaussures ;
- prenez des chaussures d'une taille au-dessus pour pouvoir mettre des socquettes d'hiver et portez deux paires de fines socquettes ;
- passez un antisudoral (ou antiperspirant) sur vos pieds avant d'enfiler vos socquettes, cela les empêchera de transpirer et de se refroidir ;
- appliquez de l'embrocation sur vos pieds pour les réchauffer ;
- fourrez vos chaussures de feuilles d'aluminium pour conserver la chaleur à l'intérieur ;
- descendez de vélo et montez une côte en courant pour améliorer la circulation sanguine ;
- utilisez des bottillons d'hiver montant très haut.

Vous pouvez avoir des engelures suite à un choc thermique, par exemple si vous prenez un bain trop chaud après une longue sortie au froid. Les capillaires sous-cutanés se resserrent et limitent la circulation du sang. La peau qui se réchauffe trop s'irrite, car le sang reflue dans les tissus cutanés, créant une sensation immédiate de brûlure puis de longue démangeaison, ce qui au mieux peut s'avérer gênant et au pire causer une plaie ou une inflammation suppurante. Pour éviter cela, essayez si possible de ne pas prendre froid aux pieds (voir ci-dessus) et prenez le temps de vous réchauffer ou de marcher un peu pour réactiver la circulation.

En été, l'inverse peut être insupportable : vos pieds sont échauffés, car ils gonflent et les terminaisons nerveuses sont écrasées dans les chaussures. Pour éviter cela :

- utilisez des chaussures bien aérées ;
- ménagez une ouverture dans la semelle intérieure au niveau de la zone d'appui (avant-pied) pour donner au pied la place de gonfler ;
- chaussez une pointure de plus pour que vos pieds soient plus à l'aise ;

- desserrez les dispositifs de fermeture ; les fermetures Velcro ou à boucle peuvent être réglées tout en roulant ;
- portez des chaussettes antisudorales (antiperspirantes).

Lors d'une longue sortie, il se peut que vous ayez envie de temps à autre d'enlever vos chaussures pour permettre à vos pieds de « respirer ». Attention, étant libres de gonfler, ils pourraient ne plus rentrer aussi facilement dans vos chaussures ! Si vous avez besoin d'un massage, faites-le un pied après l'autre et remettez immédiatement le pied massé dans la chaussure avant qu'il n'ait le temps de gonfler.

Une cale de pédale mal positionnée, et donc n'appuyant pas sur la bonne partie du pied, peut poser des problèmes, tout comme un élément dépassant de la semelle (boulons, vis, etc.), qui pourrait s'enfoncer dans le pied.

Le pied d'athlète est une infection fongique. Nullement dangereuse mais désagréable, elle entraîne un prurit et des ampoules entre les orteils et sur la plante des pieds. Elle guérit facilement grâce à des poudres et des pommades, mais le mieux est encore de la prévenir en respectant en permanence de bonnes règles d'hygiène. Utilisez uniquement des serviettes sèches et propres, et portez des sandales dans des endroits où l'on peut facilement attraper une infection sur le sol humide, comme les vestiaires.

Portez toujours des gants pour protéger mains et poignets. En cas de chute, ce sont les premiers touchés.

Abrasions et lacérations

Abrasions et lacérations sont des blessures classiques qui se produisent lorsque le coureur dérape et perd une partie de la peau au niveau des fesses et des cuisses, exposant le derme situé sous l'épiderme. Comme les coupures et les écorchures, ces blessures sont généralement plus douloureuses que dangereuses, sauf si la plaie est souillée et s'infecte.

La partie lésée doit être nettoyée et laissée si possible à l'air libre pour cicatriser. Un analgésique est conseillé les premiers jours. Une blessure étendue peut nécessiter une visite chez le médecin. Vérifiez que vous êtes à jour de vos rappels antitétaniques et protégez pendant un an du soleil la peau qui se reforme.

Obligatoire en course, le casque doit être porté à chaque fois que l'on prend son vélo.

Mains et poignets

Vous pouvez souffrir au niveau des mains et des poignets de picotements, d'un engourdissement ou d'une certaine faiblesse, gêne qui provient souvent de la compression des nerfs. Divers conseils proposés contre les douleurs dans le dos et la nuque (page 168) devraient vous soulager, mais vous pouvez aussi :

- éviter de trop serrer le guidon ;
- veiller à ne pas vous asseoir trop bas ou trop en avant et à ne pas appuyer trop fort sur les mains et les poignets, ou à les tenir de façon inadaptée ;
- les soulager par des gants matelassés et de la guidoline ou des poignées de guidon rembourrées, mais pas de façon trop épaisse (il faut pouvoir toucher la première jointure de l'index avec le pouce sans avoir à trop serrer le guidon) ;
- utiliser des prolongateurs, lorsqu'ils sont autorisés ;
- remuer les mains en roulant, les serrer et les desserrer pour activer la circulation sanguine et relâcher la pression sur les nerfs comprimés.

Tête

Quelles que soient votre forme et votre adresse, un accident causé par la vitesse ou une erreur d'inattention est toujours possible. Un choc à la tête peut être grave. Situé à l'intérieur du crâne, le cerveau doit être protégé. Portez votre casque !

Lorsqu'un coureur s'évanouit, souffre de vertiges ou de pertes de mémoire — même brièvement — suite à une chute, il doit immédiatement être examiné par un professionnel de santé. Il faut lui éviter toute activité fatigante dans les 24 heures suivant l'accident et ne pas le laisser seul, au cas où d'autres symptômes apparaîtraient.

Blessé au genou, l'Australien Baden Cooke s'accroche avec énergie pour rester dans la course.

Genoux

Résultant généralement de blessures de surmenage, les problèmes de genoux peuvent aussi provenir d'un traumatisme (externe), par exemple une chute ou une mauvaise position sur le vélo. Ces problèmes peuvent avoir de nombreuses causes, et même les spécialistes ont des difficultés à poser un diagnostic correct. Les coureurs qui souffrent sans arrêt de problèmes de ce type doivent se faire aider par un expert, qui devrait pouvoir les aider en procédant par élimination.

Parmi les causes fréquentes de douleurs aux genoux, on peut citer :

- une mauvaise hauteur de selle ou une mauvaise position sur le vélo ;
- un mauvais réglage des cales de pédale ;

RICE

Cette méthode, acronyme de *rest, ice, compression and elevation* (« repos, glace, compression et élévation »), peut servir pour soigner tous les maux et les coups ressentis à vélo. Elle permet d'atténuer la douleur et le gonflement, et avec un peu de chance de manquer le moins possible l'entraînement.

- Repos : reposez-vous quelques jours. Même si vous n'en avez pas envie, c'est bien mieux que d'aggraver votre blessure et de ne pas pouvoir vous entraîner durant des semaines.
- Glace : prenez un sac de glace pilée ou un sachet de petits pois congelés, enveloppez-le d'un torchon (pour ne pas vous brûler) et entourez-en la région lésée. Appliquez cette compresse 15 minutes toutes les heures, puis 15 minutes toutes les 2 heures.
- Compression : compressez la région lésée avec un bandage élastique afin de réduire l'irrigation sanguine de la blessure et son gonflement.
- Élévation : maintenez si possible la région lésée au-dessus de la tête pour réduire encore plus l'irrigation sanguine et le gonflement.

- l'utilisation d'un trop gros braquet ;
- l'emploi d'un équipement détérioré (pédales, manivelles ou cadre) ;
- des anomalies anatomiques : jambes de longueurs différentes, scoliose ou asymétrie de pédalage.

Les pédales automatiques ont été critiquées parce qu'elles serraient trop le pied et que l'absence de mouvement latéral provoquait des lésions aux genoux. Les fabricants ont proposé de nouvelles cales offrant un certain « flottement » latéral. Pourtant, les cale-pieds traditionnels n'autorisaient pas non plus de jeu latéral. Le problème vient en fait de ce que les systèmes automatiques ne permettent pas de jeu suivant la verticale et plaquent les pieds très fermement sur des surfaces horizontales (pédales). Ce problème a pu être atténué grâce à une légère liberté verticale, laquelle permet parfois même de compenser un mauvais réglage.

DIAGNOSTIC DES DOULEURS AUX GENOUX

Localisation	Cause possible	Solution possible
Antérieure	Selle trop basse Selle trop en avant	Rehausser la selle Reculer la selle
Avant du genou	Parcours accidentés Braquets trop élevés Cadence trop faible Manivelles trop longues	Parcours moins accidenté Réduire les braquets Augmenter la cadence Manivelles plus courtes
Postérieure	Selle trop haute Selle trop en arrière	Baisser la selle Avancer la selle
Arrière du genou	Jeu excessif des pédales	Réduire le jeu des pédales
Médiale	Orteils tournés vers l'extérieur	Régler les cales
	Jeu excessif des pédales	Pédales avec moins de jeu
Intérieur du genou	Pédales trop serrées pour bien sortir le pied	Régler la tension des pédales
	Pieds trop écartés	Régler la position des cales Utiliser un axe de pédalier plus court Manivelles plus courtes
Latérale	Orteils tournés vers l'intérieur	Régler les cales pour que les orteils soient vers l'intérieur
Extérieur du genou	Flottement excessif des pédales	Utiliser des pédales avec moins de flottement
	Pieds trop rapprochés	Régler la position des cales Utiliser un axe de pédalier plus long Utiliser des manivelles plus longues Placer une butée de 1 à 2 mm entre les pédales et les manivelles

Engourdissement, ou hypoesthésie, du pénis

Si les médias semblent en faire leurs choux gras à chaque fois qu'une revue médicale traite du sujet, c'est un phénomène tout naturel dans les milieux cyclistes. Le plus souvent, il apparaît lors d'événements très longs (épreuves et randonnées de 12 et de 24 heures). Survenant en course et se prolongeant sur une période indéterminée, l'engourdissement et la perte de sensation dans le pénis proviennent d'un mauvais réglage de la selle ou d'une pression excessive sur le périnée (tissu mou à l'arrière du scrotum). Vérifiez votre position sur le vélo, et surtout que votre selle n'est ni trop haute ni trop relevée. Les selles plus étroites et plus fermes offrent souvent un meilleur appui aux tubérosités ischiatiques (« os de l'assise »), car elles réduisent le poids portant sur les tissus mous antérieurs. Les selles « échancrées » au centre réduisent en partie le problème, car elles évitent toute pression dans cette zone.

Contre les plaies de selle, mieux vaut prévenir que guérir : lavez votre combinaison après chaque sortie.

Plaies de selle

Les plaies au niveau de la selle et de l'entrecuisse sont celles qui préoccupent le plus les cyclistes (et les non-cyclistes). Elles sont liées à une mauvaise position, à un mauvais équipement, au surmenage et au manque d'hygiène. Pour trouver la bonne position, il faut procéder par tâtonnements suivant l'anatomie, le style de conduite et les préférences de chacun. Il faut éviter les selles très souples n'offrant pas le soutien nécessaire sur de longues distances. Une selle ferme (sans être dure) est plus confortable et constitue un meilleur axe de pivot.

En augmentant graduellement la fréquence et la longueur de ses sorties, on permet à la peau de devenir plus ferme et moins sensible aux pressions. L'alcool à 90 degrés (« à frictionner ») aide à raffermir les tissus, mais il ne faut pas l'appliquer sur une peau éraflée. Un bon cuissard avec une doublure appropriée offre un certain soulagement. Les coureurs expérimentés utilisent régulièrement des crèmes antiseptiques (vendues en pharmacie contre les escarres de décubitus ou l'érythème fessier du nourrisson) ou de la « crème à chamois », disponible dans les magasins de cycles. Pour réduire les frottements, il faut appliquer ces produits directement sur la peau ou la partie rembourrée du cuissard (chamois). Les pansements en « double peau » permettent de protéger la plaie et d'atténuer la pression subie. Si rien ne marche, il ne vous reste plus qu'à pratiquer une encoche dans la selle à l'endroit sensible ! Une selle à « ouverture » centrale permet de bien atténuer le problème.

Un follicule pileux infecté peut se transformer en boule dure douloureuse parfois dotée d'une tête pleine de pus, le furoncle. La zone touchée doit être trempée dans l'eau chaude pour activer la circulation. Si une tête se forme ou si le furoncle mûrit, on peut éliminer le pus en le faisant percer, de préférence par un médecin.

Sachant qu'il vaut mieux prévenir que guérir, une bonne hygiène permanente est primordiale. L'entrecuisse est une région qui transpire beaucoup, surtout lorsqu'elle est des heures en contact avec une selle et que les bactéries prospèrent dans ce milieu humide et chaud. Des lingettes antiseptiques s'avèrent très utiles au cours de longues sorties. À chaque fois, le cuissard doit être propre : après votre douche, il faut tout de suite le laver avec beaucoup de soin. Vos vêtements habituels ne doivent pas non plus être trop serrés pour que l'air puisse circuler. Si une infection persiste plus d'une semaine ou deux, consultez votre pharmacien ou votre médecin.

Pour éviter l'apparition d'autres problèmes, il suffit le plus souvent de remédier aux causes de l'infection, des pressions ou des frictions, et de prendre le temps de laisser cicatriser.

Prenez le temps de trouver une selle alliant stabilité et confort.

Troubles digestifs

Cela peut paraître surprenant, mais les troubles digestifs sont à l'origine de la plupart des abandons dans les courses très longues. Sean Yates, ancien professionnel et équipier de Lance Armstrong, affirmait qu'une bonne forme générale et une solide constitution étaient des conditions indispensables pour devenir professionnel. Un coureur ne peut pas être performant s'il est terrassé par des problèmes digestifs, problèmes que l'on peut d'ailleurs souvent éviter avec un peu de prudence.

- Évitez de prendre en course des aliments ou des boissons sans les avoir minutieusement testés à l'entraînement.
- Prenez le temps d'essayer toute une série d'aliments différents.
- Les aliments classiques ne sont pas aussi bons lorsqu'ils sont ingérés lors d'importants efforts en course : prévoyez donc plusieurs types d'aliments.

- Les aliments liquides ne sont pas au goût de tous ou acceptés par tout le monde, mais ils sont bien plus faciles à absorber que les aliments solides.
- Faites des sorties d'entraînement uniquement pour tester votre alimentation pour la course. En cas de problème, changez d'aliments.
- Préparez votre estomac aux contraintes liées au fait de manger dans des positions inhabituelles et mangez sur votre vélo durant l'entraînement.
- Mangez peu mais souvent, vous solliciterez moins l'estomac qu'en ingérant de grandes quantités d'aliments à intervalles moins espacés.
- Refaites le plein d'énergie sans attendre que les réserves soient trop basses, afin d'être correctement alimenté sans jamais devoir trop manger d'un coup (ce qui est aussi un bon principe à utiliser dans votre alimentation quotidienne).
- Buvez fréquemment. Exercez-vous à extraire les bidons et à les replacer en douceur, de sorte à ne jamais perdre d'élan.
- Nettoyez toujours très soigneusement vos bidons d'eau à l'aide d'un désinfectant ou d'une solution de stérilisation. Évitez de partager vos bidons et ne laissez personne goûter à vos boissons (la bouche est un bouillon de culture pour les germes). Changez de bidons à chaque saison.

Si les chutes sont parfois imprévisibles, il est très utile d'y être préparé.

Index

D

E

F

G

H

I

K

L

M

O

P

R

S

T

V

Z